사이버범죄론

최종술

박영사

●●● 머리말 ●●●

오늘날 인터넷을 비롯한 정보통신의 발달로 사이버 공간은 인간의 일상생활에 커다란 영향을 미치고 있다. 사이버 공간에서 인간의 다양한 일상적 활동이 이루어지고 있다. 우리는 인터넷을 비롯한 정보통신 기술과 시스템에 대한 이해를 통하여 사이버 공간을 활용함으로써 삶의 풍요로움, 즐거움과 행복을 누리고 있다. 그러나 실제 일상생활에서 재난 재해·안전사고·범죄가 발생하여 인간의 생명이나 신체, 재산, 명예 따위에 손해를 입히는 것처럼, 사이버 공간도 항상 위험성을 지니고 있어서 인간에게 피해와 손실을 줄 수 있다.

사이버 공간의 범죄는 복잡하고 다양한 특성을 가지고 있고, 그 파급력은 막강하여 인간에게 심각한 정신적·재산적 손실을 끼칠 수 있다. 따라서 사이버 공간에서 일어날 수 있는 위험성을 잘 알고 사전에 대처해 나가야 한다. 사이버 공간의 범죄를 미리 이해하고, 신속하게 대응하여 피해를 없애거나 줄여야 한다. 그렇지 않으면 그것이 인간에게 미치는 폐해는 더욱 심각해질 것이다. 사이버 공간의 위험성을 잘 알고, 이에 대비한다면 인간은 보다 안전한 사이버 공간 속에서 일상생활을 영위할 수 있을 것이다.

이러한 맥락에서 이 책은 사이버 범죄가 무엇인가를 이해하고, 사이버 공간에서 발생하는 범죄의 유형을 분류하여, 유형별로 기본 개념과 내용에 관해서 논의한다. 사이버 공간의 범죄에 대한 처벌 법규에 대해서도 설명하고 적용해 본다. 또한 실제로 발생한 사이버 범죄의 사례에 대해서 분석·논의하고, 안전한 사이버 생활을 위한 방법을 알아본다. 이러한 논의는 사이버 범죄에 대한 이해와 대응능력을 높이는 데 필요한 지식을 제공하게 될 것이다. 다만 여기에는 공학적인 관점이 아니라 범죄학적 관점에서 서술한 한계가 있다.

이 책은 저자가 지금까지 연구해 온 사이버 공간의 범죄 현상에 대한 학문적 연구 성과를 모아 가필하여 책으로 내놓은 것이다. 우리나라에서 사이버 범죄 분야에 관한 학문적 연구가 다소 뒤처져 있는 것 같아 안타까운 마음이 든다. 그러나 지금도 학문적 연구가 진행되고 있기에 앞으로 보다 발전적인 연구 성과들이 나올 것으로 기대한다.

　자신의 학문적 연구 결과를 세상에 내놓는 것은 여러 가지 점에서 조심스러운 일이다. 부족한 측면들이 드러나면서 자신의 지식 수준이 세상에 알려지기 때문이다. 그럼에도 불구하고 사람들은 자신의 노력에 대한 성과를 드러내고 싶은 마음이 있는 것 같다.

　본서에는 다섯 개의 장이 있다. 간략히 설명하자면 제1장 사이버 범죄란 무엇인가, 제2장 사이버 테러형 범죄, 제3장 일반 사이버 범죄, 제4장 불법 콘텐츠 범죄, 제5장 사이버 안전 관리와 예방으로 구성되어 있다.

　앞으로도 연구를 통하여 사이버 범죄에 대한 내용들을 계속 보완하고 증보해 나갈 것이다. 본서를 출간하는 데 도움을 주신 출판사 관계자와 여러분께 감사를 표한다.

2024. 8. 12.

저자 최 종 술

●●● 목차 ●●●

제3장   **일반 사이버 범죄**

제4장　**불법콘텐츠 범죄**

제5장   **사이버 안전관리와 예방**

제1장

사이버 범죄란 무엇인가?

범죄란 무엇인가? —————————

1 범죄의 의미

1) 사이크스(Gresham M. Sykes)의 범죄 정의

범죄란 무엇인가에 대해서 많은 학자가 다양한 정의를 제시하고 있다. 사이크스 (Gresham M. Sykes)는 범죄를 다음과 같이 정의한다.[1]

범죄(Crime) 행위는 우리 마음 속 병의 발현으로 볼 수 있으며, 사회적 긴장 관계의 증표로서 해석될 수도 있다. 그러나 범죄는 기본적으로 단순한 개념이며, 도덕적이고 윤리적인 의미는 포함하고 있지 않고 인간이 살고 있는 사회의 법 규범을 위반한 행위에 불과하다. 사회규범에 대한 하나의 위반 행위이며, 법이 금지한 행위를 위반한 것이다.

범죄 행위는 마음에 어떤 문제가 발생하여 마음의 병이 발현한 것일 수도 있다. 여러 사람이 같이 모여서 생활하고 있는 사회 속에서 사람과 사람 간의 긴장 관계가 생김으로써 나타나는 결과일 수도 있다. 그렇지만 범죄는 기본적으로 단순한 개념이고 도덕적이고 윤리적 의미는 포함되지 않는다. 단순히 인간이 살고 있는 사회의 법 규범을 위반한 행위에 불과하다는 것이다.

일반적으로 규범이란 인간으로서 지켜야 할 마땅한 도리를 말한다. 인간은 사회생활을 하며 살아가는 사회적 동물로, 사회구성원으로서 지켜야 할 마땅한 도리가 있다. 규범 중에서 특히 사회구성원들이 마땅히 지켜야 할 도리를 사회규범이라고

---

[1] Gresham M. Sykes, *The society of captives:a study of a maximum security prison*, Princeton: Princeton Univ. Pr., 1958, pp. 38~40.

한다. 사회규범의 유형에는 실정법, 습속, 관습, 관습법 등이 있다. 그 가운데 법이라고 하는 사회규범이 금지한 행위를 위반한 것이 범죄이다.

물론 범죄는 결과적으로 보면 부도덕하고 비윤리적인 행위이지만, 법 자체에서는 그런 것들을 규정하고 있지는 않다. 예컨대, 다른 사람에게 상해를 끼쳤거나 다른 사람의 물건을 훔치는 것은 결과적으로 보면 비도덕적이고 비윤리적인 것이다. 그러나 그것보다는 사회 법 규범을 위반한 것에 불과하다. 사이크스는 이와 같은 의미로 범죄를 정의하고 있다. 즉 범죄는 사회규범에 대한 위반 행위이고, 법이 금지한 행위를 위반한 것이다.

2) 형식적 의미의 범죄와 실질적 의미의 범죄

범죄의 개념은 형식적 의미의 범죄와 실질적 의미의 범죄로 구분된다. 첫째, 형식적 의미의 범죄는 법률을 위반한 행위를 말한다. 법률의 규정에 따라 범죄 행위가 결정되기 때문에 시대적 상황이나 사회적 상황에 따라 다르게 정의될 수 있다. 여기서 범죄 개념의 상대성 문제가 발생한다. 예컨대, 인터넷이 일상화되지 않았던 시대에는 사이버 범죄라는 개념이 없었으나 인터넷의 사용이 보편화되고 있는 오늘날 사이버 범죄가 매우 중요시되고 있고, 이에 대한 처벌 규정도 강화되고 있다.

둘째, 실질적 의미의 범죄는 법률의 규정에 관계없이 실질적인 반사회적 행위를 말한다. 일탈 행위는 여기에 해당된다. 시대적 상황이나 사회적 상황을 초월해서 인정할 수 있는 범죄 행위 그 자체가 존재하고 있다. 강도, 살인, 절도, 강간 등은 어느 시대이건 범죄 행위인 것이다.

3) 범죄학의 정의

미국의 범죄학자 서덜랜드(E. H. Sutherland)와 크레시(Donald Cressey)는 사회에 해가 되는 모든 행위, 즉 모든 반사회적 행위를 범죄로 규정하고 있다.[2] 또한 그들은 범죄학을 사회현상으로서 범죄에 관한 지식의 집합이라고 하였다. 법률 형성, 법률 위반, 법률 위반에 대한 반응 등의 과정을 범죄학의 범위에 포함시키면서, 범죄학의

---

2 전돈수, 범죄학개론, 21세기사, 2013, p. 26 참조

목표는 범죄를 규정한 법률, 범죄, 처우 등의 과정에 대한 일반적이고 검증된 원리와 기타 관련 지식을 발전시키는 것이라고 본다.

범죄학은 범죄에 관한 지식 또는 범죄와 관련된 지식을 하나로 묶어놓은 것이다. 범죄와 관련된 지식이란 법률이 어떻게 형성되어 있고, 법률에 어떻게 위반되고, 법률 위반에 대한 반응이 어떻게 나오는가 등을 포함하고 있다. 범죄에 관한 지식은 범죄의 원인만을 찾아내는 것이 아니라 대책도 찾을 수 있다. 결국 원인을 찾아야 그것에 대한 결과를 예측할 수 있을 것이고, 결과를 예측할 수 있어야 그것에 대한 반응, 대응을 할 수 있다.

즉 원인과 결과 그리고 그것에 대한 대책, 이 세 가지가 범죄학의 주요한 흐름이다. 범죄학은 범죄의 원인을 찾아내고 그로 인해 발생한 결과를 분석해서 대책을 마련하는 것이 된다.

2 비행(Delinquency)의 개념

범죄와 관련된 개념으로 비행(Delinquency)이 있다. 비행은 범죄와 어떻게 다른가. 범죄학에서는 비행과 범죄를 구분하고 있는데, 비행은 넓은 의미로 모든 반사회적 행위를 포함하는 개념이다. 그러나 좁은 의미에서는 청소년의 비행을 의미하는 소년 비행의 개념으로 쓰여지고 있다. 즉, 비행은 모든 반사회적 행위를 다 포함하고 있는 가운데 특히 행위의 주체가 청소년인 경우에 이것을 비행이라고 한다. 비행은 반사회적 행위에 관한 법률적인 개념이며, 법률상 소년의 행위에 한정되어 있다. 일반적으로 비행은 법률에 규정되어 있는 구성 요소를 가진 행위이다. 이 구성 요소 중 가장 핵심적인 것은 그 주체가 청소년이라는 것이다.

성인의 반사회적 행위로서 법률 위반 행위인 범죄와는 구분된다. 비행과 범죄를 구분하는 이유는 청소년 대상의 교정 방식과 성인 대상의 교정 방식이 다르기 때문이다. 다시 말해 처우를 달리해야 하기 때문에 범죄와 비행을 구분하는 것이다. 성인 범죄자와 청소년 범죄자의 처우를 달리하는 것이 매우 중요하기 때문에 비행과 범죄를 구분하는 것이다.

비행에 대한 학자들의 정의를 보면, 먼저 영(P. V. Young)은 사회적으로 붕괴의 위험성이 있는 행상 내지 인격적 태도라고 정의한다. 글루크(S. Gluck)는 특정한 시간과 장소에 있어서의 법 규범 및 법률에 위반되는 청소년의 행위라고 정의한다.[3] 즉, 청소년의 범죄 행위가 비행이다.

---

3 조철옥, 현대사회와 범죄, 21세기사, 2012, p. 30 참조

범죄는 왜 일어나는가? ─────

① 에브라함센(David Abrahamsen)의 범죄공식

범죄가 왜 일어나는가에 대해서 범죄심리학자인 에브라함센(David Abrahamsen)은 범죄가 일어나는 공식을 제시하고 있다. 에브라함센의 범죄 공식은 다음과 같다.[4]

● 범죄 공식 ──────────────────────────────

$$C = \frac{T + S}{R}$$

(R=정신적 반항심, T=성향, S= 환경)

─────────────────────────────────────

에브라함센이 제시하고 있는 범죄 공식에서 R(Resistance)은 정신적인 반항심이다. 즉 자신을 억제할 수 있고 인간이 가지고 있는 욕구나 심리적인 요인들을 스스로 억누를 수 있는 힘이다. T(Tendency)는 성향을 말한다. 개인이 가지고 있는 성향, 즉 성격과 관련된다. 성격을 통해서 성향을 보이게 되는 것이다. 무엇을 좋아하고 싫어하고, 어떤 것을 추구하고, 어떤 것을 혐오하고 하는 것과 같은 심리이다. S(Surrounding)는 개인을 둘러싸고 있는 환경이다.

범죄 공식을 수학적으로 보면, 범죄는 개인적인 성향과 환경, 즉 그 사람이 어떤 환경에 놓여 있느냐에 비례해서 발생하고, 개인의 범죄에 대한 정신적 반항심에 반

─────────────────────────────────────

4 David Abrahamsen, *Crime and the human mind*, New York: Columbia University Press, 1944를 데이비드·에이브라함젠 저, 장병림 역, 범죄심리학, 박영사, 4293(1960), p. 24에서 재인용함.

비례해서 나타난다. 개인적 성향이 범죄적 성향을 가지고 있는가 없는가, 또 그 환경 자체가 범죄를 저지를 수 있는 환경인가 그렇지 않는가에 따라서 범죄가 일어날 가능성이 매우 높고, 반면 그 사람이 가지고 있는 억제력이 어느 정도인가에 따라서 범죄 발생은 반비례한다. 예컨대 범죄에 대한 정신적 반항심이 강하고, 반범죄적 성향과 반범죄적 환경에서 생활하는 사람일수록 범죄를 저지를 가능성은 낮다. 반면 범죄에 대한 반항심이 약하고, 범죄적 성향과 범죄적 환경에서 생활하는 사람일수록 범죄를 저지를 가능성은 높아진다.

② 범죄원인론

일반적으로 범죄에 관한 원인론은 크게 3가지 관점에서 논의되고 있다. 생물학적 범죄원인론, 정신분석학적 원인론 또는 범죄심리학적 원인론, 사회학적 범죄원인론이다.

1) 생물학적 범죄원인론

생물학적 관점에서의 범죄 원인론이다. 생물학적인 인간을 전제로 해서 생명체의 특성으로 인하여 인간이 범죄를 저지르는 원인을 찾는다. 생물학적 관점은 유전적 측면, 신체적인 측면 등 여러 가지가 있다. 이러한 측면들이 범죄의 원인과 관련된다는 것이다.

생물학적 범죄원인론은 다음과 같은 이론들이 있다.

· 롬브로조의 실증 이론 · 신체 생리적 특성에 초점을 둔 이론

· 유전의 원인과 결과 · 염색체의 이상과 범죄

· 뇌의 이상과 범죄 · 신경정신적 기능과 범죄

· 지능적 결함과 범죄 · 정신적 결함과 범죄

생물학적인 범죄원인론은 범죄자의 생물학적인 소질에서 범죄의 원인을 찾아서 그 특성에 따라 유형을 구분한다. 기본적으로 범죄자는 생물학적인 범죄 소질을 가

지고 있다는 것이다. 예를 들면 범죄 충동이 예외적으로 강하거나 또는 내적 통제력이 결핍되었기 때문에 범죄나 비행에 쉽게 빠져들 수 있다. 범죄 소질은 인격 구조를 결정하는 생물학적인 과정, 즉 유전적인 측면을 설명함으로써 밝혀질 수 있다고 본다. 따라서 유전적인 특질이 범죄의 소질로 나타난다고 보고 이것을 설명함으로써 범죄의 원인을 찾으려고 하는 것이다.

찾아보기

▶ **롬브로조**(Casare Lombroso, 1835~1909)

생물학적 범죄원인론의 대표적인 학자는 이탈리아의 법의학자, 정신의학자였던 롬브로조(Casare Lombroso)이다. 롬브로조는 범죄의 원인을 실증적으로 규명하여 범죄학의 발전에 영향을 주었다.

롬브로조에 의하면, 범죄 원인은 본래의 소질에 의해서 일어난다. 그래서 특징적인 신체적 표식이나 정신적 표식이 나타나는 것이다. 예를 들면 신체적 표식으로는 웃음, 사시, 왼손잡이, 소두증, 결핵 등이 있으며, 정신적 표식에는 도덕적 감정의 결핍, 충동성, 회의성, 독창성 등이 있다고 주장했다.

또한 그는 천재의 소질과 광기의 소질은 공통이라는 명제를 주장했다. 다시 말해 이들은 평범한 사람의 범위에서 넘어선 것이기 때문에 결국 공통 또는 동일하다는 것이다.

롬브로조의 주장들은 범죄학의 기초를 이루고 있지만, 현재는 그 타당성을 잃고 있다. 그러나 롬브로조는 범죄학을 과학적인 방법으로 규명하려 한 실증주의 범죄이론들을 제창하였고, 이후 범죄학의 발전에 큰 영향을 주어 그의 업적은 높이 평가되고 있다.

(1) 생래성 범죄인설

실증주의적 범죄원인론으로서 롬브로조(Casare Lombroso)는 생래성 범죄인설(生來性 犯罪人說)을 다음과 같이 주장하였다.[5]

---

5 Mary Gibson, *Born to crime: Cesare Lombroso and the origins of biological criminology*, Westport: Praeger, 2002; 이경재 옮김(체자레 롬브로조 원저, M. 깁슨, N.H. 래프터 편역), 범죄인의

범죄자는 선천적으로 변경할 수 없는 범죄적 특성과 신체적 특성을 가진다. 태어날 때부터 범죄자가 될 수 있는 특성들을 가지고 태어나며, 이것은 격세유전(隔世遺傳)[6]된다. 격세유전은 한 생물의 진화과정에서 한번 나타났던 조상의 형질이 다시 후대에 가서 나타나는 현상이다. 이로 인해 범죄자들은 이전 조상들의 범죄적 특징을 지니고 있는 사람으로 간주된다. 이것을 생래성 범죄인설이라고 한다. 다시 말해서 범죄적 특성은 세대를 거쳐 지속적으로 유전되는 것이다.

그러나 이와 같은 롬브로조의 주장은 이후에 반박되고 부정되었는데, 결국 인간은 진화를 한다는 사실을 고려하지 못했고, 조상의 형질이 물론 후대에 가서 나타나긴 하지만 세월이 지남에 따라 조금씩 변화되어 나타날 수도 있음을 무시하였다는 비판을 받게 된다. 오늘날 생래성범죄인설은 그 타당성을 인정받지 못하고 있다.

(2) 셸돈의 유형학

셸돈(William H. Sheldon, Jr.)[7]은 인간의 신체형을 결정하는 구성 요소를 제시한다. 배엽은 다세포 동물의 발생 초기 배체에 형성되어 장래 특정 조직을 만들어 내는 세포층이다. 배체는 세포분열을 통해 장기도 되고 피부도 되는 등 다양하게 발전해 나간다. 또한 배체의 배엽을 중심으로 내배엽이 발달되어 있는 인간, 외배엽이 발달되어 있는 인간, 중배엽이 발달되어 있는 인간으로 인간의 신체형을 구분한다.

배체의 배엽이 어떻게 발달되었는가에 따라서 범죄를 저지를 확률이 결정될 수 있다고 본다. 즉, 범죄의 소질은 세포원형질의 형태가 어떠한가에 달려있고, 이것은 태아의 형성 과정에서 개인적으로 조금씩 차이가 난다는 것이다. 내배엽이 외배엽과 중배엽에 비해서 더 잘 발달된 사람, 중배엽이나 외배엽이 더 발달되어 있는 사람 등 개인적인 차이가 발생하는 것을 기준으로 범죄의 원인을 설명하려고 했다. 예컨대 배엽의 발달 정도에 따라 근육이 발달한 사람, 장기가 발달한 사람, 뇌가 발달

탄생: 범죄인에 대한 인류학적 분석, 법문사, 2010 참조.

6 '세대를 건너뛰어 유전된다'는 의미로, 조부모나 더 윗세대의 형질이 부모 세대를 건너뛰어 손자 세대에서 나타나는 현상을 가리킨다.

7 이상현, 범죄심리학(제3판), 박영사, 2004 참조; 윌리엄 허버트 셸돈(William H. Sheldon, 1898~1977)은 미국의 심리학자이자 내분비학자이며 신체 유형이론, 즉 소마토타입(Somatotype Theory) 이론을 주장함.

한 사람 등 다양하다. 이에 효과적인 범죄 해결책은 사회적으로 해로운 구조 형태를 제거하는 것이라고 셀돈은 주장한다.[8]

(3) 더그데일과 이스터브룩의 범죄자가계 연구

더그데일과 이스터브룩(R. L. Dugdale and A. H. Estabrook)은 1877년 쥬크 가(Jukes family)에 관한 연구[9]를 통해 쥬크 가(家)의 7대에 걸쳐서 후손들이 어떻게 되어 있는지 그 가계를 조사하였다.

쥬크 가(家) 1,000명의 소재를 파악해서 후손들이 어떤 상태에 있는가를 조사해 본 결과, 281명이 걸인이고 60명이 절도범, 7명이 살인범, 140명이 잡범, 50명이 창녀, 40명이 성병환자라는 사실을 발견하게 된다. 한 가문 구성원들의 소재를 파악하여 이러한 현상을 발견한 것이다.

쥬크 가에서 많은 범죄자가 나온 것은 유전적인 요인으로 해석될 수 있다는 것이다. 75년간 이 가문이 뉴욕주에 끼친 금전상의 손해가 130만 불이 되었다고 한다. 더그데일의 연구는 범죄자가 생물학적 특성인 유전적 원인에 의해서 범죄 소질을 타고나고 그것이 결국 범죄로 연결된다고 보았다.

(4) 쌍생아 연구(Twin study)

쌍생아(Identical twins) 연구는 인간의 행동 및 심리적 특성에 미치는 유전과 환경의 영향을 밝히기 위해 쌍생아들을 대상으로 진행한 연구이다. 랑케(Lange)는 쌍생아를 연구해서 두 사람의 일치율이 있는가 없는가, 즉 유전 소질과 환경과의 관계를 밝히는 데 기여하였다. 그는 일란성 쌍생아와 이란성 쌍생아에 있어서 쌍둥이 형제 간의 범죄와 비행의 일치율에 대한 결과를 분석했다.[10]

일란성 쌍생아의 경우, 어느 한쪽이 범죄의 길에 들어서면 다른 한쪽도 범죄의 길에 들어서는가를 확인하기 위한 분석이다. 일란성 쌍둥이는 신체적 특성이 같게 나타나기 때문에 한쪽이 범죄자였다면 한쪽도 범죄자가 될 것으로 예측된다. 그것

---

8 William H. Sheldon, Emil M. Harti, and Eugene McDermott, *Varieties of Delinquent Youth*, New York: Harper, 1949, pp. 51~52; 이상현, 전게서, 2004, pp. 26~29 참조.

9 R. Dugdale, *The Jukes*, New York: Putnam, 1910, p. 10; 이상현, 상게서, p. 29~30 참조.

10 Johannes Lange, *Crime as Destiny*, New York: C. Bon, 1930, p. 41; 이상현, 상게서, pp. 30~31 참조.

이 일치했을 때 유전적인 소질이 범죄에 영향을 미친다는 것을 확인할 수 있을 것이다.

결과적으로 일란성 쌍생아의 경우 일치율이 64.4%였고 이란성 쌍생아의 경우에는 28.9%였다. 만약 범죄 원인이 유전의 결과라면 일란성쌍둥이의 경우는 100% 일치가 나와야 할 것이다. 그러나 64%에 그쳤으므로 범죄의 원인이 반드시 유전의 결과라고 할 수는 없다. 따라서 환경이나 사회적 요인도 부수적으로 범죄와 관계를 가지고 있는 것으로 설명될 수 있다.

2) 프로이트의 정신분석학적 원인론

프로이트(S. Freud)의 정신분석학적 범죄원인론은 인간의 정신분석학적 측면 또는 인간의 심리적 측면과 관련해서 범죄의 원인을 찾는다. 인간이 가지고 있는 여러 가지 심리, 예컨대 학습, 모방 등의 측면에서 범죄의 원인을 찾고자 한다. 이것은 범죄심리학적 원인론이라고 할 수 있는데, 범죄심리학적 원인론이 프로이트(S. Freud)의 정신분석학[11]으로부터 시작되었기 때문이다.

그러면 프로이드의 정신분석학적 관점에서 범죄의 원인을 살펴보도록 한다.

찾아보기

▶ **프로이트**(Sigmund Schlomo Freud, 1856~1939)
프로이트는 오스트리아 출신의 정신의학자이고 정신분석학의 창시자이다. 20세기 이후에 심리학, 정신의학, 인류학, 교육학, 범죄학, 사회학, 문화학 등 다양한 분야에 이르기까지 상당한 영향을 끼친 업적을 가지고 있다. 오늘날 사회과학에 지대한 영향을 준 사람으로 평가된다. 그의 저서로는 「꿈의 해석(1900)」, 「정신분석입문(1917)」 이외에도 다양한 정신분석학 분야의 저술들이 있고 사회과학 연구에 많은 영향을 끼쳤다.

---

11 김기태 옮김(S. 프로이트 지음), 꿈의 해석: 국내 유일의 완역판, 선영사, 2011; 김문성 옮김(캘빈 S. 홀 지음), 프로이트의 심리학 입문: 정신분석을 통한 심리학의 기본 설명서, 스타북스, 2014 참조.

(1) 프로이트의 인격구조 3요소

프로이트가 범죄 원인을 직접적으로 설명한 것은 아니지만, 그가 제시한 인격 구조의 3요소를 기초로 범죄의 원인을 설명할 수 있다. 프로이트가 제시한 인격 구조의 3요소에 의해서 인간의 성격이나 행동 패턴이 결정된다고 할 수 있다.

인격 구조의 3요소는 크게 원본능(Id), 자아(Ego), 초자아(Superego)이다. 인간의 성격을 구성하고, 행동 패턴을 결정하는 데 중요한 영향을 미치는 요소다.

가) 원본능(Id)

원본능은 인간이라면 누구나 가지고 있는 본능적인 욕구를 말한다. 누구나 가지고 있는 욕구에는 식욕, 수면욕, 성욕 등이 있다. 인간이 가지는 생물학적이고 기본적인 욕구들이다.

원본능의 특성은 매우 원시적이고 비합리적인 마음이다. 그렇기 때문에 쾌락의 원칙에 의해서 지배된다. 기본적으로 욕구 충족을 통해서 쾌락을 느낀다.

나) 자아(Ego)

자아는 경험이나 훈련에 의해서 형성되고 이성적 특성을 가지고 있다. 이것은 이성적인 마음의 영역이다. 자아(Ego)는 외부 세계와 끊임없이 접촉하면서 그 속에서 생존해 나가는 하나의 기준이 되는 것이다.

자아(Ego)는 현실의 원리에 따라서 작용한다. 예를 들어, 비가 오면 우산을 써야 된다는 것은 현실의 원리를 따라가는 것이다. 추우면 춥지 않기 위해서 옷을 입어야 한다는 판단, 이런 것들을 자아의 영역으로 볼 수 있다.

다) 초자아(Superego)

초자아는 옳고 그름을 추구하는 마음이다. 다시 말하면 인간의 마음 속에 있는 양심이라고도 볼 수 있다. 즉 도덕적인 것, 윤리적인 것, 규범적 행동과 관련되는 정신 기능이다.

인간은 기본적으로 '마음의 태양'이라고도 하는 양심이 있기 때문에 옳은 것을 추구하는 마음을 가지고 있다. 그것은 도덕성이나 윤리성이라는 이름으로 표현될 수 있다. 초자아는 인간이 기본적으로 누구나 가지고 있는 양심에 근거하고 있다고 볼 수 있다.

요컨대, 인격 구조의 3요소는 원본능이라는 인간의 본능, 그리고 자아라고 하는 이성, 초자아라고 하는 양심이다. 이 3가지가 우리의 마음을 구성하고 있는 기본적인 3요소이며, 프로이트는 이드(Id), 에고(Ego), 슈퍼에고(Superego)라는 말로 표현했다.

(2) 정신분석학적 범죄원인론

이 3가지 개념을 활용하여 인간은 왜 범죄를 저지르게 되는가 또는 왜 범죄가 발생하는가를 설명해 보면 다음과 같다.

가) 초자아의 결함

범죄의 원인을 비정상적인 초자아로 인한 결함으로 보는 것이다. 초자아에 어떤 문제가 발생하여 비정상적으로 작용하는 경우이다. 비정상적인 초자아를 가지게 되면 그것으로 인해서 범죄를 저지르게 된다. 초자아의 결함은 충동적인 무의식에 대한 통제를 부적절하게 하여 범죄나 비행이 발생한다고 본다. 인간은 자신의 본능적인 욕구들을 적절하게 통제해야 하는데, 초자아에 결함이 생겨서 그것을 적절하게 통제하지 못하고 무제한 발산함으로써 반사회적 행위나 범죄, 비행으로 연결된다.

예컨대, 인간은 배가 고프면 먹고 싶다는 원본능이 일어난다. 그러면 먹을 것을 구하게 되고, 만약 가게에 가서 구하려고 한다면 그것에 대한 대가를 지불해야 한다. 그러나 지불할 대가가 없는 경우, 식욕을 충족시키기 위하여 방법을 찾을 것이다. 궁리 끝에 그냥 훔쳐서 도망을 가는 방법을 선택했다고 했을 때 '남의 것을 훔치면 안된다'는 도덕관념인 초자아가 형성되어 있으면 훔치려는 원본능을 통제하므로 범죄나 비행이 억제된다. 그러나 도덕관념, 즉 적절한 초자아가 형성되어 있지 않으면 원본능을 초자아가 적절히 통제하지 못하게 되고, 결국 원본능이 발산되어 범죄나 비행으로 이어지게 될 것이다.

정상적인 초자아 형성의 실패는 정신질환자나 도덕성 결함의 인간을 만들어 내고, 탈선 충동에 대한 효과적인 제재를 가하지 못한다. 잘못 형성된 초자아로 인하여 비정상적이거나 범죄적 초자아가 형성된 것이다. 이것을 초자아의 결함, 비정상적인 초자아, 범죄적 초자아라고 한다.

한편 초자아의 결함은 환경적 요인에 의해서 형성되어 있는 경우도 있다. 즉, 정상적인 초자아라면 '남의 물건을 훔쳐서는 안된다'라고 형성되어 있겠지만, '남의 물건을 훔치더라도 들키지만 않으면 된다'라던가 '다른 사람에게 손해를 끼치더라도 나만 좋으면 된다'라는 관념과 같이 처음부터 잘못된 초자아가 형성된 경우도 있다. 이러한 초자아가 형성되어 있는 경우 범죄를 저지를 수 있는 조건이나 환경만 만들어지면 언제든지 범죄나 비행을 실행하게 될 것이다. 즉, 초자아 자체가 범죄적으로 형성되어 있는 것이다.

초자아 결함의 원인에 대해 살펴보면 결손 가정에서 정상적으로 가정 교육을 받지 못하고 자란 아이, 마약이나 알코올에 중독된 부모 밑에서 양육 과정을 거치면서 불안정한 조건을 경험한 아이, 범죄성 있는 부모에게 양육된 아이 등의 경우, 초자아 자체의 결함이 발생한다는 연구 결과가 있다.[12] 어릴 때부터 도덕관념과 윤리관념이 잘 형성되어 있으면 원본능을 적절하게 통제할 수 있는 정상적인 초자아가 형성되는데, 그렇지 못하기 때문에 비정상적인 초자아가 만들어져서 결국은 범죄적 초자아로 형성되고 이것이 궁극적으로 범죄로 이어진다는 것이다.

나) 자아의 결함

자아도 결함이 있는 경우가 있다. 초자아가 비정상인 것처럼, 자아도 마찬가지로 비정상적인 자아가 만들어질 수 있다. 자아의 비정상, 범죄적 자아 또는 자아의 결함이 어떻게 범죄로 이어지는가를 알아본다.

자아는 우리의 개성을 표현하는 하부구조이고, 우리의 개성은 자아의 기능에 의해서 표현되고 한정된다. 이와 같이 자아 기능을 수행하는 인격의 기구나 부분이 있다. 자아 기능은 인격의 한 부분이면서 인격 전체를 구성하고 있는 요소이다.

하트만(Heinz Hartmann, 1894~1970)은 자아의 기능에 대해서 다음과 같이 설명한다.[13]

자아 기능은 맹목적이고 성급하고 비합리적인 초자아, 도덕적이고 비판적인 초자아와 외부의 현실 영역의 사이에서 중재 역할을 한다. 즉, 행위의 결과를 결정지어 주는 외부의 실제와 초자아 사이에서 자아는 존재하고 있다.

---

12 이상현, 소년비행학, 박영사, 1997, pp. 133~162 참조.

13 이광미, Heinz Hartmann의 중립화와 자아 자율성에 관한 연구: 내담자의 불안을 중심으로, 연세대학교 대학원 석사학위논문, 2013. 2 참조.

자아의 기능은 주로 중재 역할이다. 맹목적이고 성급하며 비합리적인 초자아를 자아가 중간에서 조정, 통제해 주는 역할을 한다. 내면 세계와 외부의 실제 사이에서 존재하는 사실을 인식하고, 이것을 초자아로 연결시켜 중재해 주는 역할을 한다. 그래서 자아는 외부 세계와 초자아를 서로 적절히 연결시키고, 초자아의 지시를 받으면서 행동을 하게 만들어 주는 기능들을 수행하고 있다.

외부 세계와 초자아의 중재적인 역할과 기능을 부적절하게 수행하게 되면 초자아의 충동을 억제할 수 없게 되고, 이것이 범죄나 비행으로 빠져들게 만든다. 나아가 자아는 초자아뿐만 아니라 원본능도 적절하게 통제를 해주는 역할을 한다. 인격 구조의 3요소로서 자아는 외부 세계와 끊임없이 접촉을 하면서 외부 세계와 원본능이나 초자아 사이를 적절하게 연결시켜 주고 그 결과 행동의 패턴을 만들어 낸다. 만약 자아가 원본능이나 초자아를 부적절하게 억제 통제하거나 조정하면 결국 이것이 비정상적인 비행이나 범죄 행위를 초래하게 된다. 따라서 자아 자체의 결함이 있는 경우, 범죄나 비행으로 연결되는 것이다.

3) 젠킨스의 인격 유형론

젠킨스는 유형학(類型學)에서 프로이트의 인격구조 3요소를 기초로 인간의 인격을 3가지 형태로 분류한다.[14] 즉, 범죄를 저지를 수 있는 3가지 형태의 인격 구조를 설명한다. 젠킨스는 인격의 구조를 나무의 나이테에 비유하였다. 원본능이 나무 나이테의 가장 안쪽에 자리하고 있고, 원본능을 둘러싸고 있는 초자아가 그 다음에 자리잡는다. 그리고 현실과 끊임없이 접촉하고 있는 자아가 제일 바깥쪽에 존재한다.

이처럼 인격은 3가지 요소로 겹겹이 둘러싸여 있다. 다시 말해서 제일 안쪽에 원본능(Id)이 있고 그 다음에 초자아(Superego)가 있으며, 제일 바깥쪽에 자아(Ego)가 자리하고 있다. 이러한 모형에 근거하여 인간의 인격을 3가지 유형으로 분류하여 설명한다.

---

14 이상현, 전게서, 2004 참조.

(1) 과도한 금지 상태의 인격

과도한 금지 상태의 인격 구조는 초자아(Superego)가 너무 과도하게 형성되어 있기 때문에 원본능(Id)이 외부로 발현하기 어려운 상태를 말한다. 즉 원본능이 과도하게 억제되어 있는 상태, 초자아가 너무 강하게 형성되어 있는 상태이다. 내적인 갈등이 심각하여 신경증적 증상이 나타나기도 한다.

예를 들면, 어린이의 경우 본능 억제 굴레가 매우 발달한 아이이다. 다시 말해서 원본능(Id)을 둘러싸고 있는 초자아(Superego)가 아주 강력하게 형성이 되어 있는 상태이다. 초자아(Superego)는 인간이 가지고 있는 도덕, 양심 등과 같이 윤리 의식과 관련된다. 윤리 의식이 과도하게 형성되어 있는 경우, 원본능이 조금이라도 벗어난 행동을 하려고 하면 초자아가 원본능을 강력하게 억제하게 된다. 그 결과 행동을 함부로 하지 못하고 가만히 있게 돼버린다. 소심한 어린이 같은 경우, 이와 같이 과도하게 금지된 상태에 놓여 있다. 원본능에 대해서 초자아가 과도하게 억제하고 있는 상태를 과도한 금지 상태의 인격 구조라고 한다.

(2) 부적절한 금지 상태의 인격

인격 구조를 나무의 나이테에 비유한다면, 원본능(Id)을 초자아(Superego)가 둘러싸고 있고 그 다음에 자아(Ego)가 둘러싸고 있다고 할 때, 앞선 과도한 금지 상태는 초자아(Superego)가 원본능(Id)을 너무 꽉 통제하고 있기 때문에 원본능 자체가 발현이 안되는 상태였다.

이것은 반대로 초자아(Superego)가 제대로 형성이 되어 있지 않아서 원본능(Id)이 마음껏 밖으로 발산이 되는 상태이다. 즉, 본능을 통제하지 못할 정도로 초자아(Superego)가 형성되어 있지 않은 상태를 부적절한 금지 상태라고 한다.

부적절한 금지 상태의 인격 구조를 가진 경우 반사회적 행위, 비사회적 행위, 외부에 대한 공격적인 행위들이 나타난다. 원본능의 억제가 불가능한 경우, 본능억제에 대한 부적절한 굴레를 가지고 있어서 원시적인 충동에 쉽게 굴복한다.

예컨대 사회생활에서 상대방으로부터 인격적인 모독을 당했다던가 불만이 있는 경우 이를 적절하게 표현하고 대응하는 것이 필요한데, 이것을 적절하게 표현하는 것이 아니라 자신의 분노를 아무 여과 없이 바로 표현하게 되면 폭력 행위를 한다던가 반사회적 행위를 하게 된다.

이와 같은 행위를 초자아(Superego)가 적절하게 통제해 주지 못하는 상태가 된다. 초자아(Superego)에 의한 원본능의 억제가 불가능한 상태가 되어 있는 경우이다. 초자아 혹은 자아가 전혀 형성되지 않고 원본능만 발달되어 있는 이런 상태에서는 미사회화된 공격적인 행위가 나타나는 것이다.

(3) 내부 집단에서만 금지된 상태의 인격

인격 구조의 형태로서 내부 집단에 대해서만 금지된 상태가 있다. 특정 집단에서만 사회화되어 있고 외부 집단에 대해서는 공격적인 경우이다. 사회를 자신이 속해 있는 특정 집단과 자신이 속하지 않는 외부 집단으로 구분하고, 자신이 속해 있는 집단에서는 인격 구조의 3가지 요소가 적절하게 발동되어 원만하게 생활을 하는 데 반해 자신이 소속되지 않는 외부 집단에 대해서는 공격적인 행위를 보이는 형태이다.

예컨대, 폭력 조직의 구성원들이나 갱단의 구성원들을 보면 내부 집단의 구성원들에 대해서는 정상적인 억제 굴레를 갖고 있지만, 외부 집단 구성원에 대해서는 결핍된 억제력을 가지고 있어서 외부 집단에게는 원시적인 충동이 자유롭게 나타나는 것이다. 그래서 외부 집단에는 폭력적인 행위를 일삼는 반면, 내부 집단의 구성원끼리는 적절하게 통제가 되어 평화로운 상태를 유지하게 된다. 주로 폭력 집단이나 갱단 구성원의 경우가 이런 유형에 해당되며, 이를 사회화된 비행 소년이라고 표현한다.

4) 사회학적 범죄원인론

사회학적 범죄원인론은 인간으로 구성된 사회현상 속에서 범죄의 원인을 찾고자한다. 사회구조, 사회과정, 사회반응 등 사회적 환경의 측면에서 범죄의 원인을 찾고 있다.

개인은 그를 둘러싼 환경 속에서 존재하고, 또 환경과 끊임없이 상호 작용을 하면서 생활해 나가고 있다. 범죄의 원인은 범죄자가 처해 있는 사회적 환경에서 비롯되는 것이다. 사회적 환경이 결국 개인으로 하여금 범죄자가 되게 만들거나 범죄를 저지르게 한다. 개인을 둘러싸고 있는 환경을 사회적 환경이라고 한다면, 이것이 개인으로 하여금 범죄를 저지르게 한다는 것이다. 개인은 환경적 요인에 의해 영향을 주고받으면서 생존해 나간다. 범죄를 저지르는 사회적 환경에는 어떤 것들이 있는 가를 찾아서 이를 규명하는 것이 필요하다.

범죄의 원인을 개인의 생물학적 특정에서 찾는다면 생물학적 원인론이며, 정신 적인 문제에서 찾는다면 정신분석학적 또는 심리학적 원인론이 된다. 이와 같은 개 인의 생물학적 특정이나 정신적인 문제에서 찾으려는 것과는 달리 사회학적 범죄 원인론은 비행이나 범죄가 사회적 행동의 일부라는 가정에서 출발한다. 이것은 사 회환경이라는 거시적인 관점에서 범죄의 원인을 찾으려고 하는 것이다. 생물학적 이론이나 심리학적 이론이 미시적인 관점에서 범죄의 원인을 찾으려는 것과 구별 된다.

사회학적 범죄원인론의 유형을 살펴보면 사회적 구조이론, 사회적 과정이론, 사 회적 갈등이론 등이 있다.

먼저 사회적 구조이론은 범죄의 원인을 사회의 조직, 구성, 문화의 특성에서 찾 으려고 한다. 즉 사회의 구성, 구조, 문화를 사회적 환경이라고 보고 이러한 관점에 서 범죄의 원인을 찾으려고 하는 것이 사회적 구조이론이다.

사회적 과정이론 및 사회적 발달이론은 범죄의 원인을 사회적 해체와 학습, 사회 적 통제의 상실과 사회적 반응에서 찾으려고 한다. 결국은 사회화 과정 속에서 범죄 의 원인을 찾는 것이다. 사회화, 즉 인간이 사회에 적응해 나가는 과정 속에서 또는 사회적 발달 속에서 범죄의 원인을 찾는다.

특히 막시즘(Marxism)적 입장에서 사회적 갈등은 범죄의 원인으로서 지배계층과 피지배계층 간 갈등의 산물로 인식되기도 한다. 막시즘적 입장에서 법이라는 것은 지배계층이 피지배계층을 지배하는 하나의 수단으로, 그것을 어겼을 때 범죄화된 다는 것이다.

사회학적 범죄원인론에는 여러 가지 이론이 있다. 그중에서 사회해체이론, 긴장 이론, 비행하위문화이론 등 사회적 구조이론을 중심으로 살펴보도록 한다.[15]

---

15 양원규 외 2인 공저, 현대사회와 범죄, 지식인, 2013 참조.

(1) 사회적 구조이론

사회적 구조이론은 어떤 가정을 하고 있는가. 비행 또는 범죄의 원인은 사회계층에 따라서 다양한 공식적·비공식적 요인이 있다고 가정한다. 특히 저소득층의 범죄는 빈곤, 사회적 불평등을 가장 큰 원인으로 본다. 빈곤, 사회적 불평등을 해소하기 위한 수단으로 비행과 범죄를 저지르게 된다는 것이다. 즉 빈곤, 낮은 학력, 불안한 고용 상태 등 범죄적 하위문화의 가치 체계는 범죄를 설명하는 주요 개념이다.

이런 요인들이 결국은 범죄의 원인으로 작용한다. 특히 범죄는 하류층에서 더욱 심각하게 나타나고, 중류층이나 상류층의 경우 하류층보다 덜 심각하고 덜 위험한 현상으로 설명하고 있는 것이 사회적 구조이론의 기본적인 가정 또는 전제이다.

사회적 구조이론에는 사회해체이론, 긴장이론, 문화적 갈등이론 등이 있다.

가) 사회해체이론(Social Disorganization)

쇼(Crifford R.Shaw)와 맥케이(Henry D. Mckay)는 차별적 조직이론(Differential Theory)[16]을 통하여, 도시 환경이 어떻게 비행을 일으키는가에 관심을 두고 사회해체와 청소년 비행과의 관계를 연구했다.

이를 위해 1900년부터 1933년까지 약 33년 동안 미국 시카고 지역 남자 청소년의 비행 실태를 분석했다. 시카고의 각 지역과 각 지대에 거주하는 비행 소년의 비율을 산출해 본 결과, 도심의 중심 지역에서 비행률이 가장 높게 나타났다. 그리고 방사선 모양으로 퍼져나감에 따라 도심부에서 멀어질수록 비행 소년의 거주율이 낮게 나타났다. 쇼와 맥케이는 이것을 사회해체의 특징으로 설명한다. 도심의 중심부에서 비행청소년의 비율이 높고 도심에서 멀어질수록 청소년 비행률이 계속적으로 하락한다는 것이다.

사회해체 현상은 어떤 의미를 가지는가. 이것은 인구 구성의 지속적인 변화, 이주민 문화의 전파, 산업화 등이 지역사회의 문화와 조직, 전통과 제도를 와해시키는 한편 지역사회가 사회의 도덕적 기준 전파를 위한 매개체로서의 기능을 상실한 상태를 의미한다. 결국은 도시의 생태가 비행이나 일탈에 영향을 준다는 것이다. 즉, 도심지역일수록 인구의 변화, 다시 말해서 인구 이동이 급격하게 일어나고, 이주민

---

16 Clifford R. Shaw & Henry D. McKay, *Juvenile Delinquency and Urban Areas*, Chicago: University of Chicago Press, 1942; 이상현, 전게서, pp. 164~165.

문화가 지속적으로 전파되고, 산업화 등으로 인해 그 도심지역의 문화와 조직, 전통과 제도를 와해시켜 버린다는 것이다. 그 결과, 서로 모르는 사람들 또는 각각 다른 인종적 특징을 가진 사람들이 혼합되어 살게 됨으로서 그 지역사회가 도덕적 기준의 전파를 위한 매개체로서의 기능을 상실하게 된다.

전통적인 사회와 같이 지역의 주민들이 오랫동안 함께 살아온 지역인 경우, 지역주민들끼리의 유대 관계나 함께 공유하고 있는 도덕적 기준 등이 어느 정도 일치하고, 서로 공감하면서 지역사회가 생존하고 있기 때문에 그 기준을 어기지 않으려 하므로 지역사회의 질서도 유지된다. 그러나 이것이 와해되어 버리면, 즉 사회해체가 돼버리면 그런 기준들이 기능을 상실하게 되고 결국은 비행이나 일탈이 일어나게 되는 것이다. 따라서 도시의 생태는 비행이나 일탈에 큰 영향을 주고, 사회해체가 일어나는 지역일수록 범죄 발생률이 높아진다.

이런 문제를 시카고 지역 프로젝트를 통해 해결하려고 시도했는데, 비행자에 대한 개별적인 처우보다는 지역사회활동과 도시빈민, 지역 개발 등 범죄 예방을 위한 시정부 정책에 큰 영향을 주었다. 사회해체에 의해서 범죄율이 높은 지역에서는 지역주민인 개인에 대해서 교정활동을 하는 것보다 오히려 지역사회와 도시빈민 지역의 개발을 통해 범죄 예방을 하는 것이 더 중요하다는 것을 정책적으로 확인하게 되었다. 이것을 시카고 지역 프로젝트라고 한다.

나) 긴장이론(Strain Theory)

머튼(Robert K. Merton)은 긴장이론[17]에서 범죄의 원인은 문화적 목표와 그것을 달성하기 위한 제도적 수단 간의 괴리가 일어나기 때문이라고 하였다. 미국 사회에서 부의 획득이나 높은 지위로의 출세, 좋은 학교에 입학 등 문화적 목표(Cultural goal)가 존재하고, 이에 도달하기 위한 제도적 수단(Institutional means), 즉 문화적 목표를 합법적으로 달성하기 위한 제도적 수단이 있을 것이다.

그러나 문화적 목표를 합법적으로 달성하기 위한 제도적 수단이 존재하지 않는다고 판단된다면 어떻게 될 것인가. 규범 체계와 문화적 목표 간의 통합이 낮으면 스트레스를 야기하고, 이 스트레스를 극복하기 위해 사회에서 용인되는 제도적 수

---

17 Robert K. Merton, *Social theory and social structure*, New York: Free Press, 1968; 최영인·염건령 공저, 사회해체이론과 긴장이론, 열린, 2002 참조.

사이버범죄론

단을 위반하는 방안을 선택하여 스트레스에 반응하게 된다. 다시 말해서 문화적 목표와 그것을 달성하기 위한 수단인 합법적 수단(Legal means) 간에 괴리(Gap)가 생기게 되면 사람들은 이 문화적 목표를 달성하기 위해 제도적 수단이 아닌 비제도적·비합법적 수단을 동원하게 되고, 그것이 결국은 범죄로 이어지게 되는 것이다.

문화적 목표와 그것을 달성하기 위한 제도적 수단이 서로 통합적으로 이루어져 열심히 노력하면 누구나 문화적 목표를 달성할 수 있게 된다면 문제가 없다. 그러나 제도적으로 문화적 목표를 달성하기 어려운 경우, 사람들은 어쩔 수 없이 비합법적이고 비제도적인 수단을 동원하게 되고 그것이 결국은 법을 위반하고 규범 체계를 위반하는 결과를 가져온다. 이것이 범죄의 원인으로 작용한다.

문화적 목표와 제도적 수단에 괴리가 생겼을 때 그 스트레스를 어떻게 해결하는가. 사람들마다 여러 가지 형태로 해결책을 선택하게 된다.

첫째, 동조형(Conformity)은 문화적 목표와 합법적 수단을 모두 수용한다. 그래서 문화적 목표를 달성하기 위한 합법적 수단이 아무리 어려워도 일단 받아들이고 적응을 하려고 한다.

둘째, 혁신형(Innovation)은 문화적 목표는 적극 수용하지만 그것을 성취하기 위한 합법적 수단은 수용하지 않는 경우이다. 합법적 또는 관습적 기회를 통하여 성공할 수 없으므로 법규를 위반해서라도 그 목표를 달성하고자 하는 반응을 일으키는 유형이다.

셋째, 의례형(Ritualism)이다. 문화적 목표 중에서도 실현 가능한 목표만 설정하여 스스로 좌절과 스트레스를 감소시키는 경우를 말한다. 이것은 성공이라는 문화적 목표를 낮게 설정하거나 애써 외면하고 낮은 목표와 성공에 만족하는 행동 유형이다.

넷째, 패배형 또는 퇴행형(Retreatism)이다. 사회의 문화적 목표와 수단을 모두 거부하는 것으로 스트레스에 적응한다. 사회의 문화적 목표와 수단을 수용하지 않는 경우이다.

다섯째, 반역형(Rebellion)이다. 현재의 문화적 목표와 제도화된 수단을 모두 부정하고, 그들이 이상적이라고 생각하는 새로운 목표와 수단을 추구하는 유형이다. 새로운 목표와 수단을 추구하는 방식으로는 혁명을 일으킨다든가 하는 것이 있다.

요컨대, 사회적으로 제시된 문화적 목표와 그것을 달성하기 위한 제도적이고 합법적인 수단이 서로 통합적으로 이루어져서, 누구나 열심히 노력하면 목표를 달성할 수 있는 것이 가장 이상적인 상태이다. 그렇지 않은 경우 사람들은 그러한 스트레스에 적응하는 방식이 다르게 나타나게 되는데, 문화적 목표와 제도적 수단을 그대로 수용하고 적응하는 사람, 목표를 정하면 비합법적 수단을 써서라도 그것을 달성하려는 사람 등 여러 가지 형태의 행동 방식이 나타나게 되고, 법규를 위반하는 경우 그것이 범죄로 이어진다는 것이다.

다) 비행하위문화이론(非行下位文化理論, Delinquent subculture theory)

코헨(Albert Cohen)은 비행하위문화이론에서 하류 계층 청소년 사이의 비행하위문화가 청소년 비행의 원인이라고 하였다.[18] 비행하위문화란 범죄자 집단이나 비행자 집단에서 공유되고 있는 특정한 신념, 가치관에 근거한 사고나 행동 양식이며, 사고방식과 문화 자체가 범죄나 비행 행위를 당연시하는 문화를 말한다. 범죄자 집단의 문화 속에는 범죄나 비행 행위를 당연시하고 죄의식 없이 행하는 문화가 있다.

미국 사회에서 특정한 사람들에게 비행적 하위문화는 삶의 한 방식, 즉 자기가 살아가는 방식이라는 것이다. 합법적이고 정상적인 방법으로는 도저히 무엇을 얻을 수가 없기 때문에 항상 남을 속이고 사기를 친다던가 폭력을 행사함으로써 무엇인가를 얻고 그것을 통해 살아가는 하위문화가 삶의 방식이 되고 있다는 것이다.

이러한 현상은 청소년 갱집단에서 가장 두드러지게 나타나고 있는데, 청소년 갱집단이나 조직폭력집단 내에서 비행과 범죄는 당연한 것이고 잘한 행동이라는 인식이 문화로 자리잡혀 있다. 그래서 그들의 일부는 부정적인 법의식을 가진 어른으로 성장하고, 일부는 성인 범죄자가 되고, 그들에 의해서 범죄를 저지르는 것을 전통으로 삼는 비행하위문화는 계속 이어지는 현상이 일어나고 있다는 것이다. 코헨은 이것을 비행하위문화로 설명하고, 범죄의 원인을 비행하위문화에서 찾았다.

---

18 Albert Cohen, *Delinquent Boys: The Culture of the Gang*, New York: Free Press, 1955; 이상현, 전게서, 2004, pp. 162~164.

사이버범죄론

사이버 범죄란 무엇인가? ──────

① 사이버(Cyber)의 의미와 특성

1) 의미

사이버(Cyber)라는 말은 가상적인 공간을 의미한다. 현실 세계 혹은 실제의 세계가 아닌 컴퓨터나 인터넷상으로 만들어진, 즉 실재하지 않는 가상의 공간이다. 이것을 사이버 공간 혹은 사이버 스페이스(Cyber space), 사이버 월드라고도 하는데, 줄여서 사이버라고 한다. 결국 사이버라는 말에는 가상, 혹은 공상이라는 의미가 포함되어 있다.

보통 컴퓨터 안이나 각 컴퓨터를 연결하는 네트워크망을 포괄해서 사이버라고 부른다. 이러한 의미에서 사이버는 컴퓨터나 네트워크 안에 번져 있는 정보화 사회를 상징하는 개념이 되고 있다. 사이버는 오늘날 정보사회의 가장 핵심적인 개념이며, 정보사회를 상징하는 개념인 것이다.

사이버라는 용어의 유래를 살펴보면, 캐나다의 공상과학 소설가인 윌리엄 깁슨((William Ford Gibson)의 공상 소설 「뉴로맨서(Neuromancer)」에서 사이버 공간(Cyber space)이라는 용어가 처음으로 사용되었고 이를 계기로 사이버라는 말이 일반 대중에게 알려지게 되었다.

찾아보기

▶ 윌리엄 깁슨(William Ford Gibson, 1948~)
미국계 캐나다인이며, 과학소설의 장르인 사이버펑크(cyberpunk) 소설의 개척자로 평가받고 있다. 그가 발표한 사이버펑크 소설인 『뉴로맨서(Neuromancer)』에서 "사이버 스페이스(Cyber space)"라는 용어와 개념이 처음 고안, 사용되었다. 이는 오늘날 인터넷을 지칭하는 보편적인 표현으로 사용되고 있다.

2) 특성

사이버 월드 또는 사이버 스페이스, 가상공간을 통칭 사이버라고 할 때, 이 사이버의 특성을 살펴보면 다음과 같다.

첫째, 사이버는 정보의 근원이다. 즉, 정보의 바다라고 할 수 있다. 사이버는 온라인상에 존재하는 데이터 베이스로서의 역할을 하기 때문에 정보의 근원이 된다. 뿐만 아니라 사이버 스페이스를 형성하고 만들어 내는 사람들인 네티즌들은 정보를 소비하는 소비자의 입장이면서 동시에 생산해 내는 생산자의 입장에서도 활동하고 있다.

둘째, 사이버 스페이스의 특징은 쌍방향적 의사소통이 가능하다는 것이다. TV나 라디오처럼 일방향적인 정보 적용이 아니라 쌍방향적으로 의사소통을 할 수 있는 매체의 기능을 한다. 즉, 사이버는 쌍방향 매체로서도 작동하여 쌍방향적 의사소통이 가능하다.

셋째, 사이버 스페이스는 개개인을 서로 연결시키는 네트워크적 특성을 가지고 있다. 예를 들어 우리는 인터넷을 통해서 서로 의사전달을 할 수 있고, 토론, 대화, 채팅 등으로 이야기를 나눌 수 있다. 자유로운 의견을 내놓을 수 있어서 자발적인 여론이 형성되고, 사회적 조건에 구애받지 않고, 개개의 관심과 이해로서 사이버 공동체가 만들어질 수 있다. 즉, 네트워크로서 개인과 개인을 연결하면서 서로 이야기도 나눌 수 있고, 그것이 결국 여론도 형성할 수 있고, 더 나아가 관심과 이해가 같은 사람들끼리 대화를 나눌 수 있는 사이버 공동체가 만들어질 수 있다.

넷째, 사이버는 삶의 터전이다. 일상생활 속에서 사이버 공간을 이용하면 우리의 생활을 보다 더 윤택하게 만들어 준다. 예컨대, 사람들은 사이버 스페이스를 통해서

비즈니스도 할 수 있고 쇼핑을 하거나 교육도 받을 수 있으며, 그 외에도 기타 취미 생활, 영화나 음악감상 또는 게임을 즐기면서 휴식을 취할 수도 있다. 따라서 우리 삶과 직접적으로 관련되어 있는 삶의 터전으로서의 특성도 가지고 있다.

② 사이버 범죄의 의미와 특성

사이버 범죄는 어떤 의미를 가지고 있으며, 어떤 특성을 가지고 있는가에 대해서 살펴본다.

1) 의미

먼저 사이버 범죄(Cyber crime)란 사이버 공간에서 컴퓨터 통신망 등을 악용해서 행해지는 범죄이다. 사이버 스페이스, 즉 사이버상에서 이루어지는 범죄를 말한다. 이것은 인터넷과 같은 정보통신망으로 연결된 컴퓨터 시스템이나 이들을 매개로 한 사이버 공간을 이용하여 공공복리를 저해하고, 건전한 사이버 문화에 해를 끼치는 행위이다.

다시 말하면, 사이버 범죄란 인터넷과 같은 정보통신망으로 연결된 컴퓨터 시스템이나 이들을 매개로 형성되는 사이버 공간을 중심으로 발생하는 법익 침해행위, 사회적으로 유해성이 있는 행위이며, 사이버상에서 일어난 반사회적 행위이다.

예컨대, 인터넷을 통한 명예훼손이나 협박, 사기, 매매춘, 음화판매 등과 같은 사이버 범죄가 있으며, 사이버 공간을 구성하는 컴퓨터 시스템이나 정보통신 기반에 대한 공격으로 사이버 공간의 안전을 저해하는 해킹, 바이러스 유포 행위 등과 같은 사이버 범죄도 있다. 이처럼 사이버 범죄는 사이버 공간에서 발생하는 범죄 행위의 총체를 말한다.

인터넷을 통해서 일반적인 범죄들을 저지르는 행위와 함께 정보통신 기반에 대한 공격으로 사이버 공간의 안전을 위협하는 행위는 현실 세계가 아닌 사이버 공간에서 일어나는 법익 침해행위이며, 사이버 공간 자체를 구성하고 있는 여러 가지 기반, 특히 정보통신 기반 등에 대한 공격을 통해서 사이버 공간의 안전을 위협하는 범죄 행위이다.

일반적으로 현실 세계에서 일어나는 범죄들이 사이버 세계에서도 일어나고 있으며, 사이버 공간을 형성하는 네트워크망 등 기술적인 것들에 대한 공격을 통해서 사이버 공간 자체를 유해하게 만드는 행위도 일어나고 있다.

2) 특성

사이버 범죄는 어떤 특성을 가지고 있는가를 살펴보면 다음과 같다.

첫째, 빠른 시간 안에 불특정 다수에게 많은 악영향을 미칠 수가 있다. 사이버 공간은 네트워크망으로 형성되어 있기 때문에 그 영향력이 매우 신속하고 광범위하게 퍼진다.

둘째, 사이버 공간이라는 특성상 정보 발신자의 특정이 어렵고, 전자정보의 증거인멸 및 수정이 간단하기 때문에 사이버 범죄의 수사는 어려움이 많을 수 있다. 따라서 사이버 범죄는 기술적으로 범죄 수사를 하기에는 어려운 점들이 많다.

셋째, 사이버 범죄는 국내와 국외에서 동시에 발생할 수 있다. 인터넷은 세계적으로 망이 형성되어 있기 때문에 국외에서도 국내에서 발생하고 있는 사이버 범죄가 함께 일어날 수 있다. 이런 특성으로 인하여 사이버 범죄를 단속하기 위해서는 국제적인 형사사법의 규칙이 필요하다. 국가 간의 법 제도가 상이하기 때문에 이것을 통일적으로 규제할 수 있는 규칙이 필요하다.

③ 사이버 테러의 의미와 대응체계

1) 의미

테러(Terror)는 폭력이나 폭행을 통해 상대방을 위협하거나 공포에 빠뜨리는 행위를 의미한다. 여기에 사이버라는 용어를 붙인 사이버 테러(cyber terror)는 사이버 공간에서 발생하는 테러로, 가상공간에서 이루어지는 폭력행위를 뜻한다.

사이버 테러는 정보통신망 자체를 공격 대상으로 하는 불법적 행위로, 개별 컴퓨터 프로그램이 아닌 인터넷망 전체를 공격하여 대규모 피해를 초래한다. 일반적으로 해킹, 바이러스 유포, 메일 폭탄, 전자기적 침해 장비 등을 이용하여 컴퓨터 시스템과 정보통신망을 공격하는 형태로 이루어진다.

2) 대응체계

(1) 국가사이버안보센터(National Cyber Security Center)

국가적 차원에서 대규모 피해를 야기하는 사이버 테러에 대응하기 위해 세계 각 국은 대응체계를 구축해 놓고 있다. 우리나라의 사이버 테러 대응체계를 살펴보면, 국가적 차원의 종합적이고 일원적인 대응체계를 마련하기 위해 『국가사이버안전센터(National Cyber Security Center, NCSC)』[19]가 설립되었다.

설립 배경을 살펴보면, 2003년 1월 25일 슬래머 웜(Slammer Worm)이라는 악성코드로 인해 우리나라 인터넷이 전부 몇 시간 동안 마비되는 소위 인터넷 대란이 발생했다. 이 사고를 계기로 사이버 보안에 대해 국가 차원의 종합적 체계적 대응 필요성이 제기되어 2004년 2월 20일에 『국가사이버안전센터(National Cyber Security Center, NCSC)』를 설립한다. 즉, 국가 차원의 종합적 체계적 대응이 필요했던 것이고, 이것이 국가사이버안전센터를 만드는 계기가 되었다.

당시 국가사이버안전센터의 주요 업무를 보면, 먼저 국가 사이버 안전 정책을 총괄한다. 사이버 안전과 관련된 국가 정책을 총괄적으로 담당하고, 사이버 위기를 예방하기 위한 여러 가지 활동을 수행하며, 사이버 공격 탐지 활동도 수행하고, 사고 조사 및 복구지원 활동도 한다.

2021년 1월 1일 「국가정보원법」[20] 및 「사이버안보업무규정」[21] 제·개정에 따라 『국가사이버안보센터』로 명칭을 변경하였다. 사이버 테러로부터 국가정보통신망을 보호하기 위해서 국가정보원을 주축으로 구성하였다.

따라서 국내의 사이버 대응체계는 『국가사이버안보센터』를 통해서 이루어지고 있으며 이 센터는 국가정보원이 주축이 되고 있지만, 이외에도 기획재정부, 국방부, 행정안전부, 과학기술정보통신부, 대검찰청, 경찰청 등 유관 부처들과 한국인터넷진흥원(KISA), 국가보안기술연구소 등의 전문 인력이 합동 근무하는 체제로 운영되고 있

---

19 국가사이버안보센터 홈페이지(https://www.ncsc.go.kr:4018/PageLink.do, 검색일 2024.01.16)
20 「국가정보원법」[시행 2024. 1. 1.] [법률 제17646호, 2020. 12. 15., 전부개정]
21 「사이버안보 업무규정」[시행 2024. 3. 5.] [대통령령 제34287호, 2024. 3. 5., 일부개정]

다. 즉, 사이버 테러와 관련된 정부 기관과 전문 인력의 합동으로 운영되고 있다.

『국가사이버안보센터』는 국가 사이버 안전과 관련된 여러 가지 국가적 차원의 정책 수행, 사이버 위기나 사이버 테러를 탐지하여 예방하고, 또 그것이 발생했을 때 복구하고 조사하는 활동들을 체계적이고 종합적으로 수행하고 있다.

찾아보기

▶ **국가정보원법 제4조**(직무)

1. 다음 각 목에 해당하는 정보의 수집·작성·배포 … (중략)

   마. 국제 및 국가 배후 해킹조직 등 사이버안보 정보 … (중략)

4. 다음 각 목의 기관 대상 사이버공격 및 위협에 대한 예방 및 대응

   가. 중앙행정기관 및 그 소속기관과 국가인권위원회, 고위공직자수사처 및 행정기관 소속 위원회의 설치·운영에 관한 법률에 따른 위원회

   나. 지방자치단체와 그 소속기관

   다. 그 밖에 대통령령으로 정하는 공공기관

찾아보기

▶ **사이버 안보 업무규정**(제3조)

국가정보원은 사이버안보를 위하여 다음 사이버안보 업무를 수행한다.

1. 사이버 안보 정보 업무

   가. 국제 및 국가배후 해킹조직 등 사이버안보 관련 정보를 수집·작성·배포하는 업무

   나. 사이버안보 관련 정보의 수집·작성·배포 업무 수행에 관련된 조치로서 국가안보와 국익에 반하는 북한, 외국 및 외국인·외국단체·초국가행위자 또는 이와 연계된 내국인의 활동을 확인·견제·차단하고 국민의 안전을 보호하기 위하여 취하는 대응조치

   다. 사이버 안보 업무의 기획·조정 업무

2. 사이버 보안 업무

   가. 중앙행정기관등을 대상으로 하는 사이버 공격·위협에 대한 예방 및 대응 업무

   나. 사이버공격·위협에 대한 예방 및 대응 관련 기획·조정 업무

이와 같이 국내의 사이버 테러 대응은 『국가사이버안보센터』가 중심이 되어 전체적으로 관리하고 있다.

한편, 사이버 테러 대응체계는 크게 이원화되어 있다. 하나는 국가정보원을 중심으로 하는 국가와 공공분야의 정보보안체계이고, 다른 하나는 과학기술정보통신부를 중심으로 하는 민간분야의 정보보호체계로 이원화되어 있다. 즉, 국가 공공분야의 정보보안체계와 민간분야의 정보보호체계로 대응체계가 이원화되어 있다.

국방부, 경찰청 등에서도 각각의 사이버 테러 대응 업무를 별도로 수행하고 있으며, 과학기술정보통신부와 행정안전부를 중심으로도 별도의 전자정보보호체계가 구축돼 있다.

요컨대, 사이버 테러에 대응하기 위한 우리나라의 대응체계는 크게 보면 국가 공공분야와 민간분야 정보보호체계로 이원화되어 각각의 사이버 테러 대응 업무를 수행하고 있다. 종합적으로 보면, 『국가사이버안보센터』에서 전체적으로 관리하고 있고, 개별적으로는 각 기관마다 별도의 대응체계가 구축되어 있다.

(2) 경찰청의 사이버 범죄 관련 담당 조직

가) 2014년 사이버안전국

경찰은 해킹, 바이러스 유포, 인터넷 사기, 사이버 명예훼손 등 정보사회의 역기능이 날로 증가하여 사이버 공간의 안전을 위협함에 따라서 1997년에 『컴퓨터범죄수사대』를 창설했고, 1999년에는 『사이버범죄수사대』로 개편하였으며, 2000년에 들어서서 Netan이라는 이름의 『사이버테러대응센터』를 창설해서 운영하였다. Netan은 사이버테러대응센터의 별칭이었다.

2014년 3월부터 경찰청은 『사이버안전국(Cyber Bureau)』을 신설하여 운영하였다. 『사이버안전국』은 사이버 공간에서의 국민 안전 확보를 목적으로 신설되어 사이버 공간의 치안을 확보하여 국민이 안심하고 이용할 수 있고, 기업이 활동하기에 안전한 환경을 조성하는 역할을 수행하였다.

당시 『사이버안전국』의 주요 업무는 다음과 같다.

첫째, 민간기관, 유관기관, 외국과의 긴밀한 협력을 바탕으로 선제적 사이버 범죄 예방 정책을 발굴, 시행하여 국민, 기업, 국가의 피해를 최소화하는 업무를 수행한다.

둘째, 지속적인 연구 개발로 인적·물적 자원과 기술의 전문성을 높이고, 선택과 집중을 통해 효율적으로 주요 범죄를 제압하여 사이버 치안을 확보하는 업무를 수행한다.

　당시 『사이버안전국』의 조직도를 살펴보면, 국 소속의 2개 과(사이버 안전과, 사이버범죄 대응과)와 1센터(디지털포렌식센터)로 구성되어 있었다.

그림 1-1 당시 사이버안전국의 조직도[22]

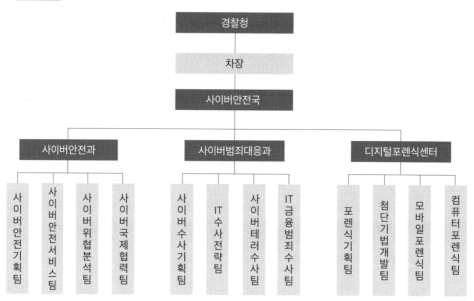

찾아보기

▶ **경찰청 사이버안전국(Cyber Bureau)의 연혁**

- 1997. 08. 컴퓨터범죄수사대 창설
- 1999. 12. 사이버범죄수사대로 개편
- 2000. 10. 사이버테러대응센터 창설
- 2007. 02. 전국 경찰서 사이버수사팀 확대 구축
- 2007. 05. 사이버 명예경찰 누리캅스 창설
- 2014. 01. 경찰청 사이버안전국 창설 계획 수립
- 2014. 03. 경찰청과 그 소속 기관 직제 개정, 사이버안전국 신설 공포

22　사이버경찰청 홈페이지(www.police.go.kr, 검색일 2024.01.03) 참조.

　　　　　　　　　　　　　　　　　　　사이버범죄론

경찰청은 사이버 치안 유지를 위해서 사이버안전국을 중심으로 지방경찰청과 일선 경찰서에 이르기까지 적극적인 사이버 치안 활동을 전개하였고, 인터폴(Inter-Pol)을 통한 세계 각국과의 공조 체제를 확립하는 등의 노력을 하였다.

나) 사이버안전지킴이

2021년 경찰청의 조직 개편으로 국가수사본부가 신설됨에 따라 이전 사이버 안전국의 업무가 국가수사본부로 이관되었다. 국가수사본부장 소속하에 사이버수사심의관, 사이버범죄 수사과, 사이버테러 대응과 등이 설치되었다. 사이버범죄 수사과는 사이버 사기, 사이버 금융 범죄, 사이버 도박, 사이버 명예훼손 등에 대한 수사기획·지휘 업무를 수행하고, 디지털 성폭력, 위장수사 관련 수사 기획·지휘 업무를 수행한다. 사이버테러 대응과는 해킹, DDoS 공격, 랜섬웨어 등 사이버 테러에 대한 수사 기획·지휘 업무를 수행하고, 해킹, DDoS 공격, 랜섬웨어 관련 국가 사이버 안보사건 수사 업무를 수행한다.

그리고 경찰청『사이버안전지킴이』인터넷 사이트를 개설하였다.[23] 『사이버안전지킴이』 사이트는 다음과 같은 기능을 수행한다.

첫째, 사이버 신고 상담 기능이다. 『사이버범죄신고시스템』[24]을 통해 인터넷 사기, 해킹, 악성프로그램, 랜섬웨어, 몸캠피싱, 스미싱, 사이버 도박 등 사이버 범죄의 신고와 상담을 접수한다.

둘째, 사이버 범죄 예방 교육 기능이다. 인터넷을 통해 쉽고 빠르게 사이버 범죄 예방 교육을 신청하도록 하고 있다.

셋째, 인터넷 사기 의심 전화, 계좌번호 조회 기능이다. 인터넷 사기에 이용된 것으로 의심되는 전화·계좌번호를 조회할 수 있다. 즉, 거래 대상 휴대폰·계좌번호를 통해 사이버 사기 피해 신고 여부를 확인할 수 있다.

넷째, 사이버 범죄 예방 홍보 기능이다. 각종 사이버 범죄에 대한 예방 방법을 확인할 수 있다.

---

23 사이버안전지킴이 홈페이지(https://www.police.go.kr/www/security/cyber.jsp 검색일 2024. 01.18)

24 사이버신고시스템 홈페이지(https://ecrm.police.go.kr/minwon/main, 검색일 2024.01.18)

그림 1-2   국가수사본부 조직도[25]

25 경찰청 홈페이지(https://www.police.go.kr, 검색일 2024.08.24)

사이버 범죄는 어떻게 분류되는가? ─

현실 세계에서 일어나는 일반적인 범죄들이 사이버상에서 일어나는 경우, 이것은 사이버 범죄이다. 또한 사이버 공간을 형성하고 있는 통신 기반에 대한 공격이나 해를 끼치는 행위도 역시 사이버 범죄이다.

이러한 맥락에서 사이버 범죄를 사이버 범죄의 성질과 대상에 따라 분류해 보면 다음과 같다.

1 사이버 범죄의 성질에 의한 분류

사이버 범죄는 그 범죄의 성질에 따라서 일반 사이버 범죄와 사이버 테러형 범죄로 구분된다. 그 유형을 살펴보면 다음과 같다.

● **범죄의 성질에 의한 사이버 범죄의 분류** ────────────────────

Ⅰ. 일반 사이버 범죄

- 사기, 불법복제, 불법 유해사이트, 명예훼손, 개인 정보 침해, 사이버 스토킹, 사이버 성폭력 · 협박 · 공갈 등

Ⅱ. 사이버 테러형 범죄

- 해킹(단순 침입, 사용자 도용, 파일삭제 · 변경, 자료 유출, 메일 폭탄, 디도스 공격 등), 악성 프로그램

───

1) 일반 사이버 범죄

일반 사이버 범죄는 사이버 공간이 범죄의 수단으로 사용된 유형으로 현실 세계에서도 일어날 수 있지만, 사이버 공간을 이용해서 범죄를 저지르는 경우이다. 현실 세계에서 일어날 수 있는 범죄를 컴퓨터 시스템, 정보통신망을 이용해서 행하는 경우가 해당한다.

일반 사이버 범죄의 유형에는 어떤 것들이 있는가. 사이버 공간을 이용한 일반적인 불법 행위로서 사이버 도박, 사이버 스토킹, 사이버 성폭력, 사이버 명예훼손과 협박, 사이버 선거 사범, 전자상거래 사기, 프로그램 불법 복제, 불법 사이트 운영, 개인정보 침해, 디지털 저작권 침해 등이 일반 사이버 범죄에 해당된다.

이러한 범죄 행위는 현실 세계에서 또는 실제 세계에서 일어날 수 있는 범죄들이지만, 단지 장소를 옮겨서 사이버상에서 사이버 공간을 활용하여 저지르는 범죄 행위들이다.

2) 사이버 테러형 범죄

사이버 테러형 범죄는 정보통신망 자체에 대한 불법적인 공격 행위이다. 사이버 공간에서 개인들은 자신에게 유익한 여러 가지 행위를 하고 있다. 개인적 행위들은 일정한 망을 통해서 이루어지는 것이고, 그것은 정보 통신 기술에 근거해서 만들어진 사이버 공간에서 수행된다. 이와 같은 사이버 정보통신망 자체에 대한 공격을 통해 사이버 공간을 무력하게 만드는 행위들을 사이버 테러형 범죄라고 한다. 사이버 테러형 범죄는 해킹이나 컴퓨터 바이러스 유포와 같은 고도의 기술적인 요소가 포함되어 있다. 이와 같은 이유로 사이버 테러형 범죄는 일반적으로 누구나 저지를 수 있는 범죄가 아니다.

또한 사이버 테러형 범죄는 정보통신망 또는 네트워크 자체에 대한 공격 행위를 통해서 이루어지는 유형의 범죄이므로 대규모 피해를 야기할 수 있다. 예를 들면, 해킹이라든가 바이러스 제작 유포 등을 통해서 행해지는 사이버 테러인 것이다. 정보통신망 자체에 대한 공격 행위 또는 네트워크 자체에 대한 공격 행위가 이루어지면 피해 규모가 커질 수 있다. 정보통신망 자체를 공격 대상으로 하는 불법 행위인 사이버 테러에는 해킹, 바이러스 유포, 메일 폭탄, 전자적 침해 장비 등을 이용한 컴퓨터 시스템의 공격과 정보통신망 공격 등이 있다.

일반 사이버 범죄도 많은 사람에게 피해를 끼칠 수 있지만, 사이버 테러형 범죄는 불특정 다수에 대해서 대규모 피해를 야기할 수 있는 범죄 행위로서 심각한 사회 문제가 되므로 테러(Terror)라는 표현을 쓰고 있다. 테러라고 할 정도로 피해의 규모가 크고 심각하다는 것이다.

② 사이버 범죄의 대상과 내용에 의한 분류

사이버 범죄는 범죄 행위의 대상과 내용에 따라 분류되기도 한다. 보통 범죄의 대상이 정보통신망 자체에 대한 공격행위인가, 정보통신망을 이용한 범죄 행위인가, 정보통신망을 통하여 유통시키는 콘텐츠 자체가 불법적인 행위인가에 따라서 구분된다.

대상과 내용에 의한 사이버 범죄의 분류 ─────────────────

Ⅰ. 정보통신망 침해 범죄

　- 해킹(계정 도용, 단순 침입, 자료 유출, 자료 훼손)

　- 서비스 거부 공격(DDos등), 악성 프로그램

　- 기타 정보통신망 침해 범죄

Ⅱ. 정보통신망 이용 범죄

　- 인터넷 사기(직거래 사기, 쇼핑몰 사기, 게임 사기, 기타 인터넷 사기)

　- 사이버 금융 범죄(피싱(Phishing), 파밍(Pharming), 스미싱(Smishing), 메모리 해킹, 몸캠 피싱)

　- 개인 · 위치정보 침해, 사이버 저작권 침해, 사이버 스팸메일, 기타 정보통신망 이용형 범죄

Ⅲ. 불법콘텐츠 범죄

　- 사이버 성폭력(불법 성(性)영상물, 아동 성착취물, 불법 촬영물 유포)

　- 사이버 도박(스포츠토토, 경마 · 경륜 · 경정, 기타 인터넷 도박)

　- 사이버 명예훼손 · 모욕, 사이버 스토킹, 기타 불법 콘텐츠 범죄

---

1) 정보통신망 침해 범죄

정보통신망 침해 범죄는 정당한 접근 권한이 없거나 허용된 접근 권한을 넘어 컴퓨터 또는 정보통신망(컴퓨터 시스템)에 침입하여 행하는 불법 행위이다. 컴퓨터 시스템에 침입하여 시스템 또는 데이터 프로그램을 훼손, 멸실, 변경한 경우가 이에 해당한다. 또 정보통신망인 컴퓨터 시스템에 성능 저하, 사용 불능과 같은 장애를 발생하게 한 경우도 마찬가지이다.

따라서 정보통신망 침해는 고도의 기술적인 요소가 포함되며, 컴퓨터 및 정보통신망 자체에 대한 공격 행위를 수반하는 범죄이다. 이러한 행위는 정보통신망을 매개한 경우 혹은 매개하지 않은 경우가 모두 포함된다.

정보통신망 침해 범죄에는 계정 도용, 단순 침입, 자료 유출, 자료 훼손과 같은 해킹행위가 있으며, 서비스 거부 공격(DDos 등), 악성 프로그램이 있다. 이외에도 어떤 유형별로 분류되지 않거나, 이전에는 없었던 신종 수법으로 정보통신망을 침해하는 범죄 행위도 있다.

2) 정보통신망 이용 범죄

정보통신망 이용 범죄는 정보통신망이나 컴퓨터 시스템[26] 자체를 범죄 행위의 주요 수단으로 이용하여, 범죄의 본질적 구성 요건에 해당하는 행위를 하는 경우이다. 다시 말하면, 컴퓨터 시스템을 전통적인 범죄를 행하기 위하여 활용하는 범죄이며, 주로 인터넷 사용자 간에 일어나는 범죄이다.

정보통신망 이용 범죄에는 크게 사이버 사기, 사이버 금융 범죄 등으로 구분된다.

사이버 사기는 정보통신망을 통하여 이용자들에게 물품이나 용역을 제공할 것처럼 기망하여 피해자로부터 금품을 편취, 혹은 교부하는 행위이다. 그러나 온라인을 이용한 기망행위가 있더라도 피해자와 피의자가 직접 대면하여 거래한 경우 등은 사이버 범죄가 아니며, 사이버 범죄 통계에서도 제외된다.

---

26 「EU 사이버범죄 방지 조약」 제1조의 정의에 따르면, 컴퓨터 시스템이란 하나의 장치 또는 서로 접속되거나 서로 관련되어 있는 장치들의 그룹으로서 이 중 하나 또는 그 이상의 장치가 프로그램에 의하여 자동적인 데이터처리를 수행하는 것이라고 한다.

사이버범죄론

사이버 사기의 유형에는 직거래사기, 쇼핑몰 사기, 게임사기가 있다. 이외에도 메신저를 통해 지인을 사칭, 금품을 편취하는 등 정보통신망을 이용한 기망 행위를 통해 재산적 이익을 편취하는 행위와 같은 기타 사이버 사기가 있다.

사이버 금융 범죄는 정보통신망(컴퓨터 시스템)을 통하여 타인을 기망, 공갈함으로써 재산상의 이익을 취하거나 제3자에게 재산상의 이익을 취하게 하기 위하여 자금을 송금, 이체하도록 하는 행위 혹은 개인정보를 알아내어 자금을 송금, 이체하는 행위를 말한다. 정보통신망을 이용하여 피해자의 계좌로부터 자금 이체를 받거나 소액결제가 되게 하는 신종 범죄이며, 법률에 근거하여 지급 정지가 가능하다. 그러나 재화의 공급 또는 용역의 제공 등을 가장한 행위는 제외한다고 규정하고 있다.[27]

사이버 금융 범죄의 유형에는 피싱(Phishing), 파밍(Pharming), 스미싱(Smishing), 메모리 해킹, 몸캠피싱, 그리고 어디에도 포함되지 않는 신종·변종 유형의 전기통신금융사기가 있다.

이외에도 개인·위치정보 침해, 사이버 저작권 침해, 사이버 스팸메일, 기타 정보통신망 이용형 범죄 등이 있다.

3) 불법콘텐츠 범죄

불법콘텐츠 범죄는 정보통신망(컴퓨터 시스템)을 통하여 법률에서 금지하는 재화, 서비스 또는 정보를 배포 판매 임대 전시하는 행위를 말한다. 또한 정보통신망을 통하여 유통되는 콘텐츠 자체가 불법적인 경우도 규정하고 있다.[28] 불법콘텐츠 범죄에는 불법 성영상물, 아동 성착취물, 불법 촬영물 유포 등 사이버 성폭력과 스포츠토토, 경마 경륜 경정, 기타 인터넷 도박을 포함한 사이버 도박 그리고 사이버 명예훼손·모욕, 사이버 스토킹, 그리고 기타 불법 콘텐츠 범죄, 사이버 스팸메일이 있다.

---

27 「전기통신금융사기 피해 방지 및 피해금 환급에 관한 특별법」(약칭: 통신사기피해환급법) [시행 2024. 8. 28.] [법률 제20368호, 2024. 2. 27., 일부개정]

28 「정보통신망보호법」 제44조의 7의 용어 참조.

③ 사이버 범죄의 종합적 분류

이상에서 분류 기준, 즉 사이버 범죄의 성질에 따라 일반 사이버 범죄와 사이버 테러형 범죄로 분류하였고, 사이버 범죄의 대상과 내용에 따라 정보통신망 침해형 범죄, 정보통신망 이용형 범죄, 불법콘텐츠 범죄로 분류하였다.

본서에서는 이를 종합하여 사이버 범죄를 분류한다. 즉, 정보통신망을 침해하여 사이버 테러를 일으키는 사이버 테러형 범죄, 정보통신망을 이용한 일반 사이버 범죄, 그리고 사이버상에서 이루어지는 불법콘텐츠 범죄로 구분하여 살펴본다.

● **본서의 사이버 범죄 분류** ─────────────────

Ⅰ. 정보통신망을 침해한 사이버 테러형 범죄

- 해킹(계정 도용, 단순 침입, 자료 유출, 자료 훼손)

- 서비스 거부 공격(DDos등), 악성 프로그램

- 기타 정보통신망 침해 범죄

Ⅱ. 정보통신망을 이용한 일반 사이버 범죄

- 인터넷 사기: 직거래 사기, 쇼핑몰 사기, 게임 사기, 기타 인터넷 사기

- 사이버 금융 범죄: 피싱(Phishing), 파밍(Pharming), 스미싱(Smishing), 메모리 해킹, 몸캠 피싱

- 개인정보 침해

- 불법 복제

- 불법 유해사이트

- 사이버 스팸 메일, 기타 정보통신망 이용형 범죄

Ⅲ. 불법콘텐츠 범죄

- 사이버 성폭력(불법 성(性)영상물, 아동 성착취물, 불법 촬영물 유포)

- 사이버 도박(스포츠토토, 경마 · 경륜 · 경정, 인터넷 도박)

- 사이버 명예훼손

- 사이버 스토킹

- 불법 온라인 저작물(일반 음란물, 아동 음란물)

- 기타 불법 콘텐츠 범죄

1) 정보통신망을 침해한 사이버 테러형 범죄

정보통신망에 대한 공격 행위를 통하여 정보통신망 자체를 침해한 사이버 범죄이며, 불특정 다수에게 대규모 피해를 유발할 수 있기 때문에 사이버 테러형의 성질을 가지고 있는 사이버 범죄이다.

이와 같은 사이버 테러형 범죄의 유형에는 해킹, 악성 프로그램, 서비스 거부 공격이 가장 대표적인 유형에 해당한다. 물론 이외에도 기타 통신망 침해 범죄가 있다.

2) 정보통신망을 이용한 일반 사이버 범죄

정보통신망 혹은 컴퓨터 시스템을 활용하여 저지르는 사이버 범죄이다. 현실 세계에서도 이와 같은 범죄 행위가 일어나고 있지만, 사이버상에서 정보통신망을 이용하여 범죄 행위를 하는 경우 일반 사이버 범죄에 해당한다. 일반 사이버 범죄는 정보통신망을 활용하는 것이 범죄를 행하는 데 용이하거나, 이를 활용해야만 범죄 행위를 실행할 수 있다.

정보통신망을 이용한 일반 사이버 범죄에는 인터넷 사기, 즉 직거래 사기, 쇼핑몰 사기, 게임 사기, 기타 인터넷 사기 등이 있다. 사이버 금융 범죄에는 피싱(Phishing), 파밍(Pharming), 스미싱(Smishing), 메모리 해킹, 몸캠피싱 등이 있다. 그리고 개인정보 침해, 불법 복제, 불법 유해사이트, 불법 스팸, 기타 정보통신망 이용형 범죄가 있다.

3) 불법콘텐츠를 이용한 사이버 범죄

정보통신망을 이용한 불법콘텐츠 사이버 범죄는 정보통신망(컴퓨터 시스템)을 활용하여 법률에서 금지하고 있는 재화, 서비스 또는 정보를 배포 판매 임대 전시하는 불법 행위이다. 또한 컴퓨터 시스템을 활용하여 불법적인 콘텐츠를 유통시키는 행위도 포함된다. 사이버상에서 법률로 금지되는 행위를 불법적으로 하거나 판매, 배포 등이 금지된 물건이나 물품을 유통시키는 범죄 행위 전반을 불법콘텐츠 사이버 범죄라고 한다.

정보통신망을 이용한 불법콘텐츠 사이버 범죄에는 사이버 성폭력(불법 성(性)영상물, 아동 성착취물, 불법 촬영물 유포 등)과 사이버 도박(스포츠토토, 경마 경륜 경정, 인터넷 도박), 사이버 명예훼손, 사이버 스토킹, 불법 온라인 저작물(일반 음란물, 아동 음란물), 기타 불법콘텐츠 범죄, 사이버 스팸메일이 있다.

제2장

사이버 테러형 범죄

해킹 ――――――――――――――――――――――――

1 해킹의 의의

사이버 테러의 대표적인 유형인 해킹(Hacking)에 대해서 알아본다. 해킹은 사이버 테러에서 가장 전형적으로 일어나는 범죄로서 정보통신망을 공격 또는 파괴하는 행위이다.

해킹의 개념은 일반적으로 다른 사람의 컴퓨터 시스템에 무단 침입해서 정보를 빼내거나 프로그램을 파기하는 전자적 침해 행위이다. 이것은 정보 시스템의 취약성을 이용하거나 기존에 알려진 공격 방법을 활용하여 정보 시스템 자체에 해를 끼치는 행위이다. 해킹은 정당한 접근권한 없이 또는 허용된 접근권한을 초과하여 정보통신망에 침입하는 행위이며, 컴퓨터 또는 네트워크와 같은 자원에 대한 접근 제한(Access Control) 정책을 비정상적인 방법으로 우회하거나 무력화시킨 뒤 접근한다. 해킹은 기본적으로 접근이 허가되지 않은 정보 시스템에 불법적으로 침투하거나 허가되지 않는 권한을 불법적으로 갖는다. 해킹에는 여러 가지 기술과 방법이 있다. 이에 사용하는 기술이나 방법 또는 침해의 정도에 따라 다양하게 구분이 되고 있다.

해킹의 의미를 정리해 보면, 넓은 의미의 해킹은 해커들이 저지르는 모든 불법 행위들이다. 해커들이 저지르는 행위에는 허가되지 않는 정보 시스템에 접근해서 자료를 유출하고 삭제하는 행위들이 있으며, 정보통신망에 침입해서 정보통신망 자체를 파기하거나 공격하는 불법적인 행위가 있다.

좁은 의미의 해킹은 정보 시스템에서의 보안 침해 사고를 발생시키는 행위를 말한다. 해커가 침입자 혹은 파괴자로서 행위를 하는 것인데, 허가받지 않은 정보 시스템 또는 접근할 수 있는 권한이 없는 정보 시스템에 침입하는 것, 그리고 침입해서 보안 침해 행위를 발생시키는 것이다. 특히 해킹은 특정 전산 시스템에 직접 침입해서 정보를 빼내는 방식에서부터 시스템에 부하를 걸어 서비스를 멈추게 하는 방식까지 다양화되어 있다. 해킹은 기술에 따라서, 방법에 따라서 다양한 형태로 이루어진다.

현행법상 해킹의 개념은 정당한 접근권한 없이 또는 허용된 접근권한을 초과하여 정보통신망에 침입하는 행위로 규정하고 있다.[1] 이것은 협의의 해킹과 계정 도용의 개념을 포함하는 개념이다.

경찰청 사이버 범죄 매뉴얼에 따르면,[2] 해킹이란 컴퓨터 또는 네트워크와 같은 자원에 대한 접근 제한(Access Control) 정책을 비정상적인 방법으로 우회하거나 무력화시킨 뒤 접근하는 행위이다.

해킹에는 여러 가지 수법이 있다. 해킹 수법으로서 특정 사이트에 엄청난 양의 정보를 쏟아 부어서 시스템에 과부하가 걸리도록 해서 서비스를 중단시키는 서비스 거부 공격, 즉 디도스(DDos) 공격이 있다. 서비스 거부 공격인 디도스 공격으로 인해 정보 시스템상에서 많은 피해를 입은 기업체나 국가기관들도 발생하고 있다.

또 상대방 정보를 빼내는 트로이 목마라는 악성코드 혹은 악성 프로그램을 통해 정보통신망을 파기하는 것도 있으며, 또한 컴퓨터 바이러스와 해킹의 성격이 혼합되어 나타나는 경우가 많기 때문에 바이러스와 해킹을 구분하는 것이 애매모호한 것들도 있다.

해킹을 당하면 이상한 폴더나 파일이 생성되기도 하고, 태스크 바가 사라지거나 마우스가 저절로 움직이기도 하며 시스템이 자주 다운되는 등의 변화가 일어난다.

가장 심각한 피해는 사용자의 개인정보 및 아이디(ID), 비밀번호(Password) 등이 유출되는 경우로서 사용자가 눈치채지 못하는 경우가 많다. 이에 대하여 사용자는 최신 백신 프로그램으로 바이러스 검사를 하고, 인터넷에서 각종 파일을 다운받을 때 각별한 주의를 기울여 피해를 사전에 예방해야 한다.

---

1 「정보통신망 이용촉진 및 정보보호 등에 관한 법률」(약칭: 정보통신망법)[시행 2023. 7. 4.] [법률 제19154호, 2023. 1. 3., 일부개정] 제48조 제48조(정보통신망 침해행위 등의 금지) ① 누구든지 정당한 접근권한 없이 또는 허용된 접근권한을 넘어 정보통신망에 침입하여서는 아니 된다.

2 사이버신고시스템 홈페이지(https://ecrm.police.go.kr/minwon/main, 검색일 2024.01.18) 참조.

② 해킹의 유형

해킹의 유형에는 단순 침입, 계정 도용(사용자 도용), 자료 유출, 자료 훼손, 메일 폭탄 등이 있다.

1) 단순 침입

단순 침입은 정당한 접근권한 없이 또는 허용된 접근권한을 넘어 컴퓨터 시스템 또는 정보통신망에 침입한 경우이다. 단순 침입은 말 그대로 불법적인 접근으로 정보통신망에 침입하는 것이다. 또 허용된 접근권한을 초과해서 정보통신망에 침입하는 것도 단순 침입에 해당된다.

단순 침입이 성립하기 위해서는 첫째, 접근권한이 있어야 함에도 접근권한 없이 침입하는 행위가 발생해야 한다. 행위자가 해당 정보통신망의 자원을 임의로 사용할 수 있도록 하는 권한인 접근권한을 가지지 않은 채, 정보통신망에 무단으로 침입하는 것이다.

둘째, 성립 요건은 정보통신망에 대한 침입이다. 행위자가 해당 정보통신망의 자원을 사용하기 위해서는 사전에 거쳐야 하는 인증 절차가 있기 마련이다. 그러나 아이디나 비밀번호 등의 인증 절차를 거치지 않고 접근하는 것 또는 비정상적인 방법을 사용해서 해당 정보통신망의 접근권한을 획득하는 것이 침입이다. 원래는 접근권한이 없는데 불법적인 방법으로 또는 비정상적인 방법을 통해 정보통신망에 접근권한을 획득하는 것이다. 그리하여 정보통신망의 자원을 임의대로 사용할 수 있는 상태가 되었을 때 침입이 이루어진 것으로 본다.

2) 계정 도용

계정 도용 또는 사용자 도용은 정당한 접근권한 없이 또는 허용된 접근권한을 넘어 타인 계정의 ID, Password 등을 임의로 이용한 경우이다. 사용자 도용(계정 도용)은 게임 계정 도용과 일반 계정 도용으로 구분되기도 하지만, 보통 이를 합쳐서 계정 도용이라고 한다.

사용자 도용은 다른 사람의 사용 권한을 훔쳐서 사용하는 것이다. 정보통신망에 침입하기 위해서 타인에게 부여된 사용자 계정이나 비밀번호를 권한자의 동의 없이 무단으로 사용한다. 개념상으로 보면 단순 침입의 한 유형으로 볼 수가 있다. 비정상적으로 접근하는 것, 권한 없이 접근하는 것이기 때문이다.

그러나 사용자 도용이 차지하는 부분이 많기 때문에 별도로 구분을 하고 있다. 정리하면 단순 침입은 불법적으로 접근하는 것인데, 그중 한 유형으로서 사용자 도용이 있으며 보통 단순 침입의 대부분은 사용자도용을 통해서 이루어진다.

3) 자료 유출·자료 훼손

자료 유출은 정당한 접근권한 없이 또는 허용된 접근권한을 넘어 컴퓨터 또는 정보통신망에 침입한 후, 데이터를 유출, 누설하거나 파일 등을 무단으로 삭제하는 경우이다. 정보통신망에 단순 침입이나 사용자 도용을 통해서 침입을 하고 그 안의 자료들을 사용하는데, 이것은 2차적 행위의 결과이다. 1차적 행위로 정보통신망에 대한 침입 행위가 이루어지고 난 뒤, 2차적 행위로 안에 들어가 파일을 무단으로 삭제하거나 자료를 유출해 가는 것이다.

자료 훼손은 정당한 접근권한 없이 또는 허용된 접근권한을 넘어 컴퓨터 시스템 또는 정보통신망에 침입한 후, 타인의 정보를 삭제, 변경 등 훼손하는 경우이다. 홈페이지를 변조하는 행위도 이에 포함된다.

4) 메일 폭탄

메일 폭탄 또는 폭탄 메일은 메일 서버가 감당할 수 있는 한계를 넘는 많은 양의 메일을 일시에 보내서 상대방의 컴퓨터에 장애를 발생하게 하거나 또는 메일 수신자의 컴퓨터에 과부하를 일으킬 수 있는 악성코드를 넣어 보내는 것을 말한다. 그리하여 상대방 서버가 감당할 수 있는 한계를 넘게 만들어서 컴퓨터를 일시적으로 정지시키거나 장애가 발생하게 하는 형태의 해킹이다.

폭탄 메일은 서비스 거부 공격인 디도스(DDos) 공격의 한 유형이다. 보통 디도스 공격은 정보통신망에 일정한 시간 동안 대량의 데이터를 전송시키거나 처리하게 해서 과부하를 야기시킴으로써 정상적인 서비스가 불가능한 상태를 만드는 일체의 행위이다. 즉, 정보통신망에 대량의 신호, 데이터를 보내거나 부정한 명령을 처리하도록 하여 정보통신망에 사용 불능, 성능 저하 등의 장애를 야기한 경우이다.

③ 해킹의 사례

해킹의 사례를 살펴보면, 아이템 해킹(Item hacking), 모의 해킹(Simulation hacking), 메모리 해킹(Memory hacking), 키보드 해킹(Keyboard hacking), 슬래머 웜(Slammer worm) 등이 있다.

1) 아이템 해킹

아이템 해킹(Item hacking)은 해킹 프로그램을 이용해서 다른 사람의 아이템을 해킹하는 방식이다. 예를 들면 게임이나 채팅을 할때 해킹 프로그램을 유용한 프로그램인 것처럼 다운받게 해서 그 해킹 프로그램을 이용하여 비밀번호를 알아내고 아이템을 빼돌리는 수법이다.

이와 같은 피해를 당하지 않으려면 이메일이나 메신저로 전달되는 파일을 받았을 때 바이러스 검사를 하는 등의 조치를 취하거나, 수상한 파일이나 첨부물은 다운을 받지 않는 것이 가장 좋은 방법이다. 그리고 컴퓨터를 사용할 때 바이러스 백신으로 검사를 하는 것도 매우 중요하다.

요컨대, 아이템 해킹은 해킹 프로그램을 상대방이 다운받게 만들고 이 프로그램을 통해서 아이템 등을 해킹해 내는 그런 방식이다.

2) 모의 해킹

모의 해킹(Simulation hacking)은 말 그대로 모의 해킹 테스트를 해보는 것이다. 테스트를 해보는 것이기 때문에 직접적인 피해는 없지만, 이것도 해킹의 실례가 된다. 모의 해킹은 인가받은 해킹 전담 컨설턴트에 의해서 외부 또는 내부 네트워크상에서 대상 서비스와 서버에 대해 실제 해커가 사용하는 해킹 도구와 기법을 이용해서 정보 시스템으로의 침투 가능성을 진단하는 선의의 해킹이다. 실제로 해킹을 당할 수 있는가, 그렇지 않은가를 검사해 보는 것이다.

사이버범죄론

허가받은 해킹 전담 컨설턴트가 실제 해커가 하는 것처럼 정보 시스템에 대한 침투 가능성을 진단하고자 해킹을 진행한다. 웹이나 이메일, 메시지 등 대내외 서비스와 이를 지원하는 웹서버, 데이터베이스 서버, 방화벽, 라우터, 스위치 등의 장비가 대상이 되고, 이런 장비들이 과연 해킹을 당할 수 있느냐 없느냐를 사전에 전문가들에 의해서 테스트해 보는 것이다.

모의 해킹은 취약점 이외에도 내부 시스템에 어느 정도까지 침투할 수 있고, 어떤 정보나 시스템의 관리 권한을 불법적으로 획득할 수 있는지, 그리고 각 진단 모듈에서 발견된 취약점들이 어떻게 해킹에 이용되는지 등을 점검해 볼 수 있다. 해킹을 당했을 때 어떠한 정보들이 불법적으로 해킹을 당할 수가 있는지 등 컴퓨터 시스템 전체의 취약점을 점검해 본다는 의미에서 매우 중요한 테스트이다.

모의 해킹은 주로 자동화된 프로그램이나 전문 서비스 업체에 의뢰해서 실시간으로 수행되고, 특히 방어팀과 해킹팀을 구성해서 사이버 대결 형식으로 진행이 되는 것이 대부분이다. 모의 전쟁이라는 말처럼, 전쟁 연습을 통해서 해킹이 구체적으로 어떻게 이루어지고 있는지, 어떤 정보들이 어떻게 빠져나가는지 등을 모의 테스트를 통해서 사전 점검할 수 있다.

모의 해킹을 통해서 불법 침입의 가능성이 발견되면 취약한 부분에 대한 대응책이나 개선 방안을 마련해서 보안 사고를 미연에 방지할 수 있다.

3) 메모리 해킹

메모리 해킹(Memory hacking)은 메모리에 상주한 데이터를 위조하거나 변조하는 해킹으로서, 해커들이 악의적인 목적으로 하는 해킹이다.

기존의 해킹 방법은 외부에서 계좌 비밀번호를 빼내는 방법에 초점을 맞춘 반면 메모리 해킹 방법은 비밀문과 같은 프로그램을 설치하고 컴퓨터 메모리에 있는 비밀번호를 빼내는 것뿐만 아니라 데이터 자체를 조작해서 받는 계좌와 금액까지 변경할 수 있는 해킹 수법이다. 메모리에 상주하고 있는 데이터 자체를 위변조한다. 이것을 통해서 비밀번호도 빼내고 데이터에 있는 여러 가지 자료를 조작한다. 예컨대, 은행의 경우에는 계좌번호를 조작해서 송금받는 계좌를 바꾼다거나 그 금액을 바꾸는 것도 가능한 해킹 방법이다.

4) 키보드 해킹

키보드 해킹(Keyboard hacking)은 키보드로 입력하는 내용을 가로채 다른 컴퓨터에 그대로 뜨게 하는 자판 입력 기록 프로그램 등을 말한다. 중요한 내용, 비밀번호나 아이디 등을 키보드를 통해 입력하면 이러한 내용들이 다른 컴퓨터에 그대로 뜨게 하는 자판 입력 기록 프로그램 등을 이용하여 실행한다. 이것은 개인의 아이디나 비밀번호는 물론이고 계좌번호, 신용카드 번호 등을 유출하는 키보드 스파이 행위이다. 컴퓨터에 잠복해 있다가 실행된다.

이와 같은 키보드 해킹의 대비책으로 키보드에 입력하는 모든 문자, 숫자 등 입력 정보를 실시간으로 암호화시켜 유출되어도 내용을 파악하지 못하게 하는 키보드 해킹 방지 프로그램들이 마련되어 있다. 키보드 해킹은 컴퓨터에 기록된 중요한 내용들이 유출되어서 피해를 일으킬 수 있는 가능성이 매우 높다.

5) 슬래머 웜

슬래머 웜(Slammer worm)은 특정 포트를 이용해서 MS-SQL(Structured Query Language)[3] 서버(server)를 공격하는 웜 바이러스이다. 우리나라에서 인터넷 대란을 일으켜 『국가사이버안전센터』를 설립하고, 국가적인 테러 대응체계를 마련하게 한 계기가 된 것이 바로 슬래머 웜이다. 이 해킹 프로그램은 2003년 1월 25일에 한국을 비롯해 전 세계 인터넷을 마비시킨 신종 웜 바이러스로 국내에 큰 피해를 입힌 사례가 있다. 신종 웜바이러스인 슬래머 웜은 마이크로소프트의 데이터베이스 관리 시스템인 SQL 서버의 허점을 악용하여 특정 포트를 이용해 MS-SQL 서버를 공격하는 특징이 있다.

이 웜 바이러스는 SQL 서버 간의 통신 프로토콜인 유저 다이어그램 프로토콜(User Datagram Protocol, UDP) 1434 포트(port 1434)에 정상 패킷 데이터인 것처럼 잠입, SQL서버 메모리에 상주하면서 무작위로 인터넷 프로토콜, 다시 말해 IP 주소

---

3 위키백과 사전, MS-SQL(Structured Query Language)(https://en.wikipedia.org/wiki/SQL, 검색일 2024.08.12); 매일경제, 시사경제 용어(https://www.mk.co.kr/dic, 검색일 2024.08.12) 참조; MS-SQL(Structured Query Language)은 마이크로소프트가 개발한 데이터베이스 관리 언어이며, SQL 기반으로 작동한다. 웹사이트나 시스템 운영 시 필요한 수천만 건의 데이터를 저장하고, 데이터 간의 관계를 관리하며, 이용자의 인터넷 검색 기능을 지원한다.

를 선정해서 SQL 서버를 비롯해 도메인네임 서버, 윈도 NT 및 2000 서버 등에 초당 1MB의 데이터를 보내서 전체 네트워크의 부하를 유발시키면서 인터넷을 마비시키는 해킹 행위를 한 것이다.

이 슬래머 웜에 대한 방지 대책으로 나온 것이 SQL 보안 패치와 방화벽 솔루션인데, 이것이 설치된 곳에서는 활동을 하지 못하게 되어 있다.

슬래머 웜을 방지하기 위하여 마이크로소프트사(MS)는 2002년 SQL 서버의 보안 허점을 발견해서 패치를 발표한 바 있다. 그러나 적극적인 홍보 부족과 국내업체의 안이한 태도로 인해서 2003년에 슬래머 웜이 발생했고 2003년 1월 25일 이전까지 사전 조치를 취하지 않은 서버들이 있어, 이것을 통해서 삽시간에 웜바이러스가 번져 네트워크 과부하를 유발함으로써 인터넷을 마비시킨 것이다. 이미 패치를 발표해서 유포를 했음에도 국내에서는 너무 안이하게 대처하여, 사전 조치를 취하지 않는 서버들이 슬래머웜의 공격을 받아서 큰 피해를 당하게 되었다.

●●● **제2절**
악성 프로그램 ────────────

☐1 악성 프로그램의 의의

악성 프로그램은 무엇인가, 또 어떤 의미를 가지고 있는가에 대해서 알아본다. 악성 프로그램이란 정당한 사유 없이 정보통신 시스템, 데이터 또는 프로그램 등을 훼손, 멸실, 변경, 위조하거나 그 운용을 방해할 수 있는 프로그램이다.

악성 프로그램은 시스템 장애나 시스템에 에러를 일으키는 프로그램이나 악성코드에 의해서 감염된 프로그램이다. 악성 프로그램은 시스템의 정상적인 작동을 방해하기 위해 고의로 제작, 유포, 실행 가능하도록 한 프로그램이다. 법적으로 악성 프로그램을 전달하거나 유포하는 행위를 처벌하고 있다.

악성 프로그램에 감염이 된 컴퓨터는 처리 속도가 현저히 감소하고, 느리게 작동한다든가 평소에 잘 표시되지 않는 여러 가지 오류 메시지 등이 표시되면서 비정상적인 작동을 하기도 한다. 지정된 일시 또는 특정한 일시에 특정한 작동을 하는 형태로 나타난다.

☐2 악성 프로그램의 특성

악성 프로그램의 주요 특성은 다음과 같다.

1) 시스템 및 데이터 손상

컴퓨터 시스템의 정상적인 작동을 방해하거나 데이터를 손상, 멸실, 변경, 위조하는 등 기능이 있다. 예컨대 특정 파일을 삭제하거나 손상시키고, 시스템 설정을 변경하여 사용자가 의도하지 않은 방식으로 시스템이 동작하도록 만들 수 있다.

2) 운영 방해

시스템의 성능을 저하시켜 컴퓨터가 느리게 작동하게 만들거나, 반복적인 오류 메시지를 표시하는 등 시스템 운영에 방해를 줄 수 있다. 따라서 사용자의 업무를 방해하고 시스템의 가용성을 떨어뜨리는 결과를 발생시킨다.

3) 고의적 제작 및 유포

악성 프로그램은 악의적인 의도를 가진 사람들이 고의적으로 제작하여 유포한다. 이메일 첨부파일, 악성 웹사이트, 가짜 소프트웨어 업데이트 등 다양한 방법을 통해 전파될 수 있다.

4) 법적 제재

악성 프로그램의 제작, 유포 및 전파는 법적으로 엄격히 금지되어 있으며 이러한 행위를 저지른 사람들은 법적인 처벌을 받을 수 있다. 사회의 안전과 개인 정보 보호를 위해 중요한 조치이다.

5) 특정 시점의 발동

악성 프로그램은 특정한 시점에 작동되도록 설계될 수 있다. 즉, 특정 날짜나 시간이 되면 자동으로 실행되어 시스템을 손상시키거나, 데이터를 암호화하여 사용자에게 피해를 줄 수 있다.

③ 악성 프로그램의 분류

악성 프로그램은 리소스의 감염 여부나 전파력 또는 기능적 특징 등에 따라 바이러스(Virus), 웜(Worm), 트로이 목마(Trojan), 스파이웨어(Spyware), 혹스(Hoax), 드로퍼(dropper) 등이 있다.

1) 바이러스(Virus)

바이러스는 파일이나 부트, 메모리 영역에서 스스로 복사하는 악성 프로그램으로 파일 속에 숨어서 옮겨다니는 특성이 있다. 즉, 파일에 같이 붙어서 따라다닌다. 바이러스는 컴퓨터 내의 프로그램을 변형시킨다든가, 기존 프로그램의 정상적인 작동을 방해하면서 자신의 변형을 복제하고 다른 컴퓨터를 감염시키는 속성이 있다. 주로 확장자가 .exe인 실행 파일에 감염되는 경우가 대부분이다.

보통 다음과 같은 증상이 있으면 바이러스에 감염되었다고 볼 수 있다.[4]

- 사용 중 시스템이 비정상적으로 정지된다.
- 화면에 예상하지 못했던 메시지 또는 그림, 소리를 출력한다.
- 일반적으로 부팅 및 프로그램을 실행시킬 때 속도가 느리다.
- 파일의 길이와 작성일 등 파일의 기록정보가 변경된다.
- 사용자 의사와 관계없이 프로그램이 실행되거나 주변장치가 스스로 움직인다.

현행법상 정당한 사유 없이 정보통신 시스템, 데이터 또는 프로그램 등을 훼손·멸실·변경·위조 또는 그 운용을 방해할 수 있는 악성 프로그램을 전달 또는 유포하는 행위를 금지하고 있다.[5]

즉 '바이러스'를 '악성프로그램'이라고 법률에서 규정을 하고 있으며 이를 위반하면 동법에 의해 5년 이하의 징역 또는 5천만 원 이하의 벌금 처벌을 받게 된다.[6]

2) 트로이 목마

악성 프로그램의 명칭을 '트로이 목마(Trojan)'라고 한 이유는 트로이 전쟁에서의 트로이 목마처럼 유용한 유틸리티로 위장해서 확산되기 때문이다. 프로그램에 미리 입력된 기능을 능동적으로 수행하여 시스템 외부의 해커에게 정보를 유출하거나 원격 제어기능을 수행한다.

트로이 목마는 유용한 유틸리티로 위장해서 확산되므로 감염 사실을 알아채기

---

4 사이버범죄신고시스템(ECRM) 홈페이지(https://ecrm.police.go.kr/minwon/crs/quick/qna, 검색일 2024.01.23)
5 「정보통신망법」 제48조 제2항
6 동법 제71조(벌칙)

어려운 특징이 있다. 마치 정상적인 유틸리티처럼 보이기 때문에 감염 사실을 감지하기 어려운 문제점이 있다. 복제 능력도 없고 겉만 봐서는 전혀 해를 끼치지 않을 것으로 보이지만, 실제로 바이러스 등의 위험인자를 포함하고 있는 매우 위험한 악성 프로그램이다.

트로이 목마는 주로 악의적인 목적으로 일부러 특정 컴퓨터에 넣어놓고, 컴퓨터 시스템을 파괴한다든가, 해당 컴퓨터 내의 자료를 몰래 훔쳐내는 데 주로 쓰인다. 또한 외부의 해커에 의해서 원격조정을 당하면서 해당 컴퓨터 내에 있는 여러 가지 자료나 정보를 유출시키는 활동을 한다. 더 나아가 트로이 바이러스를 이용해서 사용자가 입력한 정보를 빼내서 컴퓨터에만 문제를 일으키는 것이 아니라 실제 현실에서 금전적인 문제를 야기하기도 한다.

예컨대, 인터넷 뱅킹을 통해서 이뤄지고 있는 은행의 개인 계좌에 침투하거나 은행 컴퓨터에 침투해서 계좌번호, 패스워드 등을 몰래 훔쳐낸다든가, 현금을 외부 원격에 의해서 이체시키는 행위를 하여 금전적인 문제를 야기시킨다. 해킹 기능을 가지고 있어 인터넷을 통해 감염된 컴퓨터 정보를 외부로 유출하기도 한다.

그러나 트로이 목마 악성 프로그램은 바이러스처럼 다른 파일을 전멸시키지는 않는다. 바이러스는 자기 복제 기능이 있으면서 퍼트리는 문제점이 있지만, 트로이 목마는 그 자체로만 활동하는 것이기 때문에 해당 파일을 삭제하면 문제 해결이 가능하다.

트로이 목마를 분류해 보면, 컴퓨터의 운영 체계라든가 실행 환경에 따라서 도스 트로이 목마와 윈도 트로이 목마로 분류가 될 수 있다.

도스 트로이 목마는 MS-DOS에서 수행하는 트로이 목마인데, 유틸리티로 위장해서 특정 일자나 특정 조건에 사용자의 컴퓨터 속도를 저하시키거나 파일을 삭제하는 유형이다.

윈도 트로이 목마는 윈도에서 실행되는 악성 프로그램으로 인터넷에 올려진 상대방의 정보를 불법적으로 취득하는 등의 악의적인 해킹을 주 목적으로 하고 있다.

트로이 목마 프로그램에는 Hot Keys Hook, EcoKys, Win-Trojan 등이 있다. Trojan.Win32 또는 Win-Trojan/Quz 등이 대표적인 트로이 목마 악성 프로그램들이다.

3) 인터넷 웜

인터넷 웜(Worm)은 네트워크를 통해서 자신을 복제하고 전파할 수 있는 악성 프로그램이다. 인터넷 웜은 주로 네트워크를 통해서 전파할 수 있는 악성 프로그램이다. 다른 프로그램에 영향을 주지는 않지만, 특정 컴퓨터에 숨어 있다가 네트워크를 통해 연결되는 다른 컴퓨터에 침투해서 그 컴퓨터를 감염시키는 형태로 활동한다. 특히 공유기를 사용하고 있는 컴퓨터에 웜이 한 번 감염되면 다른 컴퓨터에도 감염되기 때문에 주의를 요한다. 인터넷 웜은 주로 시스템에 과부하를 걸 목적으로 이메일의 첨부파일 등을 이용해서 주로 확산된다. 인터넷 웜은 확산 시 정상적인 파일로 이메일에 첨부되는 경우도 있기 때문에 개인정보 유출의 위험을 항상 내포하고 있다.

인터넷 웜은 1988년 11월 모리스 웜(Morris Worm) 사건으로 처음 알려지게 됐는데, 이것은 유닉스 시스템을 통해서 전파된 프로그램이 수천 대의 다른 컴퓨터에 퍼지면서 서버 시스템이 정지되는 혼란을 일으켰다.[7]

웜은 일반 파일형으로 저장돼서 감염시키는데, 메모리에 상주하는 형식으로 전파되는 새로운 웜도 발견되고 있다.

4) 혹스(Hoax)

혹스(Hoax)는 명사로 '거짓말'이라는 뜻이 있고, 동사로는 '장난삼아 속이다', '감쪽 같이 속이다', '골탕 먹이다'라는 뜻이 있다. 남을 속이는 가짜 바이러스 등이 등장하자, 이 악성 바이러스 혹은 악성 프로그램에 혹스(Hoax)라는 이름을 붙였다.

혹스(Hoax)는 1988년 10월에 발생한, 이메일이나 인터넷 메신저, 문자 메시지 등에 거짓 정보나 괴담 등을 실어서 사용자를 속이는 가짜 컴퓨터 바이러스이다. 흔히 이메일을 통해서 공신력 있는 기관을 사칭한다든가 또는 복잡한 기술 용어들을 나열해 가면서 실제로는 아무런 위험이 없는 사용자 컴퓨터에 큰 위험이 있는 것처럼 경고한다. 물론 그 경고는 전부 거짓말이다.

혹스는 우리나라에서 1997년부터 나타나기 시작해서 등장하였는데, 특히 만우절 전후인 3월 말에서 4월 초에 주로 나타났다. 2004년 3월에 나타난 혹스의 실례를 보면 다음과 같다.

---

7 위키백과 사전, Morris worm(https://en.wikipedia.org/wiki/Morris_worm, 검색일 2024.08.12) 참조.

누군가 munrol@hotmail.com이라는 사람의 추가를 요구하면, 추가시키지 말고 취소시켜라. 이건 바이러스다. 그리고 지금 msn 창에 있는 사람한테도 이 메시지를 공유하라.

그러나 확인 결과 이메일 내용 전체가 거짓말이었고, 혹스로 판명되었다. 메시지를 통해서 추가를 요구하면 그것은 바이러스이기 때문에 추가시키지 말고 무조건 취소시키고, 이러한 사실을 다른 사람들에게 빨리 이야기해서 피해를 받지 않도록 하라는 방식으로 거짓 메시지를 보낸 것이다.

혹스는 이외에도 컴퓨터에 어떤 파일을 검색해서 그 파일이 있으면 바이러스이므로 빨리 삭제하라든가, 어떤 연예인이 교통사고로 죽었다는 등의 허위 내용을 유포해서 사용자를 혼란에 빠트린다. 단순한 유언비어 같은 것도 있으며, 특정한 사람을 목표로 해서 흑색선전을 하는 등 그 내용도 다양하다. 이러한 거짓말에 속지 않도록 해야 한다.

혹스는 구체적인 정보 출처를 알 수 없으며, 피해를 입지 않는 것이 보통이다. 그러나 어떤 파일을 삭제하라는 메시지 내용에 따라 파일을 삭제할 경우, 예컨대, 그 파일이 컴퓨터 시스템에 꼭 필요한 파일일 경우 큰 피해를 볼 수 있으므로 주의해야 한다. 백신 업체나 보안 업체조차 혹스에 대한 정확한 정보가 없을 때도 있지만, 혹스가 의심이 될 경우 백신 업체에 문의하는 것이 가장 좋은 대처 방법이다.

5) 드로퍼

드로퍼(dropper)는 컴퓨터 사용자가 인지 못 하는 순간에 바이러스 또는 트로이목마 프로그램을 사용자 컴퓨터에 설치하는 것이다. 드로퍼는 자기 자신을 복제하는 기능은 없지만 컴퓨터 바이러스를 전파시킬 수 있는 위험한 바이러스이다.

1999년 10월에 출현해서 은행 계좌번호를 빼내는 등의 범죄에 사용된 에코키스(EcoKys)의 경우에도 사용자가 로그인을 하는 프로그램에 드로퍼를 추가한 트로이목마였다. 이처럼 사용자가 인식 못하는 순간 악성프로그램을 설치한다.

6) 스파이웨어(Spyware)

스파이웨어(Spyware)는 스파이(Spy)라는 말과 소프트웨어(Software)라는 말의 합성어로서 어떤 사람이나 조직에 관한 정보를 수집하는 데 도움을 주는 기술을 뜻한다. 보통 광고나 마케팅을 목적으로 애드웨어(Aadware)가 배포되었고, 그 기능의 확대로 인하여 스파이웨어가 악성 프로그램화된 것이다. 우리말로 표현하자면, '정보 빼내기 프로그램'이다. 스파이웨어(Spyware)는 공개 프로그램, 쉐어웨어(shareware), 평가판 등의 무료 프로그램에 탑재되어서 정보를 유출시키는 기능이 있는 모든 종류의 프로그램이다.

🍮 스파이웨어의 기준[8]

▶ 정의: 이용자의 동의 없이 또는 사용자를 속여 설치되는 과정까지 포함되며, 이러한 행위를 수행하는 프로그램이다.

▶ 행위의 내용

1. 웹 브라우저 등 이용자가 그 용도를 명확하게 인지하고 동의한 프로그램 또는 시스템의 설정을 변경하는 행위

2. 정상 프로그램 또는 시스템의 운영을 방해 · 중지 · 삭제하는 행위나 설치를 방해하는 행위

3. 정상 프로그램 외의 프로그램을 추가적으로 설치하는 행위

4. 운영체계 또는 다른 프로그램의 보안 설정을 제거하거나 낮게 변경하는 행위 등

스파이웨어는 사용자의 동의 없이 설치되어서 컴퓨터의 정보를 수집하고 전송하는 악성코드로서 신용 카드와 같은 금융정보, 주민등록번호와 같은 신상정보, 암호를 비롯한 각종 정보를 수집한다. 물론 사용자 동의 없이 수집하는 것이다.

미국의 인터넷 광고 전문회사인 라디에이트(Radiate)에서 개인 사용자의 취향을 파악하기 위해서 처음으로 개발이 되었다. 초기에는 사용자의 컴퓨터에 번호를 매겨 광고를 보는 사용자의 수를 파악하기 위한 단순한 기능을 수행하다 점차 기능이

---

8 정보통신부, 스파이웨어 기준, 2005. 8. 30 제정, 2007. 12. 23 개정; 2007년 당시 정보통신부의 스파이웨어 기준

확대되면서 악성 프로그램화되었다.[9]

최근에는 사용자 이름은 물론이고 IP 주소와 즐겨찾는 URL, 개인 아이디, 패스워드까지 알아내는 수준으로 발전되어 매우 위험하다. 이것을 제거하기 위해 스티브 깁슨(Steve Gibson)의 옵트아웃(Opt-out), 애드웨어(Ad-ware)와 같은 스파이웨어 제거 프로그램도 개발되었다.

스파이웨어를 전달하거나 유포한 자는 현행법상 5년 이하의 징역 또는 5천만 원 이하의 벌금에 처해질 수 있다.[10] 스파이 웨어 기준은 사이버 공격 기술의 발전 및 이와 관련한 정보통신 시스템, 데이터 또는 프로그램 등의 침해 수준의 변화에 따라 이용자, 프로그램 제작 업체, 스파이웨어 치료 업체, 백신 업체, 한국인터넷진흥원 (KISA) 등 관련 기관의 의견 수렴을 통해 지속적으로 개정·보완되고 있다.

---

9 Internet News, CMGI@Ventures Re-Launches Aureate Media as Radiate(https://www. internetnews.com, 검색일 2024.08.12)

10 「정보통신망법」 제72조(벌칙)

●●● 제3절

서비스 거부 공격[Dos Attack] ────────

1 서비스 거부 공격의 개념

　서비스 거부 공격(denial of service attack, Dos Attack)이란 대량의 데이터 패킷을 정보통신망으로 보내거나 이메일을 이용, 전송하여 서버가 처리할 수 있는 능력 이상이 되어 다른 서비스를 정지시키거나 시스템을 다운시키는 등 시스템의 정상적인 동작을 방해하고 네트워크 기능을 마비시키는 공격 수법이다. 시스템을 악의적으로 공격해 시스템의 자원을 부족하게 하여 원래 의도된 용도로 사용하지 못하게 한다.

　2003년 1월 25일에는 우리나라에서 사상 초유의 인터넷 대란을 일으켰다. 정보통신망에 대량의 신호 데이터를 보내고, 부정한 명령을 처리하도록 하여 정보통신망에 사용 불능, 성능 저하 등 장애를 야기하였다.

　서비스 거부 공격은 특정 서버에게 수많은 접속 시도를 만들어 다른 이용자가 정상적으로 서비스 이용을 하지 못하게 하거나, 서버의 전송 제어 프로토콜(Transmission Control Protocol, TCP) 연결을 바닥내는 등의 공격이다.

　특히 분산 서비스 거부 공격(Distributed Denial-of-Service attack, DDoS attack)은 여러 대의 공격자를 분산적으로 배치해 동시에 서비스 거부 공격을 하는 방법이다. 악성코드나 바이러스 등의 악의적인 프로그램들을 통해서 일반 사용자의 PC를 감염시켜 좀비 PC로 만든 다음, C&C 서버를 통해 DDoS 공격이 수행된다. DDoS 공격은 악의적인 프로그램에서 정한 특정 시간대에 시작된다.

② 분산 서비스 거부 공격의 유형

분산 서비스 거부 공격(DDoS Attack)의 유형에는 악성 봇(Bot)을 이용한 DDoS 공격과 신종 악성코드를 이용한 공격이 있다.[11]

1) 악성 봇(Bot)을 이용한 DDoS 공격

봇(Bot)이란 로봇의 줄인 말로 데이터를 찾아주는 소프트웨어 도구이다. 체코어의 '일한다'는 의미인 'robota'에서 유래하였다. 인터넷에서는 웹 사이트를 방문하고 요청한 정보를 검색, 저장, 관리하는 에이전트의 역할을 한다.

이러한 악성 봇(Bot)을 이용한 DDoS 공격이 있다. 해커는 다양한 방법으로 일반 사용자 PC를 봇에 감염시키고, 감염된 PC에 공격 명령을 하달하여 DDoS 공격을 수행하게 한다. 주로 금전을 요구하는 협박성 DDoS 공격에서 나타나는 유형이다.

2) 신종 악성코드를 이용한 공격

또 다른 유형으로 신종 악성코드를 이용한 공격이 있다. 이 유형은 명령 및 제어 서버의 접속 없이 악성코드에 감염된 컴퓨터를 실행하면 자동으로 특정한 사이트를 공격하도록 제작·유포되어 서비스를 방해한다. 일반적으로 공격 순서는 다음과 같다.

첫째, 공격자인 해커는 신종 악성코드를 제작하여 배포한다.

둘째, 홈페이지에 은닉 등 다양한 방법으로 악성코드를 이용자 PC에 감염시킨다.

셋째, 동시다발로 악성코드가 동작하여 특정 사이트에 대한 공격을 따른다.

③ DDoS 공격 사례와 대책

1) DDos 공격의 사례

주요 DDoS 공격 피해 사례로는 웜 바이러스 '코드레드2'가 2001년 7월 미국 백악관 사이트를 DDoS 방법으로 마비시켰던 적이 있다. 당시 코드레드 바이러스가 발견

---

11 한국정보통신자격협회 홈페이지(http://www.icqa.or.kr, 검색일 2024.01.07) 참조.

된 지 보름 만에 세계적으로 30만대의 시스템이 감염됐으며, 국내에서도 최소 3만여 대의 PC가 감염됐다. 2003년 1월에는 DDoS가 KT 전화국 DNS 서버와 인터넷 서비스 공급자, 무선 인터넷 사업자 망을 공격하여 인터넷 대란이 발생하기도 했다.

2009년 7월 7일의 DDoS 공격 사례도 있다. 이때 발생한 DDoS 공격은 한국과 미국의 주요 정부 기관, 포털, 은행 사이트 등을 대상으로 이루어진 대규모 공격으로, 당시까지 알려졌던 DDoS 공격 중 가장 규모가 큰 공격으로 기록되었다.

2) DDos 공격의 대책

컴퓨터가 DDoS 공격에 이용되지 않게 하기 위해서는 운영체계의 보안 패치를 최신으로 유지해야 한다. 또한 백신 프로그램을 설치해 항상 최신 버전으로 업데이트하고 실시간 검사 기능을 켜두어야 한다. 이외에도 다음과 같은 방지책이 있다.[12]

첫째, 웹 서핑 때 액티브X '보안경고' 창이 뜰 경우, 잘 모르는 프로그램을 설치하겠다는 경고가 나오면 '예'와 '아니오' 중 어느 것도 선택하지 말고 창을 닫는다.

둘째, 이메일 확인 시 발신인이 불분명하거나 수상한 첨부 파일이 있는 것은 모두 삭제한다.

셋째, 메신저 프로그램 사용 시 메시지를 통해 URL이나 파일이 첨부되어 올 경우 함부로 클릭하거나 실행하지 않는다.

넷째, P2P 프로그램 사용 시 파일을 다운로드할 때는 반드시 보안 제품으로 검사한 후 사용한다.

다섯째, 외부 침입자가 자신의 시스템을 불법적으로 사용하지 못하도록 공유 권한은 '읽기'로 설정해 놓고 사용한 후에는 공유를 해제한다.

---

12 한국정보통신자격협회 홈페이지(http://www.icqa.or.kr, 검색일 2024.01.07) 참조.

기타 정보통신망 침해 범죄 ─────

　　정보통신망 침해형 범죄 중에서 지금까지 논의한 3개 항목인 해킹, 서비스 거부 공격, 악성 프로그램 이외의 유형으로 분류되지 아니하거나, 이전에는 없었던 신종 수법으로 정보통신망을 침해하는 범죄가 있다. 기타 정보통신망 침해형 범죄의 실례를 알아본다.

　　첫째, 형법 제314조 제2항에서 규정하고 있는 컴퓨터 등 장애에 의한 업무 방해이다. 정보통신망 또는 컴퓨터 네트워크를 통하여, 컴퓨터 등 정보처리장치에 허위의 정보 또는 부정한 명령을 입력하거나 기타 방법으로 정보 처리에 장애를 발생하게 하여 업무를 방해한 경우이다. 이것은 컴퓨터 등 정보 처리장치 또는 전자 기록등 특수 매체 기록을 물리적인 방법으로 손괴하여 업무를 방해한 경우에 해당된다. 그러나 망치로 컴퓨터를 손괴한 행위 등은 사이버 범죄에 해당되지 않는다.

　　둘째, 전자서명법[13] 제19조 2항의 거짓이나 그 밖의 부정한 방법을 사용해 타인 명의로 인증서를 발급받거나 발급받을 수 있도록 하는 행위, 부정 행사하게 할 목적으로 인증서를 타인에게 양도 또는 대여하거나, 부정하게 행사할 목적으로 인증서를 타인으로부터 양도 또는 대여받는 행위를 한 경우 기타 정보망 침해 범죄에 해당된다.

---

13 「전자서명법」[시행 2022. 10. 20.] [법률 제18479호, 2021. 10. 19., 일부개정]

제5절
사이버 테러형 범죄의 처벌과 법규 ──

① 처벌 대상

사이버 테러형 범죄들을 처벌하기 위한 대상에는 어떤 것들이 있는가를 살펴본다. 사이버 범죄는 다소 추상적인 개념인데, 이것을 현실적으로 어떤 법을 적용해서 처벌할 것인가 하는 것은 중요한 문제이다.

사이버 테러형 범죄의 유형은 시스템 해킹을 하는 경우와 타인의 정보를 훼손하고 침해하는 경우 두 가지가 있다. 여기에 대한 적용 법규가 있고, 이에 따라 처벌을 받게 된다. 이외에도 형법상 해킹을 처벌할 수 있는 여러 조항을 두고 있다.

먼저 처벌 대상과 사례를 살펴보면 다음과 같다.

1) 시스템 침입

사이버 테러형 범죄의 유형으로 시스템 침입에 의한 해킹이 있다. 컴퓨터 시스템에 침입해서 해킹하는 것인데, 운영 체제(Operating system)의 버그(Bug)나 해킹 툴 등을 이용해서 정당한 접근권한 없이 또는 접근권한이 있더라도 허용된 접근권한을 초과해서 정보통신망에 침입하는 행위이다. 권한 없이 침입한다든가, 접근했는데도 접근 권한을 자신의 허용된 접근권한을 초과해서 정보통신망에 침입하는 경우이다.

이러한 경우 「정보통신망법」[14] 제48조, 제71조(벌칙) 제1항에 의해서 5년 이하의 징역이나 5천만 원 이하의 벌금을 받도록 하고 있다.

---

14 「정보통신망 이용촉진 및 정보보호 등에 관한 법률」(약칭: 정보통신망법)[시행 2024. 1. 23.] [법률 제20069호, 2024. 1. 23., 일부개정]

「정보통신망법」상 처벌 대상: 정보통신망 침해행위 등의 금지

1. 정당한 접근권한 없이 또는 허용된 접근권한을 넘어 정보통신망에 침입하는 경우

2. 정당한 사유 없이 정보통신 시스템, 데이터 또는 프로그램 등을 훼손·멸실·변경·위조하거나 그 운용을 방해할 수 있는 프로그램(악성 프로그램)을 전달 또는 유포하는 경우

3. 정보통신망의 안정적 운영을 방해할 목적으로 대량의 신호 또는 데이터를 보내거나 부정한 명령을 처리하도록 하는 등의 방법으로 정보통신망에 장애가 발생하게 하는 경우

4. 정당한 사유 없이 정보통신망의 정상적인 보호·인증 절차를 우회하여 정보통신망에 접근할 수 있도록 하는 프로그램이나 기술적 장치 등을 정보통신망 또는 이와 관련된 정보 시스템에 설치하거나 이를 전달·유포하는 경우

이와 같은 사례로서 디도스(DDos) 공격용 악성코드를 정상 게임 프로그램처럼 유포하고 감염된 1,400여 대의 좀비 PC를 직접 조종하여 EBS 홈페이지를 공격한 사례가 있다. 수험생 등 많은 고등학생 회원이 이용하는 공영방송사인 EBS의 인터넷 사이트를 마비시켜서 다수의 회원이 서비스를 받지 못하도록 했다.

또 국내외 24개국 104개 웹사이트를 해킹하고 악성 프로그램을 유포한 뒤 28만여 건의 개인정보 등을 탈취하고 DDos 공격을 감행한 사례가 있다.

2) 타인의 정보 훼손 및 지배

사이버 테러의 유형으로 정보통신망에 처리되는 타인의 정보를 훼손하고 지배하는 것이 있다. 다시 말하면 정보통신망에 의하여 처리되고 보관되거나 전송되는 타인의 정보를 훼손하거나 타인의 비밀을 침해하고 도용해서 누설하는 행위이다. 이러한 행위를 하게 되면 정보통신망법 제49조, 제71조 제1항에 의해서 5년 이하의 징역 또는 5,000만 원 이하의 벌금을 받는다.

이와 같은 사례로 은행의 대출 신청 관리 시스템을 해킹해서 금품을 요구한 행위로 미국의 J씨 사건이 있다. 이 사건에서 검거된 J씨는 금융 기관을 비롯해서 유명 요식업체의 고객 정보 또는 우편 사업 관련한 쇼핑몰 고객 정보를 빼내는 등 전산 시스템을 무차별적으로 해킹해서 자신이 운영하는 대출 중개업에 활용한 사례이다.

또한 중국에서 국내 백여 개 사이트를 해킹, 개인정보 1천만 건을 수집 후 매매하

여 부당 이득을 취한 사건 사례가 있다.

이외에도 형법 등에서 해킹 행위를 처벌하는 여러 조항을 두고 있다.

그러면 사이버 테러형 범죄를 처벌하기 위한 법규, 즉 법률 규정에 대해서 알아본다.

② 「정보통신망법」상의 처벌 규정

1) 「정보통신망법」상의 개념들

사이버 범죄의 개념은 정확하게 규정하기가 어려운 경우가 많다. 법률은 규정된 개념에 따라서 행위를 처벌하므로 개념을 어떻게 규정하고 있는지 정확하게 이해해야 현실적인 처벌에 적용시킬 수 있다. 그러면 「정보통신망법」상 어떠한 내용들이 정의되어 있는가를 살펴본다.

(1) 정보통신망·전자문서

「정보통신망법」에서 정보통신망이란 전기통신설비를 이용하거나 전기통신설비와 컴퓨터 및 컴퓨터 이용기술을 활용해서 정보를 수집, 가공, 저장, 검색, 송신 또는 수신하는 정보체계를 말한다. 정보통신망의 침입은 정보통신체계에 침입한다는 의미이다.

'전자문서의 형태'라는 용어를 많이 쓰고 있는데, 전자문서란 컴퓨터 등 정보처리 능력을 가진 장치에 의해서 전자적인 형태로 작성되어 송수신되거나 저장되는 문서 형식으로 표준화된 자료를 말한다. 일반 종이문서와는 달리 전자적인 형태로 작성되어 있는 문서이다.

(2) 개인정보·침해사고

개인정보는 생존하는 개인에 관한 정보로서 성명 또는 주민등록번호에 의해 특정한 개인을 알아볼 수 있는 부호, 문자, 음성, 음향, 영상 등의 정보를 말한다. 해당 정보만으로는 특정 개인을 알아볼 수 없어도 다른 정보와 쉽게 결합하여 알아볼 수 있는 경우라면 마찬가지로 개인정보에 포함된다.

침해사고란 해킹이나 컴퓨터 바이러스, 논리 폭탄, 메일 폭탄, 서비스 거부 또는 고출력 전자기파 등의 방법으로 정보통신망이나 이와 관련된 정보 시스템을 공격하는 행위를 하여 발생한 사태를 말한다. 정보통신망이나 정보 시스템을 공격해서 피해가 발생하거나 침해가 발생했을 때 그 사고는 침해사고이다.

침해사고가 일어나게 되면 결국 사이버 범죄가 발생한 경우라고 볼 수 있다. 사이버 범죄의 발생은 법률에 의해서 처벌을 받게 되는 과정으로 이어진다.

(3) 기타

이외에도 정보통신 서비스 제공자라는 말이 있는데, 이것은 「정보통신망법」 제2조 제1항 제3호에 정의되어 있다. 이 조항에 따르면, 정보통신 서비스 제공자란 「전기통신사업법」에 의하여 허가를 받거나 등록 또는 신고를 하고 전기통신 업무를 제공하는 전기통신 사업자, 영리를 목적으로 전기통신 사업자의 전기통신 업무를 이용하여 정보를 제공하거나 정보의 제공을 매개하는 자이다. 즉, 정보통신 서비스 제공자는 전기통신 업무를 제공하는 전기통신 사업자 또는 정보를 제공하거나 정보의 제공을 매개하는 자이다.

예컨대 KT, SK 브로드 밴드 등 유무선 전화 서비스 업체 및 네이버 등 검색 서비스 제공 업체, 온라인 게임 업체 또는 전자상거래, 중개 사이트 등 각종 인터넷 콘텐츠를 제공하는 업체들이 정보 서비스 제공자(Internet Service Provider, ISP 또는 Online Service Provider, OSP)라고 볼 수 있다. 이외에도 다양한 형태로 전기통신 서비스를 제공하는 업체들이 있다.

2) 「정보통신망법」상의 처벌 규정

「정보통신망법」은 사이버 범죄를 처벌하는 기본적인 법규이다. 동법은 정보통신망을 침해하는 행위를 나열하고, 이를 금지시키고 있다. 정보통신망 침해 등의 금지 조항을 살펴보면, 정당한 접근권한 없이 또는 허용된 접근권한을 넘어 정보통신망에 침입해서는 안 된다.[15] 접근권한을 가지고 있거나 허용된 접근권한 또는 정당한 접근권한을 가지고 정보통신망에 접근해야 한다. 그렇지 않으면 그것은 정보통신망

---

15 「정보통신망법」 제48조

의 침입에 해당된다.

　정당한 사유 없이 정보통신 시스템, 데이터 또는 프로그램 등을 훼손, 멸실, 변경, 위조, 또는 그 운용을 방해할 수 있는 프로그램을 전달하거나 유포해서는 안 된다.[16] 이 조항은 악성 프로그램에 대한 처벌 규정이다.

　정보통신 시스템, 데이터나 프로그램 등의 훼손, 멸실, 위조, 변경에 대한 규정은 해킹과 관련된 처벌 규정이기도 하다. 해킹을 통해서 운용을 방해할 수 있는 프로그램을 전달하거나 운용을 방해하는 프로그램인 악성 프로그램이나 바이러스를 전달 유포해서는 안 된다는 금지 조항이다.

　정보통신망의 안정적 운영을 방해할 목적으로 대량의 신호 또는 데이터를 보내거나 부정한 명령을 처리하도록 하는 등의 방법으로 전기통신망에 장애가 발생하게 해서는 안 된다.[17] 디도스(DDos) 공격이 여기에 해당된다. 대량의 신호 또는 데이터를 보낸다거나 부정한 명령을 처리하는 악성 프로그램, 악성코드를 통해서 정보통신망에 장애를 발생하게 하는 경우 처벌을 받게 된다.

　그리고 정당한 사유 없이 정보통신망의 정상적인 보호·인증 절차를 우회하여 정보통신망에 접근할 수 있도록 하는 프로그램이나 기술적 장치 등을 정보통신망 또는 이와 관련된 정보 시스템에 설치하거나 이를 전달·유포하여서는 안된다.[18] 이 것은 정보통신망의 보안과 안정성을 유지하기 위한 법적 규제이다. 이 규정은 정보통신망의 안전을 보장하고, 해킹이나 불법 접근으로부터 시스템을 보호하기 위한 조치이다. 이를 위반할 경우 법적 처벌을 받을 수 있다.

　이상과 같은 행위로 정보통신망에 침입하는 자는 5년 이하의 징역이나 5,000만 원 이하의 벌금에 처하도록 규정하고 있다.[19]

　「정보통신망법」 제49조에는 비밀 등의 보호와 관련된 규정이 있다. 정보통신망에 의하여 처리 또는 보관, 전송되는 타인의 정보를 훼손하거나 타인의 정보를 침해, 도용, 누설해서는 안 된다.

16　동법 제48조 2항
17　동법 제48조 3항
18　동법 제48조 4항
19　「정보통신망법」 제71조(벌칙)

사이버범죄론

정보통신망에 의해서 처리되고 보관되고 전송되는 타인의 정보를 훼손한다든가 타인의 비밀, 타인의 주민등록번호, 계좌번호, 패스워드 등 개인정보와 관련된 타인의 비밀을 침해, 도용하거나 누설을 금지하고 있다. 이를 위반해서 타인의 정보를 훼손하거나 타인의 비밀을 도용 누설한 자는 5년 이하의 징역이나 5천만 원 이하의 벌금에 처하도록 동법 제71조에서 규정하고 있다.

「정보통신망법」상 처벌의 주요 내용[20]

▶ 다음에 해당하는 자는 5년 이하의 징역 또는 5천만 원 이하의 벌금에 처한다.

  1. 연계정보를 생성·처리한 자

  2. 목적 범위를 넘어서 연계정보를 처리한 자

  3. 정보통신망에 침입한 자

  4. 정보통신망에 장애가 발생하게 한 자

  5. 프로그램이나 기술적 장치 등을 정보통신망 또는 이와 관련된 정보 시스템에 설치하거나 이를 전달·유포한 자

  6. 타인의 정보를 훼손하거나 타인의 비밀을 침해·도용 또는 누설한 자

③ 형법상의 처벌규정

사이버 범죄를 처벌할 수 있는 법적 근거로서 「형법」이 있다. 「형법」이 적용되는 경우를 알아본다.

「형법」상 비밀 침해의 개념을 살펴보면, 봉함이나 기타 비밀장치를 한 사람의 편지, 문서, 도화, 전자 기록 등 특수 매체의 기록, 전자 기록을 기술적 수단을 이용해서 해킹이나 무단침입 등을 통해서 그 내용을 알아내는 것은 「형법」상의 비밀 침해 행위에 해당된다.

비밀 침해의 죄는 인터넷이나 컴퓨터상에서도 적용된다. 컴퓨터나 인터넷에서의 비밀 침해는 타인의 비밀번호를 해킹하거나 타인의 비밀정보들을 해킹 프로그램이

---

20 「정보통신망법」 제71조(벌칙)의 규정을 정리함

나 다른 방법을 이용해 알아내고 그 아이디로 접속하는 등의 행위로 이루어지는데, 이는 정당한 접근권한 없이 들어가거나 타인이 관리하는 서버에 권한 없이 접속하는 경우이다. 정당한 접근권한 또는 허용된 접근권한의 범위를 초과해서 접속한다면 그것은 「형법」상 비밀 침해의 죄에 해당되어 처벌을 받는다.

비밀 침해의 죄는 「형법」 제316조에서 처벌을 규정하고 있다. 봉함이나 기타 비밀장치한 사람의 편지나 문서, 도화를 개봉한 자는 3년 이하의 징역이나 금고 또는 500만 원 이하의 벌금에 처해지게 된다. 봉함, 기타 비밀장치한 사람의 편지나 문서, 도화, 또는 전자 기록 등 특수 매체 기록을 기술적 수단을 이용하여 그 내용을 알아낸 자도 마찬가지이다.

여기서 전자기록 등 특수 매체 기록에 대해서 기술적 수단을 사용한다는 것은 악성코드, 악성 바이러스, 악성 프로그램 등과 같은 것을 활용해서 해킹하는 것이다. 따라서 사이버 범죄는 「정보통신망법」에 의한 것뿐만 아니라 「형법」상 비밀 침해의 죄에도 해당되어 처벌받게 된다. 즉, 「형법」상 비밀 침해의 죄를 통해서도 악성 프로그램, 해킹과 같은 사이버 범죄를 처벌할 수 있다.

④ 「물류정책기본법」의 처벌규정

「물류정책기본법」[21] 제33조의 전자문서 및 물류 정보의 보안 조항에서 단위 물류 정보망 또는 전자문서를 위작(僞作) 또는 변작(變作)하거나 위작 또는 변작된 전자문서를 행사하여서는 아니된다고 규정하고 있다. 더하여 국가물류통합정보센터 또는 단위 물류 정보망에서 처리·보관 또는 전송되는 물류 정보를 훼손하거나 그 비밀을 침해·도용(盜用) 또는 누설하여서는 아니된다고 규정하고 있다.

이에 대한 처벌규정으로서 동법 제71조 제1항에서 전자문서를 위작 또는 변작하거나 그 사정을 알면서 위작 또는 변작된 전자문서를 행사한 자는 10년 이하의 징역 또는 1억 원 이하의 벌금에 처한다. 또한 이를 위반하여 종합 물류망 또는 국가 물류 통합 데이터 베이스에 의하여 처리·보관 전송되는 물류 정보를 훼손하거나

---

21 「물류정책기본법」[시행 2024. 7. 10.] [법률 제19986호, 2024. 1. 9., 타법개정]

그 비밀을 침해·도용 또는 누설한 자는 5년 이하의 징역 또는 5,000만 원 이하의 벌금에 처하도록 하고 있다.[22] 그리고 국가물류통합정보센터 또는 단위 물류정보망의 보호조치를 침해하거나 훼손한 자는 3년 이하의 징역 또는 3천만 원 이하의 벌금에 처한다.[23]

요컨대, 전자문서 및 물류 정보의 보안을 위해 불법 또는 부당한 방법으로 전자문서 및 물류 정보의 보안에 필요한 보호조치를 침해하거나 훼손하여서는 안된다고 규정함으로써 침해나 훼손을 사이버 범죄로 규정하고 있다.

---

22 동법 제71조 제2항
23 동법 제71조 제3항

제3장

일반 사이버 범죄

●●●● 제1절
전자상거래 사기 ─────────

1 전자상거래의 의의와 유형

1) 의의

(1) 현행법상의 전자상거래 규정

가) 「전자문서법」

전자거래에 관한 기본법인 「전자문서 및 전자거래기본법」[1](이하 약칭, 전자문서법)에서 전자거래를 어떻게 정의하고 있는가를 알아본다.

「전자문서법」은 전자거래의 법률관계를 명확히 하고 전자거래의 안전성과 신뢰성을 확보하며 전자거래의 촉진을 위한 기반을 조성함으로써 국민경제의 발전에 이바지함을 목적으로 한다.

현행법상 전자거래란 재화나 용역을 거래함에 있어서 그 전부 또는 일부가 전자문서에 의하여 처리되는 거래를 말한다.[2] 다시 말해서 전자거래는 거래가 전자문서에 의해서 처리되는 거래이다. 재화나 용역의 거래는 종이 문서를 통해서 이루어지기도 하지만, 그 문서가 전자문서에 의해서 이루어지는 거래를 전자거래라고 한다.

나) 「전자상거래법」

「전자상거래 등에서의 소비자보호에 관한 법률」[3](이하 약칭, 전자상거래법)은 전자

---

1 「전자문서 및 전자거래 기본법」(약칭: 전자문서법)[시행 2022. 10. 20.] [법률 제18478호, 2021. 10. 19., 일부개정]

2 동법 제2조 5항

3 「전자상거래 등에서의 소비자보호에 관한 법률」(약칭: 전자상거래법)[시행 2024. 3. 22.] [법률 제 19255호, 2023. 3. 21., 일부개정]

상거래 및 통신판매 등에 의한 재화 또는 용역의 공정한 거래에 관한 사항을 규정함으로써 소비자의 권익을 보호하고 시장의 신뢰도 제고를 통하여 국민경제의 건전한 발전에 이바지함을 목적으로 한다.

현행법상 전자상거래란 전자거래의 방법으로 상행위(商行爲)를 하는 것을 말한다.[4] 인터넷이나 PC 통신 등의 전자거래를 이용해서 상품을 사고파는 상행위를 하는 것을 전자상거래라고 한다.

(2) 전자상거래의 의미

가) 좁은 의미의 전자상거래

협의의 의미로 전자상거래는 인터넷상에 홈페이지로 개설된 상점(모바일로 개설된 상점 포함)을 통해서 실시간으로 상품을 거래하는 것을 말한다. 인터넷 쇼핑몰 또는 인터넷상에 개설된 상점을 통해서 실시간으로 상품을 거래하는 것이다.

거래되는 상품에는 전자부품과 같은 실물뿐만 아니라 원거리 교육이나 의학적 진단과 같은 서비스도 포함된다. 또한 뉴스나 오디오, 소프트웨어와 같이 디지털 상품도 포함되며, 이들의 비중이 점차적으로 높아지고 있는 추세에 있다.

나) 넓은 의미의 전자상거래

넓은 의미의 전자상거래는 소비자와의 거래뿐만 아니라 거래와 관련된 공급자, 금융기관, 정부기관, 운송기관 등과 같이 거래에 관련되는 모든 기관과의 상행위가 모두 포함된다. 좁은 의미의 전자상거래가 소비자와 생산자 간의 관계라고 한다면, 넓은 의미의 전자상거래는 거래와 관련되는 공급자, 금융기관, 정부기관, 운송기관 등 관련 기관들이 포함되는 모든 기관 간의 거래 행위이다.

전자상거래 시장은 생산자(producers), 중개인(intermediaries), 소비자(consumers)가 디지털 통신망을 통하여 상호 거래하는 시장으로 실물시장(Physical market)과 대비되는 가상시장(virtual market)이다.

넓은 의미의 전자상거래는 생산자와 소비자 간의 거래, 즉 가게와 소비자 간의 거래뿐만 아니라 관련되는 공급자, 금융기관, 정부기관, 운송기관 모두 포함되는 행

---

4 「전자상거래법」 제2조 1항

위이다. 또한 전자상거래 시장은 실물시장과 대비되는 가상시장으로서 생산자, 중개인, 소비자가 모두 상호 거래한다. 물론 디지털통신망을 활용해서 거래가 이루어진다.

다) 종합적 의미

전자상거래의 의미를 종합적으로 정리하면, 전자상거래는 컴퓨터와 네트워크라는 전자적 매체를 통해서 상품이나 서비스의 상거래가 이루어지는 방식이다. 예를 들면, 컴퓨터나 네트워크 등 정보통신망을 통해서 이루어지며, 거래의 여러 과정 중에서 입찰, 계약, 주문 중 최소한 하나 이상의 단계가 컴퓨터·네트워크상에서 이루어지면 된다. 즉, 거래가 이루어지는 여러 과정들 가운데 최소한 한 절차만이라도 컴퓨터 네트워크상에서 이루어진다면 전자상거래이다.

여기서 네트워크란 인터넷 프로토콜 통신망과 그 외의 컴퓨터를 매개로 하는 모든 비인터넷 통신망을 모두 포함한다. 거래라고 함은 정부나 기업, 개인 등 경제 주체 간에 상품 및 서비스의 소유권 혹은 사용권의 이전을 수반하는 경제 주체 간의 상거래이다. 각 경제 주체 간 거래이므로 내부거래는 제외된다. 내부거래는 자체 내에서 이루어지는 거래이기 때문에 거래라고 할 수 없다.

전자상거래는 다양한 형태로 이루어지고 있다. 예컨대, 정부에서 수주하거나 발주하는 여러 가지 용역이나 재화는 조달청에서 운영하는 나라장터[5]라는 사이트를 통해서 입찰이 이루어진다. 나라장터는 전자상거래가 이루어지는 가장 대표적인 사례 중 하나이다.

2) 유형

전자상거래에는 어떤 유형들이 있는가. 즉, 전자상거래가 어떻게 분류될 수 있는가. 이것은 거래 주체가 누구냐에 따라서 나눌 수 있다. 거래 주체에 따라서 B2B, B2G, B2C, C2C로 분류된다.

---

5 나라장터(www.g2b.go.kr); 국가종합전자조달시스템. 조달청에서 운영하고 있으며 공공기관 물자구매, 시설공사 계약 등 입찰 통합 시스템으로 운영되고 있다.

(1) 거래 주체에 따른 분류

가) 기업 간 전자상거래(B2B)

B2B는 일반 사기업체와 사기업체 간에 이루어지는 상거래이다.

나) 기업과 정부 간의 전자상거래(B2G)

B2G는 정부와 기업 간에 이루어지는 전자상거래이다. 정부에서 발주하는 여러 가지 관급 공사와 같은 경우로, 대부분 전자입찰 방식을 통해 이루어진다.

다) 기업과 소비자 간의 전자상거래(B2C)

B2C는 물품을 생산하는 기업체와 그 생산물을 사고, 이용하는 소비자 간의 전자 상거래이다. 좁은 의미로 전자상거래는 기업과 소비자 간의 전자상거래를 지칭하는 경우가 많다.

라) 소비자와 소비자 간의 전자상거래(C2C)

C2C는 일반 소비자들이 서로 물품을 사고 파는 전자상거래이다.

(2) 기업 간 전자상거래의 유형

가) 주도형태에 따른 분류

전자상거래에서 누가 거래를 주도하는가는 중요한 요소이다. 이에 주도 형태에 따른 분류 방법이 등장하였다. 기업 간 전자상거래를 주도 형태에 따라서 분류해 보면 다음과 같다.

① 구매자 중심형

구매자가 운영하는 전자상거래 사이트에 다수의 판매자가 접속하여 이루어지는 거래이다. 사려는 사람이 홈페이지를 개설해 놓고 팔려는 사람은 여기에 와서 물건을 달라고 하는 방식이 구매자 중심형이다.

② 판매자 중심형

이것은 판매자가 운영하는 전자상거래 사이트에 다수의 구매자가 접속하여 이루어지는 형태이다. 대부분 이러한 형태로 이루어진다. 물건을 팔고자 하는 사람이 홈페이지에 쇼핑몰을 개설해 놓고 구매자들이 그 홈페이지에 접속해서 물건을 사는 전자상거래 형태이다.

③ 중개자 중심형

기업 대 기업 간의 전자상거래 사이트에 다수의 판매자와 구매자가 접속하여 이루어지는 것이다. 상품을 만드는 공장과 그 상품을 판매하는 회사 간에 이루어지는 거래이다. 회사에 다수의 판매자와 구매자가 접속하여 전자상거래가 이루어진다. 팔려는 사람과 사려는 사람을 모두 연결시켜 주는 중개자 역할을 전자상거래가 한다.

나) 경쟁성 유무에 따른 분류

기업 간 전자상거래는 경쟁성, 즉 개방형 유무에 따라서도 분류될 수 있다. 기업 간 전자상거래가 경쟁적인가 그렇지 않은가, 또는 개방적인가 협력적인가에 따라서 분류된다.

① 경쟁적인 개방형 거래

전자상거래의 특징인 공개성 또는 경쟁성을 바탕으로 불특정 다수를 거래 파트너로 하며 주로 입찰거래 또는 공개거래의 형태다.

어떤 물건을 제시해 두면 불특정 다수가 들어와서 여기에 대해 서로 입찰 경쟁을 하며 거래가 이루어지는 형태이다. 거래를 하고자 하는 사람이 개방적으로 사이트를 공유해 놓는다. 그리고 거래를 원하는 사람들, 또는 입찰을 원하는 사람들이 누구든지 들어와서 경쟁적 거래를 할 수 있게 한다.

② 비경쟁적인 협력형 거래

일반적으로 오프라인상에서 기존에 장기적·고정적인 거래 관계를 맺고 있던 대기업과 거래 파트너, 즉 협력 업체 간의 거래가 전자상거래를 기반으로 전환된 경우다. 주로 비입찰형거래 또는 폐쇄형거래 형태이다.

거래 자체가 공개적인 경쟁성을 띤 거래가 아니라, 폐쇄적이고 비경쟁적인 두 기업 간에 이미 협력 관계가 맺어진 상태에서 전자상거래가 이루어진다. 경쟁성 거래는 누구나 다 참여를 할 수 있는 거래인 반면, 비경쟁성 거래는 고정적으로 장기적인 거래 관계를 맺고 있는 거래 파트너와 대기업 간의 거래가 오프라인이 아닌 온라인상에서 이루어지는 특징이 있다.

(3) 취급 상품 범위에 따른 분류

다음으로는 사이버 쇼핑몰을 분류하는 방법에 대해 알아본다. 사이버 쇼핑몰의 취급 상품 범위에 따라서 종합몰과 전문몰로 구분된다.

가) 종합몰

각종 상품군의 카테고리를 다양하게 구성해서 여러 종류의 상품을 구매할 수 있는 사이버 쇼핑몰이다. 인터넷 쇼핑몰을 보면, 보통 여러 종류의 상품을 종합몰 형태로 운영하고 있다.

나) 전문몰

하나 혹은 극히 소수의 주된 카테고리 상품군만 구성하여 운영하는 사이버 쇼핑몰이다. 예컨대 의류, 신발, 음식 등을 전문적으로 거래하는 쇼핑몰 등이 여기에 해당한다.

(4) 사이버 쇼핑의 운영 형태에 따른 분류

가) online몰

온라인몰은 쇼핑몰을 운영하는 사업체에서 컴퓨터 및 네트워크 기반을 통해 상품 및 서비스를 판매하는 형식이다. 사업체와 최종 소비자 사이에서 오직 네트워크 기반으로만 거래가 오간다.

나) on/offline 병행몰

쇼핑몰을 운영하는 사업체에서 온라인을 통한 상거래뿐만 아니라 기존의 상거래 방식, 즉 오프라인 매장 등 온라인 이외의 영업 형태를 병행하여 최종 소비자에게 판매하는 쇼핑몰이다.

② 전자상거래의 동향

2020년 기준 한국의 전자상거래 시장 규모는 전 세계 5위이며, 전 세계에서 모바일 쇼핑이 가장 빠르게 성장한 국가이다. 특히 2020년에는 코로나 19 장기화로 온라인 쇼핑 거래액이 더욱 증가했다.

경제 전반의 디지털 전환이 가속화됨에 따라 유통산업에도 4차 산업혁명 기반 기술을 적용한 혁신이 일어나고 있다. 온라인과 오프라인 유통채널을 연계한 옴니채널(Omni-Channel)[6]의 확산, 데이터 기반 새로운 비즈니스 모델 등장 등 리테일 4.0(Retail 4.0) 시대로의 진화가 빠르게 일어나고 있다.[7]

한국 전자상거래 시장 규모는 2010~2020년 동안 연평균 19.7% 증가해 2020년 131조 원에 달했다. 특히, 모바일을 통한 전자상거래 비중이 증가하면서 2020년 기준 모바일을 통한 온라인 쇼핑이 전체 온라인 쇼핑의 67.9%을 차지했다.[8]

2020년 기준, 상품군 별로는 '음식료품(19.6조)'의 거래액이 가장 많으며, '가전·전자·통신기기(18.1조)', '음식 서비스(17.3조)'가 순으로 높았다. 특히 코로나19 확산으로 인한 외식 자제와 냉장 배송 물류의 발전 등으로 온라인으로 식품을 구매하는 경향이 더욱 커졌다.[9]

2020년 기준, 음식 서비스 온라인 거래액의 경우 전년 대비 78.0% 성장해 가장 높은 성장률을 보였다. 농축산물과 음식료품의 온라인 거래액도 각각 전년 대비 66.9%, 46.4% 증가했다. 업태별로는 종합몰과 전문몰의 거래 비중이 각각 67.9%, 32.1%를 차지해 종합몰의 판매 비중이 두배 이상 높은 것으로 나타났다.[10] 이는 대형 플랫폼 사업자를 중심으로 전자상거래 거래가 증가하고 있는데 기인한다.

온라인 소매유통시장 동향과 온라인 식품시장 동향을 살펴보면 <그림 3-1>, <그림 3-2>와 같다.[11]

---

6 한국경제 용어사전; https://digitaltransformation.co.kr(검색일 2024.08.08); 옴니채널(Omni-Channel)은 소비자가 온라인, 오프라인, 모바일 등 다양한 경로를 넘나들며 상품을 검색하고 구매할 수 있도록 한 서비스를 말함. "옴니(Omni)"는 "모든"을 뜻하는 라틴어에서 유래했으며, 이는 여러 채널을 통해 하나의 일관된 경험을 제공한다는 개념임.

7 Invest KOREA 홈페이지(https://www.investkorea.org/, 검색일 2024.02.12)

8 KOSIS 국가통계포털 홈페이지(https://kosis.kr, 검색일 2024.08.02) 참조.

9 통계청, 2022년 12월 및 연간 온라인 쇼핑 동향, 2024.02.01. 참조.

10 상게 자료 참조.

11 산업포커스, "[ICT] 리테일 4.0 시대를 대비하는 전자상거래 시장", Invest KOREA, 2024.07.02; Invest KOREA 홈페이지(https://www.investkorea.org/, 검색일 2024.02.12)

그림 3-1 온라인 소매유통시장 동향

온라인 거래액(조 원)

온라인 비중(%)

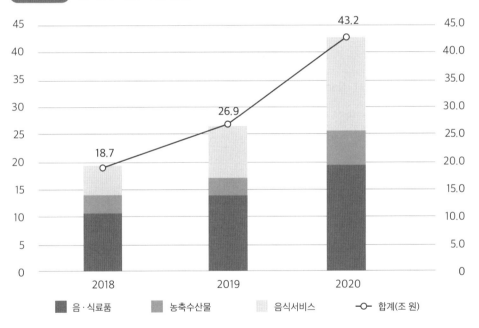

그림 3-2 온라인 식품시장 동향

음·식료품   농축수산물   음식서비스   합계(조 원)

한편, 2021년 기준 온라인 쇼핑액은 2021년 기준 192.8조 원이며, 모바일 쇼핑액은 2021년 기준 138.1조 원이다. 자세히 살펴보면 <표 3-1>과 같다.[12]

───────

12 KOSIS 국가통계포털 홈페이지(https://kosis.kr, 검색일 2024.08.02) 참조. 통계청, 전게자료 참조.

| 표 3-1 | 온라인 쇼핑 거래액 추이[13] |

구분	2018년	2019년	2020년	2021년
온라인(모바일 포함)	113.3조	135.3조	159.4조	192.8조
모바일	69.2조	87.3조	108.2조	138.1조

③ 전자상거래 사기의 의의와 처벌 법규

1) 의의

전자상거래 사기는 인터넷을 통해 물건을 사고파는 과정에서 발생하는 사기 행위로, 이는 타인을 기망하여 이득을 취하는 범죄이다. 전자상거래는 인터넷을 통한 상행위를 의미하며, 이러한 거래 과정에서 의도적으로 속이는 행위가 전자상거래 사기이다.

오늘날 인터넷의 보급이 확대됨에 따라서 전자상거래의 규모가 팽창하고 있다. 전자상거래 동향에서 살펴본 것처럼, 거래액이 엄청난 속도로 늘어나는 중이다. 인터넷 화면을 보면서 마우스 클릭만으로 주문하고 결제하고 배송까지 확인할 수 있다는 점에서 몹시 편리한 인터넷 쇼핑의 특성으로 인해 인터넷 쇼핑몰 이용자는 꾸준히 증가하고 있다.

온라인 쇼핑은 일반적으로 먼저 결제를 하는데, 돈을 먼저 지불 하는 선결제 거래의 특성을 악용하는 사례가 발생하고 있다. 예를 들어 인터넷 쇼핑 사이트를 만들어 놓고 마치 유명 상품을 시중 가격에 비해 싸게 판매하는 것처럼 광고를 한다. 그리고 그 광고를 믿고 들어와 결제한 고객들로부터 선불금을 챙기고 잠적해 버리는 것이다. 이 사례는 전형적인 전자상거래 사기이다.

또 다른 수법으로 전자상거래가 상대방을 확인하기 힘들다는 점을 악용하는 방식이 있다. 소비자와 소비자 간의 거래, 일반 시민과 시민 간의 거래에 있어서 상대방을 확인하기가 힘들다는 점을 악용해 물건을 가지고 있지 않거나, 팔 생각이 없으면서도 거래하기로 하고 돈을 받은 뒤 연락을 끊어버리는 수법이다. 이런 식의 사기

---

13 통계청, 전게자료 참조.

사이버범죄론

사건도 전자상거래 사기의 한 형태이다.

예컨대 게임 사기의 경우, 인터넷 게임 인구가 엄청난 숫자로 늘어나고 게임 시장이 점점 확대됨에 따라서 게임 사이트에서 실제 돈으로 게임머니를 충전해 주는 경우가 있다. 또 사이버상에서 통용되는 게임머니나 게임 아이템 등이 이용자들 사이에서 현물처럼 거래되고 있는 실정이다. 이 점을 악용하여 게임머니나 아이템을 거래하기로 하는 과정에서 돈만 받고 잠적하는 등의 사기가 발생하고 있다.

2) 처벌 법규

기업과 기업 간, 소비자와 소비자 간 또는 기업과 소비자 간에 전자상거래가 이루어지면서 여러 형태의 사기가 발생하고 있다. 전자상거래 사기를 처벌하기 위한 관련 법규를 살펴본다.

(1) 사기와 공갈의 죄

「형법」 제347조에 사기죄를 규정하고 있는데, 사람을 기망하여 재물의 교부를 받거나 재산상의 이익을 취득한 자는 10년 이하의 징역 또는 2천만 원 이하의 벌금에 처한다. 즉, 사람을 기망해서 재물의 교부를 받거나 재산상의 이익을 취하는 자, 사람을 속여서 재물을 몰래 탈취하거나 또는 재산상의 이익을 취득하는 행위는 모두 사기죄로 처벌할 수 있다.

또 이와 같은 방법으로 제3자로 하여금 재물의 교부를 받게 하거나 재산상의 이익을 취득하게 한 때에도 사기죄로 처벌을 받는다. 당사자 간의 사기는 당연하고 제3자에게 이익이 되도록 하는 행위 역시 사기에 해당된다.

동법 제347조 2에 컴퓨터 등을 사용한 사기에 관한 규정이 있다. 컴퓨터 등 정보 처리 장치에 허위의 정보 또는 부정한 명령을 입력하거나 권한 없이 정보를 입력·변경하여 정보처리를 하게끔 함으로써 재산상의 이익을 취득하거나 제3자로 하여금 취득하게 한 자는 10년 이하의 징역 또는 2천만 원 이하의 벌금에 처한다. 컴퓨터 등 사용 사기 또한 전자상거래 사기에 해당된다.

나) 준사기

준사기는 사기에 준하는 것으로서 미성년자의 지려(智慮)의 천박(淺薄) 또는 사람의 심신장애를 이용하여 재물의 교부를 받거나 재산상의 이익을 취득한 자는 10년 이하의 징역이나 2천만 원 이하의 벌금에 처한다. 제3자로 하여금 재물의 교부를 받게 하거나 재산상의 이익을 취득하게 한 때에도 마찬가지이다. 미수범에 대해서도 처벌 규정을 두어 사기에 대한 미수범도 똑같은 처벌을 받게 된다.

④ 사이버 사기의 사례

1) 의의

사이버 사기는 정보통신망, 즉 컴퓨터 시스템[14]을 통하여 이용자들에게 물품이나 용역을 제공할 것처럼 기망하고 피해자로부터 금품을 편취, 교부 행위를 한 경우에 해당한다. 그러나 온라인을 이용한 기망 행위가 있더라도 피해자와 피의자가 직접 대면하여 거래한 경우는 사이버 범죄에 해당되지 않으며, 통계에서 제외된다.

만약 온라인에서 기망 행위를 한 후에 오프라인에서 만나 현금 또는 물품을 편취하였거나, 혹은 오프라인에서 기망 행위를 한 후에 온라인에서 대금을 송금, 편취했다면 사이버 사기에 해당하지 않는다.

사이버 사기는 게임 사기, 직거래 사기, 쇼핑몰 사기, 기타 인터넷 사기로 구분된다.[15]

2) 게임 사기

게임 사기는 정보통신망(컴퓨터 시스템)을 통하여 발생하는 것이 기본 전제이고, 게임 캐릭터 및 아이템 등 인터넷 게임과 관련하여 대금 편취가 일어나는 경우 해당된다. 대표적인 것으로 아이템 사기가 있다.

아이템 사기는 인터넷 게임을 하면서 아이템과 관련하여 발생한 사기 행위를 말한다. 예를 들면, 아이템이 없으면서 아이템을 팔겠다고 거짓말 한 후에 돈을 먼저 받고 잠적하여 연락이 안 되는 경우가 아이템 사기에 해당된다. 또 아이템은 있지만

---

14 사이버 사기를 넓은 의미로 인터넷 사기라고도 한다.

15 사이버범죄신고시스템(https://ecrm.police.go.kr/minwon/main, 검색일 2024.08.08) 참조.

처음부터 아이템을 줄 생각도 없으면서 상대방을 속여 돈을 받고자 거짓말을 한 행위들도 사기죄에 해당된다. 일단 아이템을 팔겠다고 해서 돈을 받고 해당 아이템을 주지 않는 행위도 마찬가지이다.

그러나 게임 사이트를 운영하는 게임 회사들은 대부분 약관에서 아이템 거래를 금지한다고 규정을 하고 있다. 아이템은 인터넷 게임상에서만 이용되는 것이고, 실제 돈과 같은 가치를 가진 것으로 취급할 수 없다. 물론 아이템 사기 피해자는 가해자를 상대로 민사상의 손해배상을 청구할 수 있겠지만, 법적으로 가해자가 형법상의 사기죄를 저질렀다고 판단되어 형사 처벌을 받는 것은 어려울 수 있다.

게임 사기 사례

▶ **게임머니 제공 빙자 상품권 결재 사기 피의자 검거**(부산사하경찰서, 2011년 4월 12일)
게임머니를 제공하겠다며 상품권 결제 사기를 저지른 피의자를 검거한 사건이다. 범인들은 인터넷 게임에 접속하여 초·중·고등학생에게 게임머니를 공짜로 주겠다고 속여서 지급 절차에 필요하니 부모님의 인적 사항과 핸드폰을 알려달라고 했다. 그리고 이를 이용하여 아이템 중개사이트에서 문화상품권을 구입하고 휴대폰 소액 결제를 하는 수법으로 300명으로부터 무려 6천여만 원을 편취했다. 이 사건의 피의자는 모두 18명이었다.

경찰의 유권해석에 따르면,[16] 아이템 사기죄가 형사적인 사기죄에 해당되지 않는 경우가 있다. 민사적으로 해결할 사안에 해당하여 형사적인 처벌 대상이 안 되는 경우를 보면 다음과 같다.

첫째, 단순히 아이템을 교환하기로 한 후 나의 아이템은 가져가고 상대방에게 주기로 한 아이템은 주지 않는 경우, 형법상의 사기죄에는 해당이 되지 않는다. 대부분의 게임 회사가 약관에서 아이템 거래 자체를 금지하고 있고 아이템이 법적으로

---

16 경찰청의 조직개편 이전, 사이버안전국(이전 사이버테러대응센터)의 유권해석이다; 2024년 현재 경찰청의 이전 사이버수사국은 조직개편으로 폐지되어 국가수사본부 수사국 직속부서인 사이버수사심의관, 사이버범죄수사과, 사이버테러대응과 등에서 담당하고 있다. 경찰청 홈페이지(www. police. go.kr, 검색일 2024.02.12)

돈의 가치를 가진 것으로 취급을 받지 못하기 때문이다. 경찰에서도 이와 같이 유권해석하고 있다.

둘째, 아이템을 보내주면 돈을 준다고 하여 상대에게 아이템을 받아 가고 돈을 주지 않는 행위 역시 아이템 사기죄에 해당되지 않는다. 이러한 경우, 다른 방식으로 사건을 해결해야 한다.

셋째, 아이템을 빌려 간 후 돌려주지 않는 경우도 범죄로 보기는 어렵다. 물론 민사상의 손해배상을 청구할 수는 있겠지만 형법상의 사기로서 형사적 처벌의 대상에 해당되지 않는다는 것이다.

그러므로 이런 방식으로 접근하는 사람에게 속지 않도록 주의하는 것이 가장 피해를 줄일 수 있는 방법이다.

이상의 경우는 형사적인 처벌이 어렵기 때문에 민사적으로 해결해야 할 부분이므로 형사적인 부분을 담당하는 경찰이 개입할 수는 없다. 다만 본인이 상대방과 원만히 해결하거나 법원 등에 민사소송을 통하여 손해를 배상받을 수는 있다. 각 게임사는 아이템 현금 거래 시 거래를 한 유저(User)에게 계정 영구 압류 등의 제재를 가하고 있기 때문에 이러한 사안에 대해서는 사용자 스스로 주의해야 한다.

요컨대, 아이템 현금 거래 자체가 불법적인 것이기 때문에 형사적인 부분을 담당하는 경찰이 개입할 수 없다는 것이 경찰의 기본적인 입장이다.

3) 쇼핑몰 사기

쇼핑몰 사기는 정보통신망(컴퓨터 시스템)을 통하여, 허위의 인터넷 쇼핑몰 등을 개설해 대금을 편취하는 사기이다. 쇼핑몰 사기는 인터넷 쇼핑몰을 통해서 물건을 구입하거나 인터넷 게시판을 통해서 개인 간의 물건을 사고파는 것과 관련된다.

인터넷 쇼핑몰에서 물건의 구입은 신용카드 결제, 핸드폰 결제, 계좌이체 등을 통해 이루어진다. 이 과정에서 보통 물건값을 먼저 보내는 선 결제를 하고 그 후에 물건을 받기 때문에 이런 점을 악용한다. 대금을 먼저 입금받고 물건을 보내지 않는 방법으로 사기 행위를 하는 것이다.

시중 가격이나 다른 쇼핑몰 가격보다 저렴하게 판매하여 소비자를 유인하고 상품을 사도록 하여 결제가 이루어진 후에 상품을 보내주지 않은 채 물건 대금만 챙

기고 쇼핑몰 홈페이지를 폐쇄해버리는 사기 유형들이 주를 이루고 있다.

쇼핑몰 사기 사례

▶ **인터넷 사기 쇼핑몰**(간지멀티) **운영 피의자 검거**(인천부평경찰서, 2011년 3월 31일)
인터넷 쇼핑몰 사기의 사례로서 인터넷 사기 쇼핑몰을 운영한 피의자를 검거한 사건
이다. 인터넷 사기 쇼핑몰 간지멀티, 멀티마켓을 개설, 운용하면서 유명 메이커 의류
등을 판매한다고 속여서 피해자 약 210명으로부터 총 1,500만 원 상당을 편취했다.
온라인을 통해서 거래가 이루어지는 점을 악용하여 선결제하게 만들고, 대금을 받아
물건을 보내주지 않고 홈페이지를 폐쇄한 것이다. 이처럼 인터넷 멀티 쇼핑몰을 중심
으로 사기 피해가 발생한 바, 유명한 쇼핑몰을 이용하고 신규, 소규모 쇼핑몰에 주의
해야 한다.

선결제 제도가 이와 같이 취약한 점이 있기 때문에 선결제의 문제점을 해결하기
위해서 여러 가지 안전장치를 마련하고 있다. 보통 중간에 추가 단계를 두어서 구매
자가 선결제를 하여도 판매자에게 바로 대금이 넘어가지 않고, 구매자에게 물건이
도착한 것이 확인되면 판매자에게 결제 대금을 넘겨주는 형태로 안전장치를 두는
것이다.

4) 직거래 사기

직거래 사기는 정보통신망(컴퓨터 시스템)을 통하여, 물품 거래 등에 관한 허위의
의사표시를 게시해 대금을 편취하는 사기이다. 소비자와 쇼핑몰 운영자 간에 1:1로
거래가 이루어지는 직거래의 경우, 사기 피해를 당할 가능성은 더욱 높다. 특히 인
터넷 게시판을 통해 거래하여 사기 피해를 당하는 경우가 있다. 직거래를 할 때는
상대방에 대한 정확한 정보를 우선 알아둔 다음에 거래해야 한다.

그러나 직거래보다는 믿을 수 있는 쇼핑몰을 이용하는 것이 피해를 줄이는 방법
이다. 신뢰할 수 있는 쇼핑몰들은 중간 단계를 한 번 두고 확인이 되면 대금이 지급
되는 방법을 취하고 있기 때문이다. 안전장치를 두고 있는 쇼핑몰을 이용하는 것이
피해를 줄이는 방법이다.

기타 인터넷 사기로는 메신저를 통해 지인을 사칭, 금품을 편취하는 등 정보통신
망(컴퓨터 시스템)을 통한 기망 행위로 재산적 이익을 편취한 경우가 있다.

　　이와 같은 사기 피해를 당한 경우 경찰청 사이버범죄신고시스템[17](ECRM)을 비롯
하여 각 지방경찰청 사이버 수사 부서에 신고해야 한다. 또한 자신과 유사한 피해
를 입은 사람들이 있는지 확인해 보고, 인터넷카페 등에 피해자 관련 커뮤니티를 만
들어 정보를 주고받고, 공동 대응 방안을 마련하는 것도 좋은 방법이다. 유사한 피
해를 당한 사람들끼리 커뮤니티를 만들어서 정보를 주고받으면서 공동으로 대응을
해 나가는 것이다.

　　인터넷 쇼핑 사기는 많은 사람이 한꺼번에 피해를 당할 수 있다. 그래서 자기가
피해를 당하면 이것을 다른 사람들에게 알려주어 추가 피해를 당하지 않도록 돕는
것도 중요하다.

---

17 경찰청 사이버범죄신고시스템(ECRM, Electronic Cybercrime Report & Management system) 홈
　　페이지(https://ecrm.police.go.kr/minwon/main, 검색일 2024.02.12)

　　　　　　　　　　　　　　　　　　　　　　　　　　　　　　　　　　사이버범죄론

사이버 금융 범죄 ———————

① 의의

사이버 금융 범죄란 정보통신망 또는 컴퓨터 시스템을 통하여, 타인을 기망·공갈함으로써 재산상의 이익을 취하거나 제3자에게 재산상의 이익을 취하게 하기 위하여 행하는 일정한 사기 행위를 말한다. 여기서 일정한 사기 행위란 자금을 송금, 이체하도록 하는 행위, 개인정보를 알아내어 자금을 송금, 이체하는 행위이다. 이를 '전기통신금융사기'라고도 한다. 그러나 재화의 공급 또는 용역의 제공 등을 가장한 행위는 제외된다.

사이버 금융 범죄에는 피싱(Phishing), 파밍(Pharming), 스미싱(Smishing), 메모리 해킹(Memory Hacking), 몸캠피싱 등이 있다.

「전기통신금융사기 피해 방지 및 피해금 환급에 관한 특별법」[18]에서 전기통신금융사기 벌칙 규정이 신설되어 시행되고 있다.

동법에서 전기통신금융사기란 「전기통신기본법」에 따른 전기통신을 이용하여 타인을 기망(欺罔)·공갈(恐喝)함으로써 자금 또는 재산상의 이익을 취하거나 제3자에게 자금 또는 재산상의 이익을 취하게 하는 행위를 말한다. 재화의 공급 또는 용역의 제공 등을 가장한 행위는 제외하며, 대출의 제공·알선·중개를 가장한 행위는 포함한다.

즉, 전기통신금융사기란 ① 자금을 송금·이체하도록 하는 행위 ② 개인정보를 알아내어 자금을 송금·이체하는 행위 ③ 자금을 교부받거나 교부하도록 하는 행위

---

18 「전기통신금융사기 피해 방지 및 피해금 환급에 관한 특별법」(약칭: 통신사기피해환급법)[시행 2024. 8. 28.] [법률 제20368호, 2024. 2. 27., 일부개정]

④ 자금을 출금하거나 출금하도록 하는 행위이다.

전기통신금융사기를 행한 자는 1년 이상의 징역 또는 범죄 수익의 3배 이상 5배 이하에 상당하는 벌금에 처하거나 이를 병과(倂科)할 수 있다. 그리고 미수범 역시 처벌한다. 이외에도 상습적으로 죄를 범한 자는 그 죄에 대하여 정하는 형의 2분의 1까지 가중한다.[19]

신종·변종 금융 범죄, 예컨대 피싱, 파밍, 스미싱, 메모리 해킹, 몸캠피싱 등은 「정보통신망법」 위반으로 처벌된다. 악성 프로그램 유포 또는 침입, 「형법」의 컴퓨터 등 사용 사기를 포함해 여러 죄명에 해당되지만 실무상 컴퓨터 등 사용 사기 죄명을 적용해 왔다. 그러나 신설된 「통신사기피해환급법」 벌칙 규정[20]에 따라, 「형법」 상 컴퓨터 등 사용 사기보다는 특별법인 「통신사기피해환급법」상 전기통신금융사기가 적용되고 있다. 범죄 통계 작성 또한 전기통신금융사기의 카테고리로 대분류한 후, 그 안에서 세분하여 집계한다.

2 유형

1) 피싱(Phishing)

(1) 개념

피싱(Phishing)이란 금융기관 등의 웹사이트나 그것으로부터 보내온 메일로 위장하여 개인의 인증 번호나 신용카드 번호, 계좌정보 등을 빼내 이를 불법적으로 이용하는 사기 수법이다. 피싱은 전기통신 수단 등을 통해 개인정보를 낚아 올린다는 뜻으로 개인정보(Private data)와 낚시(Fishing)를 합성한 신조어이다.[21]

실제로 피싱이 이루어지는 과정을 살펴보면 다음과 같다.

① 금융기관을 가장한 이메일을 발송

---

19 동법 제15조의2(벌칙)

20 동법 제15조의2(벌칙)[본조신설 2014. 1. 28.]

21 그 어원은 fishing이지만 위장의 수법이 '세련되어 있다(sophisticated)'는 의미로 철자를 'phishing' 으로 쓰게 되었다는 설이 있다. 네이버 지식백과 피싱(phishing); 두산백과 참조.

② 이메일에서 안내하는 인터넷 주소 클릭, 가짜 은행 사이트로 접속 유도

③ 보안카드 번호 전부 입력 요구 등의 방법으로 금융 정보 탈취

④ 피해자 계좌에서 범행 계좌로 이체

피싱은 기망 행위로 타인의 재산을 편취하는 사기 범죄이며, 전기통신 수단을 이용한 비대면 거래를 통해 금융 분야에서 발생하는 일종의 특수 사기 범죄이다.

일반적으로 「형법」 제347조 사기죄가 적용되며,[22] 사례에 따라 제347조 2항 컴퓨터 등 사기범죄 또는 동법 제350조 공갈죄 등의 적용이 가능하다.

(2) 피싱의 사기 과정과 실례

가) 피싱의 사기 과정

피싱의 사기 과정을 살펴보면 <그림 3-3>과 같다.[23]

그림 3-3 피싱의 사기 과정

Step 01. 사기 이용 계좌 확보
Step 02. 전화·문자 시도
Step 03. 기망·공갈
Step 04. 계좌이체
Step 05. 인출·송금

① 사기 이용 계좌 확보: 예금통장 매입, 대출 등 미끼로 편취

신용불량자, 노숙자 등을 이용하여 통장(대포통장)을 개설·매입하거나 대출 또는 취업을 미끼로 예금통장을 편취한다.

② 전화·문자메시지 시도: 해외(중국 등) 콜센터에서 국내로 전화

해외(중국 등)에 본부를 둔 사기단이 금융 기관 및 검찰, 경찰, 금융감독원 등 공공

---

22 「형법」 제347조(사기) ① 사람을 기망하여 제물의 교부를 받거나 재산상의 이익을 취득한 자는 10년 이하의 징역 또는 2천만 원 이하의 벌금에 처한다.

23 금융감독원 보이스피싱지킴이 홈페이지(http://phishing-keeper.fss.or.kr/fss/, 검색일 2024.02.13) 참조.

기관의 대표전화로 발신자 번호를 조작하여 무작위로 국내에 전화한다.

③ 기망·공갈: 개인정보 유출, 범죄 사건 연루 등으로 기망

금융기관 및 검찰, 경찰, 금융감독원 등 공공기관을 사칭하는 자가 개인정보 유출, 범죄 사건 연루 등의 명목으로 기망하여 피해자의 개인정보 또는 금융거래 정보를 탈취한다. 최근에는 악성코드 유포를 통한 파밍으로 피싱 사이트 접속을 유도하는 등 사기 기법이 첨단화되고 있다.

④ 계좌이체: 송금·이체 유도 또는 사기범이 직접 이체

계좌 보호 조치 또는 범죄 혐의 탈피 등 명분하에 사기 계좌로 이체를 유도하거나 피해자로부터 편취한 정보로 공인인증서를 재발급받아 사기범이 직접 이체한다.

⑤ 인출·송금: 현금 인출책·송금책을 통해 해외송금

점조직으로 이루어진 현금 인출책이 송금책의 계좌로 입금하면 송금책이 환치기 등의 방법으로 범죄 집단 본부로 송금한다. 글로벌 체크카드 이용 시 해외에서 직접 출금하기도 한다.

나) 피싱 사기의 실례

피싱 사기의 실례를 살펴보면 다음과 같다.[24]

【실례 ①】

먼저, 금융기관을 가장한 이메일을 발송한다. 그리고 이메일에서 안내하는 인터넷 주소를 클릭하도록 하여, 가짜 은행 사이트로 접속을 유도한다. 보안카드 번호 전부 입력 요구 등의 방법으로 금융정보를 탈취하고, 피해자 계좌에서 범행 계좌로 이체해 간다.

'9월 카드 거래 내역'이라는 제목의 이메일에서 안내하는 인터넷 주소를 클릭하자 가짜 은행 사이트로 접속되었고 보안카드 번호 전부를 입력한 결과 범행 계좌로 무단 이체되는 사례가 있었다.

【실례 ②】

타인의 인터넷 메신저 아이디와 비밀번호를 해킹하여 로그인한 후 이미 등록되어 있는 가족, 친구 등 지인에게 1:1 대화 또는 쪽지 등을 통해 교통사고 합의금 등

---

24 금융감독원 보이스피싱지킴이 홈페이지(http://phishing-keeper.fss.or.kr/fss/, 검색일 2024.02.13) 참조.

이 필요하다는 거짓말로 긴급 자금을 요청하고 피해자가 속아 송금하면 이를 편취한다.

【실례 ③】

명의도용, 정보 유출, 범죄 사건 연루 등 명목으로 피해자를 현혹하여 피싱 사이트를 통해 신용카드 정보(카드번호, 비밀번호, CVC번호) 및 인터넷뱅킹 정보(인터넷뱅킹 ID, 비밀번호, 계좌번호, 공인인증서 비밀번호, 보안카드 번호 등)를 알아낸 후, ARS 또는 인터넷에서 피해자 명의로 카드론을 받는다. 이후 피해자의 공인인증서를 재발급해 인터넷뱅킹으로 카드론 대금 등을 사기범 계좌로 이체하여 편취한다.

【실례 ④】

금융회사 또는 금융감독원에서 보내는 공지사항(보안 승급, 정보 유출 피해 확인 등)인 것처럼 문자 메시지를 발송하여 피싱 사이트로 유도한 후 금융거래 정보를 입력하게 하고, 동 정보로 피해자 명의의 대출 등을 받아 편취한다.

【실례 ⑤】

50~70대 고령층을 대상으로 전화 통화를 통해 텔레뱅킹 가입 사실을 확인하거나 가입하게 한 후, 명의도용, 정보 유출, 범죄 사건 연루 등 명목으로 피해자를 현혹하여 텔레뱅킹에 필요한 정보(주민등록번호, 이체 비밀번호, 통장 비밀번호, 보안카드 일련번호, 보안카드 코드 등)를 알아내어 피해자 계좌에서 금전을 사기범 계좌로 이체한다.

(3) 피해 예방 및 대처법

가) 피해 예방법

피싱 피해를 예방하는 방법으로 다음과 같은 것을 들 수 있다.

첫째, OTP(일회성 비밀번호 생성기), 보안 토큰(비밀정보 복사방지)을 사용한다.

둘째, '출처 불명' 또는 금융기관 주소와 '다른 주소'로 발송된 이메일은 즉시 삭제한다. 예를 들어 이메일 첨부파일의 확장자가 '.exe, .bat, .scr 등 압축파일'이면 열람을 금지한다.

셋째, 보안카드 번호를 절대 전부 입력하지 말고, 사이트 주소의 정상 여부를 확인한다. 가짜 사이트는 정상 사이트 주소와 유사하나, 문자열 순서·특수문자 삽입 등에서 차이가 있다.

나) 대처법

보이스피싱 피해를 입었거나 의심되는 상황에 대응하기 위한 절차는 다음과 같다.[25]

첫째, 즉각적인 신고 및 계좌 지급정지이다. 피해를 입은 금융회사 콜센터에 전화하여 계좌 지급정지를 요청하고 피해를 신고한다. 112나 금융감독원(1332)을 통해서도 신고가 가능하다.

둘째, 개인정보 유출 방지와 악성 앱 삭제이다. 의심스러운 전화에는 개인정보를 제공하지 말고, 유출 시 즉시 신고하여 피해를 예방한다. 또한 출처가 불분명한 앱은 설치하지 말고, 이미 설치된 경우 즉시 삭제하며 보안 설정을 강화한다.

셋째, 개인정보 노출 등록이다. 다른 기기를 사용해 금융감독원 시스템에 접속하여 개인정보 노출 사실을 등록하고, 신규 계좌 개설 및 신용카드 발급을 제한한다.

넷째, 명의 도용 휴대전화 개설 여부 조회이다. 관련 서비스를 통해 명의 도용된 휴대전화 개설 여부를 확인하고, 필요한 경우 회선 해지 및 명의 도용 신고를 한다.

다섯째, 피해 구제 신청이다. 경찰서에서 발급한 증빙서류를 준비하여, 지급정지를 신청한 금융회사 영업점에 3영업일 이내에 피해 구제 신청을 서면으로 접수한다.

만약 피싱으로 금전 피해가 발생한 경우, 신속하게 다음과 같이 대처해야 한다.

첫째, 지급정지 신청이다. 112센터나 금융기관 콜센터에 전화하여 지급정지를 요청한다. 이후 경찰에서 발급한 '사건사고사실확인원'을 해당 은행에 제출하여 피해금 환급을 신청한다.

둘째, 명의자 채권소멸이다. 금융감독원이 채권소멸을 공고하고 2개월 이내에 명의인이 이의 제기를 하지 않으면 채권이 소멸된다.

셋째, 환급 결정 및 피해금 지급이다. 채권소멸 후 14일 이내에 금융감독원이 환급 금액을 결정하고 피해자에게 통지하며, 금융기관은 피해금을 지급해야 한다.

피싱으로 금전 피해가 발생하지 않은 경우, 수신한 이메일을 삭제하고 금융정보를 변경하며, OTP를 사용해 추가적인 보안을 강화한다.

---

25 상게 홈페이지 참조.

2) 파밍(Pharming)

(1) 개념

파밍(Pharming)은 악성코드에 감염된 사용자 PC를 조작하여 금융정보를 빼내는 범죄 행위이다. 사이트 주소를 관할하는 도메인서버를 직접 공격하여 IP(Internet Protoco, 인터넷 프로토콜) 주소 자체를 변경해 버리기 때문에 'www'로 시작하는 주소를 정확히 입력해도 가짜 사이트, 즉 피싱 사이트가 뜨게 되어 개인정보를 빼간다.

파밍(Pharming)의 과정을 보면, 먼저 사용자 PC가 악성코드에 감염되면, 정상 홈페이지에 접속하여도 피싱(가짜)사이트로 유도된다. 예컨대 피싱사이트 'http://*Kb*bank.com' 등을 정상 홈페이지로 가장하여 보안카드 번호 등 주요 정보를 전부 입력하도록 요구하는 등의 방법으로 금융정보를 탈취하여, 피해자 계좌에서 범행 계좌로 이체한다.

피해의 실례로 피해자 184명이 동일한 파밍 수법으로 금융정보가 탈취되고, 공인인증서가 재발급되어 불시에 13억 원이 무단 이체되는 피해가 발생한 바 있다.

(2) 피해 예방법

파밍(Pharming)의 피해 예방은 다음과 같은 방법이 있다.[26]

첫째, OTP(일회성 비밀번호생성기), 보안 토큰(비밀정보 복사방지)을 사용한다.

둘째, 컴퓨터·이메일 등에 공인인증서, 보안카드 사진, 비밀번호의 저장을 금지한다.

셋째, 보안카드 번호를 절대 전부 입력하지 말아야 한다.

넷째, 사이트 주소의 정상 여부를 확인한다. 가짜 사이트는 정상 사이트 주소와 유사하나, 문자열 순서·특수문자 삽입 등에서 차이가 있다.

다섯째, 백신 프로그램을 최신 상태로 업데이트하고 실시간 감시 상태를 유지한다.

여섯째, 전자금융사기 예방 서비스(공인인증서 PC 지정 등)에 가입하며, 출처가 불명한 파일이나 이메일은 즉시 삭제하고 무료 다운로드 사이트 이용을 자제한다.

이 밖에 파밍으로 금전 피해가 발생한 경우의 대처 방법은 피싱의 경우와 동일하다.

---

26 상게 홈페이지, 피해예방 사례집 참조.

3) 스미싱(Smishing)

(1) 개념

스미싱(Smishing)은 문자 메시지(SMS)와 피싱(Phishing)의 합성어이다. 문자 메시지 공격 대상은 휴대폰이며, 인터넷 접속이 가능한 스마트폰의 문자 메시지를 이용하여 휴대폰을 해킹한다. 해커가 보낸 메시지의 웹사이트 주소를 클릭하면 휴대폰에 악성코드가 깔리게 되고, 해커는 이를 통해 피해자의 스마트폰을 원격 조종하게 된다.

스미싱(Smishing)의 과정을 살펴보면, '무료 쿠폰 제공', '돌잔치 초대장', '모바일 청첩장' 등을 내용으로 하는 문자 메시지를 보내고, 문자 메시지에 표시된 인터넷 주소를 클릭하면 악성코드가 스마트폰에 설치되어 피해자가 모르는 사이에 소액결제 피해가 발생하거나 개인의 금융정보를 탈취한다.

(2) 피해 예방법

스미싱(Smishing)의 피해를 예방하기 위한 방법은 다음과 같다.[27]

첫째, 출처가 확인되지 않은 문자 메시지의 인터넷 주소 클릭을 금지한다. 예컨대, 지인에게서 온 문자 메시지라도 인터넷 주소가 포함된 경우, 클릭 전에 전화로 확인한다.

둘째, 미확인 앱이 함부로 설치되지 않도록 스마트폰의 보안 설정을 강화한다. 쉽게는 스마트폰의 보안 설정 강화 방법[28]을 사용할 수 있다.

셋째, 이동통신사 고객센터에 전화하거나 이동통신사 인터넷 홈페이지를 이용하여 소액결제를 원천적으로 차단하거나 결제금액을 제한한다.[29]

넷째, 스마트폰용 백신 프로그램을 설치하고 주기적으로 업데이트하며, 공인된 오픈마켓을 통해 앱을 설치한다. 그리고 보안 강화·업데이트 명목으로 금융정보를 요구하는 경우 절대 입력을 금지한다.

---

27 상게 홈페이지 참조.

28 일반적으로 환경설정 → 보안 → 디바이스 관리 → '알 수 없는 출처'에 V 체크가 되어 있다면 해제한다.

29 요청하면 소액결제 차단이 가능하다.

(3) 피해 대처법

스미싱(Smishing)으로 피해를 입은 경우, 대처 방법은 다음과 같다.

첫째, 금융기관 콜센터에 전화하여 신고하고, 경찰서에서 발급받은 '사건사고 사실확인원'을 이동통신사, 게임사, 결제대행사 등 관련 사업자에게 제출한다.

둘째, 악성파일을 삭제한다. 스마트폰 내 '다운로드' 앱을 실행하여 문자를 클릭한 시점 이후, 확장자명이 apk(Android Package Kit)인 파일의 저장 여부를 확인하고 해당 apk 파일을 삭제한다.[30] 삭제되지 않는 경우에는 휴대전화 서비스 센터를 방문하거나 스마트폰을 초기화한다.

셋째, 악성코드를 삭제한다. 백신 프로그램을 이용하여 치료하거나 피해 컴퓨터를 포맷 조치한다. KISA 보호나라 & KrCERT/CC 사이트[31]에서 서비스를 통해 PC 원격 점검을 이용할 수 있다.

만일 금전 피해가 발생하지 않은 경우에는 스마트폰에 설치된 악성파일을 삭제하고, 해당 이동통신사가 제공하는 예방 서비스를 이용한다.

4) 메모리 해킹

(1) 개념

메모리 해킹(Memory Hacking)은 PC 메모리에 상주한 데이터를 위·변조하는 해킹이다. 피해자 PC 메모리에 상주한 악성코드로 인하여 정상 은행 사이트에서 보안카드 번호 앞뒤 2자리만 입력해도 부당 인출을 가능하게 하는 해킹 방법이다.

기존의 해킹 방법은 외부에서 계좌 비밀번호를 빼내는 방법이었다면, 메모리 해킹은 백도어 같은 프로그램을 설치하고, 컴퓨터 메모리에 있는 비밀번호를 빼내는 것뿐 아니라 데이터를 조작하여 받는 계좌와 금액까지 변경한다.

메모리 해킹에는 다음과 같은 수법이 있다.

첫째, 일반적인 방법으로 피해자 PC에 악성코드를 감염시킨다. 피해자가 보안카

---

30 위키 백과사전(위키피디아) APK (파일 포맷) 참조; APK 파일은 "Android Package Kit"의 약자로, 안드로이드 운영 체제에서 애플리케이션을 배포하고 설치하는 데 사용되는 파일 형식임. 이 파일은 안드로이드 애플리케이션의 모든 컴포넌트(코드, 리소스, 메타데이터 등)를 하나로 묶어줌.

31 한국인터넷진흥원 KISA 보호나라&KrCERT/CC(www.boho.or.kr, 검색일 2024.08.02)

드 앞뒤 2자리 등 정상적인 인터넷 뱅킹 절차를 이행하고 이체를 클릭하면 이체 정보 미전송으로 오류 발생이 반복된다. 일정 시간이 경과한 후 범죄자가 동일한 보안카드 번호를 입력하여 범행 계좌로 이체하는 수법이 있다.

둘째, 피해자 PC에 악성코드가 감염되면 정상적인 계좌이체가 종료된 후 보안강화 팝업창이 뜨면서 보안카드 번호 앞뒤 2자리 입력을 요구한다. 일정 시간이 경과한 후 범행 계좌로 이체하는 수법이다.

이와 같은 메모리해킹 수법으로 피해자 예금 전부가 무단으로 인출되는 피해를 당한 사례도 있었다.

(2) 피해 예방과 대처법

메모리 해킹의 피해를 예방하려면 일회성 비밀번호생성기(OTP), 비밀정보 복사방지용 보안 토큰을 사용하고 컴퓨터·이메일 등에 공인인증서, 보안카드 사진, 비밀번호 저장을 금지한다. 또 백신프로그램을 최신 상태로 업데이트하고 실시간 감시 상태를 유지하며, 공인인증서 PC 지정 등 전자금융사기 예방 서비스에 적극 가입한다. 출처 불명한 파일이나 이메일은 열람하지 말고 즉시 삭제하며, 영화·음란물 등 무료 다운로드 사이트의 이용을 자제한다.

메모리 해킹으로 피해를 입은 경우, 대처 방법은 다음과 같다.

먼저 금전 피해가 발생했을 때는 금융기관 콜센터에 전화로 신고한다. 공인인증서 보안카드는 폐기하고, 일회성 비밀번호(OTP)를 사용한다. 악성코드를 삭제하기 위해 백신 프로그램을 이용하여 치료하거나 피해 컴퓨터를 포맷 조치한다. 'KISA 보호나라 & KrCERT/CC' 서비스를 통해 'PC 원격 점검'을 이용할 수 있다.

피해 구제는 해당 은행에서 전자금융거래 배상책임보험에 따라 보험사에 사고 접수 후 보상 여부가 결정된다. 만약 보상이 안 되는 경우, 피해자가 별도로 부당이득금 반환 등 소송을 진행해야 한다.

「전자금융거래법」[32]의 규정을 보면, 해킹 사고 발생 시 1차 책임은 은행에 있고 피해자의 고의·중과실을 입증하지 못하는 한 해당 은행에서 보상하도록 하고 있다.

금전 피해가 발생하지 않은 경우에도 마찬가지로 악성코드를 삭제하고, 입력하

---

32 「전자금융거래법」[시행 2020. 12. 10.] [법률 제17354호, 2020. 6. 9., 타법개정]

였던 금융정보는 해당 은행을 통해 변경하며, OTP를 사용한다.

표 3-2 사이버 금융범죄와 신변종[33]

구분	대상범죄	신·변종
피싱	(대포통장 이용) 피해자를 기망·공갈하여 자금을 대포통장 계좌로 송금·이체시킨 후 현금 인출기를 통해 인출	(정상계좌 이용) 피해자 몰래 피해자 계좌에서 귀금속 등 물품 판매자의 정상계좌로 이체하여 물품을 인도 받은 후 현금화
	(경찰청, 국가기관 사칭) 경찰청 또는 국가 기관을 사칭하여 개인정보나 금융정보 등을 요구	(통신사 사칭) 통신사 전화번호로 발신번호 변작 후 통신요금 체납, 핸드폰 교체 이벤트 등을 가장하여 개인정보나 금융정보 등을 요구
파밍	(가짜 인터넷뱅킹 사이트로 유도) 정상적인 인터넷뱅킹 사이트에 접속해도 가짜 인터넷뱅킹 사이트로 유도하여 보안카드 번호 등을 탈취	(가짜 포털사이트로 유도) 정상적인 포털사이트에 접속해도 가짜 포털사이트로 유도하여 보안카드 번호 전체를 탈취
메모리 해킹	(보안카드 번호 탈취) 인터넷뱅킹 과정에서 악성코드를 이용하여 가짜 팝업창을 띄워 보안카드 번호 앞뒤 2자리 숫자를 탈취 후 자금 편취	(계좌번호와 이체금액 변조) 인터넷뱅킹 과정에서 악성코드를 이용하여 입금 계좌 정보와 이체금액을 변조하여 사기범 계좌로 직접 이체
스미싱	(무료쿠폰, 결제 사칭 문자) 무료 쿠폰, 결제 내역 등의 문자 메시지를 누르면 악성 앱을 설치하여 소액결제용 SMS 인증 번호를 탈취하여 휴대폰 소액결제 피해 발생	(지인을 가장한 사칭 문자) '청첩장', '돌잔치' 문자 메시지를 누르면 악성 앱을 설치하여 개인정보를 탈취하고, 핸드폰에 저장된 모든 사람에게 동일한 가짜 '청첩장·돌잔치' 문자 메시지가 전송

5) 몸캠피싱

몸캠피싱은 음란 화상 채팅, 즉 몸캠 후 영상을 유포하겠다고 협박하여 금전을 갈취하는 범죄 행위이다. 그 수법은 다음과 같다.

먼저, 타인의 사진을 도용하여 여성으로 가장한 범죄자가 랜덤 채팅 어플 또는 모바일 메신저를 통해 접근한다.

둘째, 미리 준비해 둔 여성의 동영상을 보여주며 상대방에게 얼굴이 나오도록 음란행위를 유도한다.

셋째, 화상채팅에 필요한 어플이라거나, 상대방의 목소리가 들리지 않는다는 등의 핑계로 특정 파일 설치를 요구한다. 다양한 명칭의 apk 파일로 스마트폰의 주소

---

33 경찰청 사이버안전국 홈페이지 참조(http://cyberbureau.police.go.kr, 검색일 2024.01.13)

록이 범죄자에게 유출된다.

넷째, 상대방의 얼굴이 나오는 음란 동영상을 지인들에게 유포하겠다며 금전을 요구한다.

6) 기타 전기통신금융사기

이상의 유형에 포함되지 않는 유형으로서 피해자의 컴퓨터, 스마트폰, 정보통신 망을 통하여 피해자의 계좌로부터 자금을 이체받거나 소액결제가 발생한 경우가 있다. 예를 들면 메신저 피싱 등이다.

③ 처벌 법규

현행법[34]상 전기통신금융사기를 행한 자는 1년 이상의 유기징역 또는 범죄수익의 3배 이상 5배 이하에 상당하는 벌금에 처하거나 이를 병과(倂科)할 수 있다. 미수범은 처벌되며, 상습적으로 전기통신금융사기의 죄를 범한 자는 그 죄에 대하여 정하는 형의 2분의 1까지 가중한다.

처벌의 대상 행위는 다음과 같다.

첫째, 타인으로 하여금 컴퓨터 등 정보처리장치에 정보 또는 명령을 입력하게 하는 행위이다.

둘째, 취득한 타인의 정보를 이용하여 컴퓨터 등 정보처리장치에 정보 또는 명령을 입력하는 행위이다.

여기서 피싱과 파밍은 동법 제15조의 2 제1항 제1호에 의거하여 전기통신금융사기에 적용되므로, '지급정지' 절차 활용이 가능하다.

---

34 「전기통신금융사기 피해 방지 및 피해금 환급에 관한 특별법」(약칭: 통신사기피해환급법)[시행 2024. 8. 28.] [법률 제20368호, 2024. 2. 27., 일부개정] 제15조의2(벌칙)

사이버범죄론

개인 정보의 침해 ————————

① 개인 정보

1) 중요성과 영역 확대

개인정보는 전자상거래, 고객관리, 금융거래 등 사회의 구성, 유지, 발전을 위한 필수적인 요소이며, 데이터 경제 시대에는 기업 및 기관에서 부가가치를 창출할 수 있는 자산적 가치이다.

그러나 악의적으로 이용되거나 유출될 경우 개인의 사생활 및 안전에 피해를 줄 수 있고 스팸메일, 텔레마케팅, 보이스피싱 등 범죄 행위에 악용될 우려가 있다. 이러한 문제는 정신적·물질적 피해의 규모 측정이 어려우며, 유출된 개인정보는 회수가 사실상 불가능하여 더욱 심각하다.

산업사회에서 정보사회로 발전하면서 개인정보의 영역과 범위가 확장되고 있고, 데이터 경제 시대에는 개인정보의 중요성이 점차 증가하고 있다. 산업사회 및 그 이전에는 'Privacy'가 남에게 방해받지 않을 소극적 권리(Right to be free from physical infringement)에 불과하였다면, 정보화 사회에 도달하면서 'Privacy'는 내 정보가 침해로부터 자유로울 권리(Right to be free from information infringement)로 변화하였다. Privacy의 개념도 시대와 기술의 발전에 따라 확대되고, 정보화 사회에서는 내 정보의 침해로부터 자유로울 권리로 변화한 것이다. 4차 산업혁명 시대에는 IoT, AI 등의 신기술을 기반으로 모든 산업, 사물, 사람이 연결되고 Privacy는 내 정보의 가치를 보호받을 권리가 되었다.[35]

---

35 한국인터넷진흥원 KISA 보호나라&KrCERT/CC 홈페이지 참조.

2) 의의

정보화 사회를 맞이하여 사회 각 분야는 인터넷과 정보통신 기술의 사용이 일상화되었다. 정보통신 기술을 이용한 정보의 사용 없이는 일상생활이 어려워지고 있다. 개인정보 또한 과거 단순한 신분 정보에서 이제는 전자상거래, 은행의 고객관리나 금융기업의 금융거래 등을 하는 데 있어서 필수적인 요소로 기능한다. 따라서 개인정보는 오늘날 정보화 사회의 구성과 유지 발전을 위한 중요한 기능을 수행한다.

기업의 입장에서 보면 개인정보는 수익 창출을 위한 자산적 가치로서 높이 평가되고 있다. 다시 말하면, 기업에게 개인정보란 고객을 찾기 위한 중요한 수단으로, 그 가치가 높다. 개인정보를 많이 가질수록 기업은 수익을 창출하는 데 매우 유리하다.

개인정보는 개인의 신체나 재산 또는 사회적 지위, 신분 등에 관한 사실이나 판단, 평가 등을 나타내는 일체의 모든 정보를 말한다. 현행법[36]상 개인정보는 살아 있는 개인에 관한 정보로서 다음에 해당하는 정보를 말한다.

① 성명, 주민등록번호 및 영상 등을 통하여 개인을 알아볼 수 있는 정보

② 해당 정보만으로는 특정 개인을 알아볼 수 없더라도 다른 정보와 쉽게 결합하여 알아볼 수 있는 정보

③ ① 또는 ②를 가명 처리함으로써 원래의 상태로 복원하기 위한 추가 정보의 사용, 결합 없이는 특정 개인을 알아볼 수 없는 정보

개인정보 해당 여부 판단 기준은 살아 있는 개인에 관한 정보로서 개인을 알아볼 수 있는 정보이며, 해당 정보만으로는 특정 개인을 알아볼 수 없더라도 다른 정보와 쉽게 결합하여 알아 볼 수 있는 정보를 포함하는 살아 있는 자에 관한 정보이다. 사망한 자, 자연인이 아닌 법인, 단체 또는 사물 등에 관한 정보는 개인정보에 해당하지 않는다.

따라서 개인정보의 주체는 자연인(自然人)이고, 법인(法人) 또는 단체의 정보는 해당되지 않는다. 법인의 상호, 영업 소재지, 임원 정보, 영업실적 등의 정보는 「개인정보 보호법」에서 보호하는 개인정보의 범위에 해당되지 않는다.

또한, 개인을 알아볼 수 있는 정보 또는 다른 정보와 쉽게 결합하여 알아 볼 수 있는 정보를 가명 처리함으로써 원래 상태로 복원하기 위한 추가 정보의 사용, 결합

---

36 「개인정보 보호법」[시행 2024. 3. 15.] [법률 제19234호, 2023. 3. 14., 일부개정]

없이 특정 개인을 알아 볼 수 없는 정보인 가명 정보도 개인정보에 해당된다.[37]

3) 유형과 실례

(1) 유형

개인정보의 유형을 구체적으로 살펴보면 다음과 같다.

첫째, 개인의 신상에 관한 정보이다. 일반 정보는 개인의 이름, 주민등록번호, 운전면허번호, 주소, 전화번호, 생년월일, 출생지, 본적지, 성별, 국적 등이다. 가족 정보는 가족구성원들의 이름, 출생지, 생년월일, 주민등록번호, 직업, 전화번호이다. 교육 및 훈련 정보는 학교의 출석 사항, 최종학력, 학교 성적, 기술 자격증 및 전문 면허증, 이수한 프로그램, 동아리 활동이나 상벌 사항이다. 병역 정보에는 군번, 계급, 제대유형, 주특기, 근무부대 등이다.

둘째, 부동산·동산 정보에는 소유 주택, 토지, 자동차, 기타 소유 차량, 상점 및 건물 등에 대한 정보가 있다. 소득 정보에는 현재 봉급액, 봉급 경력, 보너스 및 수수료, 기타소득의 원천, 이자소득, 사업소득 등이 있다. 기타 수익정보는 보험(건강, 생명 등)의 가입 현황, 회사의 판공비, 투자프로그램, 퇴직프로그램, 휴가, 병가 등을 말한다.

셋째, 신용 정보에는 대부 잔액 및 지불 상황, 저당, 신용카드, 지불 연기 및 미납의 수, 임금 압류 통보에 대한 기록 등이 있다.

넷째, 고용 정보에는 현재의 고용주, 회사 주소, 상급자의 이름, 직무수행 평가기록, 훈련기록, 출석 기록, 상벌 기록, 성격 테스트 결과, 직무 태도 등이 있다.

다섯째, 법적 정보에는 전과에 관한 기록, 자동차 교통위반 기록, 파산 및 담보 기록, 구속기록, 이혼 기록, 납세 기록 등이 있다.

여섯째, 의료 정보에는 가족 병력 기록, 과거의 의료기록, 정신 질환 기록, 신체장애, 혈액형, IQ, 약물 테스트 등 각종 신체 테스트 정보 등이 있다.

일곱째, 조직 정보에는 노조 가입이나 종교단체 가입, 정당 가입, 클럽 회원 등이 있다.

여덟째, 통신 정보에는 전자우편, 전화 통화 내용, 로그파일, 쿠키 등이 있다.

---

[37] KISA 개인정보침해센터 홈페이지(https://privacy.kisa.or.kr/main.do, 검색일 2024.02.17) 참조.

아홉째, 위치 정보에는 GPS나 휴대폰에 의한 개인 위치정보 등이 있다.

이외에도 신체 정보에는 지문, 홍채, DNA, 신장, 가슴둘레 등이 있고, 습관 및 취미 정보에는 흡연, 음주량, 선호하는 스포츠 및 오락, 여가활동, 비디오 대여 기록, 도박 성향 등이 있다.

표 3-3 개인정보의 유형[38]

구분		내용
인적사항	일반 정보	성명, 주민등록번호, 주소, 연락처, 생년월일, 출생지, 성별 등
	가족 정보	가족관계 및 가족구성원 정보 등
신체적 정보	신체 정보	얼굴, 홍채, 음성, 유전자 정보, 지문, 키, 몸무게 등
	의료·건강 정보	건강상태, 진료기록, 신체장애, 장애등급, 병력, 혈액형, IQ, 약물테스트 등의 신체검사 정보 등
정신적 정보	기호·성향 정보	도서·비디오 등 대여기록, 잡지구독정보, 물품 구매 내역, 웹사이트 검색 내역 등
	내면의 비밀 정보	사상, 신조, 종교, 가치관, 정당·노조 가입여부 및 활동 내역 등
사회적 정보	교육 정보	학력, 성적, 출석상황, 기술 자격증 및 전문 면허증 보유 내역, 상벌기록, 생활기록부, 건강기록부 등
	병역 정보	병역여부, 군번 및 계급, 제대유형, 근무부대, 주특기 등
	근로 정보	직장, 고용주, 근무처, 근로경력, 상벌기록, 직무평가기록 등
	법적 정보	전과·범죄 기록, 재판 기록, 과태료 납부 내역 등
재산적 정보	소득 정보	봉급액, 보너스 및 수수료, 이자소득, 사업소득 등
	신용 정보	대출 및 담보설정 내역, 신용카드번호, 통장계좌번호, 신용평가 정보 등
	부동산 정보	소유주택, 토지, 자동차, 기타 소유차량, 상점 및 건물 등
	기타 수익 정보	보험(건강, 생명 등), 가입현황, 휴가, 병가 등

---

38 상게 홈페이지 참조.

사이버범죄론

기타 정보	통신 정보	E-mail 주소, 전화 통화 내역, 로그파일, 쿠키 등
	위치 정보	GPS 및 휴대폰에 의한 개인의 위치정보
	습관 및 취미 정보	흡연여부, 음주량, 선호하는 스포츠 및 오락, 여가활동, 도박성 성향 등

(2) 실례

개인정보를 나타내는 구체적인 실례를 살펴보면 다음과 같다.

먼저 신분 관계를 들 수가 있다. 신분 관계를 나타내는 개인정보에는 성명, 주민등록번호 등이 있다.

둘째, 개인의 내면적 비밀을 나타내는 개인정보에는 사상, 신조, 종교, 가치관, 정치적 성향 등이 있다.

셋째, 심신의 상태를 나타내는 개인정보는 건강상태 또는 신장, 체중 등 신체적 특징이나 병력, 장애 정도 등이 있다.

넷째, 개인정보로서 사회경력은 학력, 직업, 자격, 범죄사실과 관련된 전과 여부 등이 있다.

다섯째, 경제 관계에 관한 개인정보에는 소득 규모, 재산 보유 상황, 거래 내역, 신용 정보, 채권 채무 관계 등이 있다.

여섯째, 기타 새로운 유형의 개인정보로 생체인식 정보인 지문, 홍채, DNA, 위치 정보 등이 있다.

② 개인정보의 침해

1) 의미

쇼핑, 오락, 교육, 행정, 금융업무 등 우리 생활 전반이 온라인을 통해서 이루어지고 있다. 이에 온라인상에서 개인의 성명, 주민등록번호, 주소, 전화번호 등과 같은 개인정보의 중요성은 점점 커지고 있는 실정이다. 개인정보 침해의 심각성은 단순히 개인정보가 유출된 것으로 끝나는 것이 아니라, 유출된 개인정보가 다른 범죄에 이용될 수 있다는 것에서 온다. 개인정보는 항상 범죄의 표적이 되고 있다.

개인정보가 재화로서의 가치를 갖고 유통이 되기 때문에 법률상 정보 통신 서비스 제공자는 이용자의 동의하에 개인정보를 이용할 수 있는데, 이용자의 동의 없이 개인정보를 수집한다면 개인정보 침해이다. 또 개인정보를 취급하거나 취급하였던 자가 자기 개인정보를 타인에게 누설하거나 제공하는 경우 등과 같은 조직적인 개인정보 침해 행위도 규제되고 있다. 요컨대, 그 이용자의 동의 없이 개인정보를 수집하거나 또는 타인에게 누설, 제공하는 경우, 이것을 개인정보 침해라고 한다.

일반적으로 개인정보 침해는 정보통신망을 통하여 디지털 자료화되어 저장된 타인의 개인정보를 침해, 도용, 누설하는 범죄로, 컴퓨터 시스템을 통하여 이용자의 동의를 받지 않거나 속이는 행위 등으로 다른 사람의 개인 위치 정보를 불법적으로 수집, 이용, 제공한 경우도 포함된다.

또 「정보통신망보호법」 제49조의2 제1항에 의거해 속이는 행위(피싱)로 타인의 개인정보를 수집한 경우 사기 실행의 착수에 나아가지 않아도 개인정보 침해에 해당된다.

개인정보 침해는 개인정보 유출을 통해서 이루어지고 있다. 네트워크의 발달로 개인정보 수집, 처리가 용이해졌지만, 개인정보 유출로 인한 개인, 기업, 국가적 손실은 점점 커지고 있다.

「표준 개인정보보호지침」[39] 제25조에 의하면 개인정보의 분실·도난·유출은 법령이나 개인정보 처리자의 자유로운 의사에 의하지 않고 개인정보가 해당 개인정보 처리자의 관리·통제권을 벗어나 제3자가 그 내용을 알 수 있는 상태에 이르게 된 것으로 다음과 같은 경우를 말한다.

첫째, 개인정보가 포함된 서면, 이동식 저장장치, 휴대용 컴퓨터 등을 분실하거나 도난당한 경우이다.

둘째, 개인정보가 저장된 데이터베이스 등 개인정보 처리 시스템에 정상적인 권한이 없는 자가 접근한 경우이다.

셋째, 개인정보 처리자의 고의 또는 과실로 인해 개인정보가 포함된 파일, 종이 문서, 기타 저장매체가 권한이 없는 자에게 잘못 전달된 경우이다.

---

39 「표준 개인정보보호지침」[시행 2024. 1. 4.] [개인정보보호위원회고시 제2024-1호, 2024. 1. 4., 일부 개정]

넷째, 기타 권한이 없는 자에게 개인정보가 전달되거나 개인정보 처리 시스템 등에 접근 가능하게 된 경우이다.

요컨대 개인정보 침해는 정보 주체의 개인정보에 대하여 개인정보 처리자가 통제력을 상실한 경우, 또는 권한 없는 자가 접근하는 것을 허용하는 경우 등에 의하여 개인의 여러 가지 정보가 타인에게 유출이 되는 것을 말한다.

스마트폰이 대중화되면서 스마트폰 개인정보에 대한 중요성도 점점 증가하고 있다. 스마트폰 역시 PC처럼 악성코드에 감염될 수 있는데, 실제로 스마트폰이 악성코드에 감염이 될 경우 개인정보 유출이나 데이터 변조, 금전적 피해, 기기 오작동, 사생활 침해, DDos 등의 공격 도구로 악용될 수 있다. 악성코드로 인한 피해를 사전에 예방하기 위해서 스마트폰 이용자 스스로가 평소에 안전 수칙을 잘 지켜나가는 것이 필요하다.

한국인터넷진흥원에서 제시하고 있는 스마트폰 이용자 10대 안전수칙을 살펴보면 다음과 같다.[40]

🔘 스마트폰 이용자 10대 안전수칙 ──────────────

· 의심스러운 애플리케이션 다운로드하지 않기

· 신뢰할 수 없는 사이트 방문하지 않기

· 발신인이 불명확하거나 의심스러운 메시지 및 메일을 삭제하기

· 비밀번호 설정 기능을 이용하고 정기적으로 비밀번호를 변경하기

· 블루투스 등 무선 인터페이스는 사용 시에만 켜놓기

· 이상 증상이 지속될 경우 악성코드 감염 여부를 확인하기

· 다운로드한 파일은 바이러스 유무를 검사한 후 사용하기

· PC에도 백신 프로그램을 설치하고 정기적으로 바이러스 검사를 하기

· 스마트폰 플랫폼의 구조를 임의로 변경하지 않기

· 운영 체제 및 백신 프로그램을 항상 최신 버전으로 업데이트 하기

---

40 한국인터넷진흥원(KISA) 보호나라 홈페이지(www.kisa.or.kr, 검색일 2024.01.14) 참조.

2) 사례

(1) 본인의 동의 없는 개인정보 수집 등

개인정보 침해 사례에는 본인의 동의 없는 개인정보 수집, 정정 요구 불응 등이 있다. 그 내용을 살펴보면 다음과 같다.

첫째, 본인의 동의 없이 개인정보를 수집하거나 정정 요구에 대해서 불응하는 것이다. 네트워크 관리자의 허가를 받지 않고 공공기관이나 기업 등의 컴퓨터에 침입해서 개인정보를 수집하거나 변경하는 행위를 예로 들 수 있으며, 가장 일반적인 개인정보 침해 사례이다. 인터넷에 연결된 개인 컴퓨터에 은밀하게 침입해서 개인정보를 수집하는 행위도 해당한다. 은행이나 백화점의 데이터베이스에 침입해서 개인의 신용 정보를 빼낸다든가, 개인 컴퓨터에 침입해서 사용자의 전자 우편 주소, 사용하는 소프트웨어 유형, 웹 접근 기록, 개인적인 데이터베이스 등을 수집하는 형태로 일어난다.

둘째는 개인정보 주체의 동의가 없는 개인정보 수집으로, 정보 주체가 동의하지 않았음에도 불구하고 개인정보를 몰래 수집하는 행위이다. 인터넷마케팅 업체들이 쿠키를 사용해서 소비자가 어느 웹사이트를 접속해 얼마나 머무르고 또 어떤 거래를 하는지 등의 인터넷 활동을 소비자들에게 알리지 않은 채 모니터링하는 경우가 해당된다. 즉, 기업들이 소비자들을 대상으로 소비자의 선호를 몰래 조사하는 모니터링 행위 역시 개인정보 침해이다.

또 호텔의 침실에 몰래카메라를 설치해서 투숙객의 행동을 촬영해 이것을 팔아넘기거나, 공장이나 백화점과 같은 일터에 CCTV를 설치하여 근로자들의 행동을 감시하는 행위도 정보 주체의 동의가 없는 개인정보 수집에 해당된다. 개인정보에는 개인에 관한 영상도 포함되기 때문에 이 또한 개인정보 침해 사례로 볼 수 있다.

이외에도 다음과 같은 개인정보 침해 사례가 있다.

첫째, 개인정보 수집 시에 고지 또는 명시 의무를 이행하지 않는 행위이다. 개인정보를 수집하는 경우 반드시 동의를 구하도록 하는데도 전혀 고지를 하지 않거나 명시해야 할 의무를 이행하지 않은 채 개인정보를 수집하는 것이다. 또 다른 사람의 개인정보를 과도하게 수집하는 경우도 포함된다.

둘째, 정보 주체의 동의 철회 또는 회원탈퇴, 열람 및 정정 요구에 불응하는 것이다. 정보 주체가 인터넷 사이트에 가입하고 그 사이트에서 탈퇴하기 위해 동의를 철회한다던가 회원을 탈퇴하려고 함에도 불구하고 이러한 요구에 불응한다면 개인정보 침해라고 볼 수 있다. 정보 주체의 동의 철회, 회원 탈퇴, 열람, 수정 또는 정정 등 수집보다 쉽게 해야 할 조치를 이행하지 않으면 개인정보 침해에 해당한다.

셋째, 개인정보 등 원치 않는 정보를 수신하도록 하는 것이다. 원치 않았음에도 불구하고 정보를 수신하게 만드는 것도 개인정보 침해의 사례이다.

(2) 개인정보의 훼손·침해·도용

개인정보를 안전하지 못한 방식으로 보관해서 저장된 정보의 신뢰성을 떨어뜨리고 정보 접근에 대한 인증을 수행하지 못하는 행위를 개인정보의 훼손이라고 한다. 개인정보의 훼손은 데이터베이스 시스템을 잘못 관리해서 개인 사용자가 다른 사용자의 정보를 훔쳐볼 수 있게 했을 경우 해당된다. 또 개인정보 취급자에 의한 훼손이나 침해, 수집 또는 제공받은 목적을 달성한 후 개인정보를 파기하지 않고 그대로 두는 행위도 이에 해당한다.

개인정보 침해 중에는 명의도용으로 인한 금전적 피해를 끼치는 행위가 있다. 예를 들어 타인 명의로 계좌를 개설해서 거래를 한다든가, 타인 명의로 유료 통신 서비스를 개설, 부당요금을 부과하는 경우가 있다. 또한 주민등록번호를 도용하여 사이트에 무단으로 회원가입하는 행위도 개인정보 침해이다.

또 다른 개인정보 침해의 사례로 개인정보의 유출 및 제3자에게 제공하는 경우를 들 수 있다. 고객에게 알리지 않고 그 고객의 개인정보를 다른 기업에 넘겨주는 행위 등을 말한다. 고지하거나 명시한 범위를 넘어선 이용 또는 제3자 제공, 영업의 양수 등의 통지의무 불이행은 개인정보 침해이다.

한편, 개인정보 취급자에 의한 누설이라든가 기술적 관리적 조치 미비로 인해 개인정보를 누출하게 만들었다면 이것도 개인정보 침해이다.

③ 개인정보 침해의 신고와 처벌

1) 개인정보 침해의 신고

개인정보 침해사고 신고 및 상담 과정은 다음의 절차를 따른다. 우선 정보 시스템을 운영하는 기업·기관에서는 개인정보 유출, 해킹 등 침해사고가 발생한 경우 「개인정보보호법」 및 「신용정보법」[41]상의 관련 규정에 따라 신속히 신고해야 한다.

정보통신 서비스 제공자는 해킹 등 침해사고로 개인정보 유출이 발생한 경우 개인정보 유출 신고와 침해사고 신고를 각각 접수해야 한다.

개인정보 침해로 피해를 입은 이용자(정보 주체)는 개인정보와 관련하여 권리나 이익을 침해받은 경우, 개인정보침해신고센터를 통해 상담과 신고 접수를 할 수 있다.

● **한국인터넷진흥원의 주요 사업과 법적 근거** ────────────

한국인터넷진흥원은 「개인정보보호법」 준수 환경 조성을 위해 다음의 3가지 임무를 수행하고 있다.

첫째, 국내외 웹사이트에서 노출된 개인정보 및 불법유통 게시물을 탐지·삭제한다. 둘째, 공공기관 및 대규모 고유 식별 정보 처리자를 대상으로 안전성 확보 조치를 정기 조사한다. 셋째, 스마트폰 앱의 개인정보 처리실태를 점검하고 개선을 안내한다.

이와 같은 임무의 법적 근거는 「개인정보 보호법」과 「정보통신망법」에 근거한다. 주요 조항으로 개인정보 보호 원칙(제3조), 자료 제출 요구(제11조), 고유식별정보 처리 제한(제24조), 노출된 개인정보의 삭제·차단(제39조의 10), 그리고 불법정보 유통 금지(정보통신망법 제44조의 7)가 있다.

개인정보·정보보호 침해사고 신고와 관련하여, 신고 대상 관련 법령 등은 <표 3-4>와 같다.

---

[41] 「신용정보의 이용 및 보호에 관한 법률」(약칭: 신용정보법)[시행 2024. 8. 14.] [법률 제20304호, 2024. 2. 13., 일부개정]

사이버범죄론

| 표 3-4 | 개인정보·정보보호 침해 사고 신고[42] | | | |

구분	개인정보 유출 신고		침해사고 신고	개인정보 침해
신고대상	개인정보처리자 (공공기관 및 민간 기업)	상거래 기업 및 법인(금융위 감독을 받는 곳은 제외)	정보통신 서비스 제공자, 집적정보 통신시설 사업자	일반이용자(정보 주체)
근거법령	개인정보보호법 제34조	신용정보의 이용 및 보호에 관한 법률 제39조의4	정보통신망법 제48조의3	개인정보보호법 제62조
신고기관	개인정보보호위원회 및 KISA	개인정보보호위원회 및 KISA	과기정통부 및 KISA	KISA 개인정보침해신고센터
신고기한	72시간 이내	72시간 이내	즉시	-
신고기준	- 1천 명 이상의 정보 주체에 관한 개인정보가 유출 등이 된 경우 - 민감정보 또는 고유식별정보가 유출 등이 된 경우 - 개인정보처리시스템 또는 개인정보취급자가 개인정보 처리에 이용하는 정보기기에 대한 외부로부터의 불법적인 접근에 의해 개인정보가 유출 등이 된 경우	1만 명 이상 신용정보 주체의 개인신용정보가 유출(누설)된 경우	-	개인정보에 대한 권리 또는 이익 침해 시
과태료	3천만 원 이하	3천만 원 이하	1천만 원 이하	-

개인정보 침해와 관련하여, 한국인터넷진흥원 개인정보침해 신고센터는 개인정보처리자로부터 개인정보에 관한 권리 또는 이익을 침해받은 사람을 대상으로 신고 접수 및 처리 등의 업무를 수행하고 있다.

개인정보침해 신고센터는 「개인정보 보호법」에 설립 근거를 두고 있다. 개인정보보호위원회는 동법의 근거에 따라 한국인터넷진흥원 개인정보침해 신고센터에 자료 제출 요구권 및 검사권을 위탁하고 있다. 이에 개인정보침해 신고센터는 「개인정보 보호법」 및 「행정조사기본법」에 근거하여 행정조사를 수행하고 있다.[43]

---

[42] 한국인터넷진흥원 홈페이지(https://www.kisa.or.kr/1030402, 검색일 2024.08.13)

[43] 개인정보침해센터 홈페이지(https://privacy.kisa.or.kr/main.do, 검색일 2024.02.18) 참조.

개인정보침해 신고센터는 개인정보 훼손, 도용, 회원 탈퇴 불응, 아동 개인정보 보호, 동의 없는 개인정보 수집, 개인정보 유출, 열람 및 정정 요구 불응, 해킹 및 바이러스 관련 문제 등에 대해 신고와 상담을 받을 수 있다. 접수된 신고는 양 당사자의 의견 청취와 증거 수집을 통해 사실을 확인한 후, 위법 사항에 대한 조치와 피해구제를 진행한다.

📃「개인정보보호법」[44]의 주요 내용

▶ 「개인정보보호법」은 개인정보 유출, 오용, 남용으로부터 국민의 권리와 사생활을 보호하고자 개인정보 처리에 관한 사항을 규정한 일반법

1. 적용대상
   · 개인정보 보호 의무를 공공·민간부문의 모든 개인정보 처리자로 확대 적용

2. 보호범위
   · 종이문서와 컴퓨터에 처리된 정보 및 가명처리된 개인정보도 보호 대상

3. 개인정보 수집·이용·제공 기준
   · 정보 주체의 동의를 받아 최소한의 개인정보를 수집하며, 제3자 제공 시 동의 필요
   · 수집 목적 범위를 초과한 이용 및 제공 금지

4. 개인정보의 처리 제한
   · 사생활 침해 우려가 있는 정보 및 고유식별정보는 원칙적으로 처리 금지

5. 영상정보 처리기기 규제
   · 공개된 장소의 영상정보 처리기기 규제를 민간까지 확대하며, 목적 외 사용과 임의 조작 금지

6. 개인정보 유출 통지 및 신고제
   · 개인정보 유출 시 정보 주체에게 통지하고, 대규모 유출 시 보호위원회 또는 전문기관에 신고

7. 정보 주체의 권리 보장
   · 정보 주체는 자신의 개인정보의 열람, 정정, 삭제, 정지처리 등을 요구할 수 있으며, 피해 발생 시 배상 요청 가능

8. 안전조치 의무
   · 개인정보 처리자는 내부 관리 계획 수립 등으로 개인정보의 안전성을 확보해야 함

---

44 「개인정보보호법」[시행 2024. 3. 15.] [법률 제19234호, 2023. 3. 14., 일부개정]; 1995년 1월 8일부

9. 가명정보 처리 특례

  · 통계, 연구 등을 위해 가명정보 처리 허용, 그러나 목적 외 사용과 영리적 이용 금지

▶ 관련 법과 제도

  · 개별법인 「신용정보법」 등은 「개인정보보호법」에 대해 특별법으로 우선 적용됨.

---

2) 개인정보 침해의 처벌

(1) 「개인정보보호법」상의 처벌

현행법상 다음 해당하는 자는 10년 이하의 징역 또는 1억원 이하의 벌금에 처한다.[45]

첫째, 공공기관의 개인정보 처리 업무를 방해할 목적으로 공공기관에서 처리하고 있는 개인정보를 변경하거나 말소하여 공공기관의 업무 수행의 중단·마비 등 심각한 지장을 초래한 자, 둘째, 거짓이나 그 밖의 부정한 수단이나 방법으로 다른 사람이 처리하고 있는 개인정보를 취득한 후 이를 영리 또는 부정한 목적으로 제3자에게 제공한 자와 이를 교사·알선한 자이다.

또한 현행법상 개인정보를 처리하거나 처리하였던 자는 다음 행위를 해서는 안 된다.[46]

첫째, 거짓이나 그 밖의 부정한 수단이나 방법으로 개인정보를 취득하거나 처리에 관한 동의를 받는 행위(1호), 둘째, 업무상 알게 된 개인정보를 누설하거나 권한 없이 다른 사람이 이용하도록 제공하는 행위(2호), 셋째, 정당한 권한 없이 또는 허용된 권한을 초과하여 다른 사람의 개인정보를 훼손, 멸실, 변경, 위조 또는 유출하는 행위(3호)이다.

여기서 제59조 1호를 위반한 사람은 3년 이하의 징역 또는 3천만 원 이하의 벌금에 처한다. 제59조 2호를 위반한 사람은 5년 이하의 징역형 또는 5천만 원 이하의 벌금형에 처해지게 된다. 59조 3호를 위반한 경우에도 동일한 형사처분 기준이 적

터 시행됐던 법률인 '공공기관의 개인정보보호에 관한 법'을 폐지하고 새로 제정한 법률임.

45 동법 제70조(벌칙)

46 동법 제59조(금지행위)

용된다.

반대로, 개인정보를 제공받은 사람도 처벌 대상이 될 수 있다. 정보를 제공한 사람이 권한 없이 개인정보를 제공한 것이라는 걸 알면서도 영리 또는 부정한 목적으로 개인정보를 제공받은 사람 역시 5년 이하의 징역형 또는 5천만 원 이하의 벌금형을 받는다.[47]

또한 「개인정보보호법」에서 영상정보 처리기기의 설치 및 운영 제한에 대한 규정(동법 25조)을 위반하여, 본래의 목적과 다른 목적으로 영상정보 처리기기를 임의로 조작하거나 다른 곳을 비추는 자 또는 녹음 기능을 활용한 자는 제72조(벌칙) 2항에 따라 3년 이하의 징역 또는 3천만 원 이하의 벌금에 처한다. 민감한 자료를 처리하거나 처리하려는 자가 거짓이나 그 외의 부정한 방법으로 해당 자료를 취득한 경우, 그와 함께 처리에 관한 동의를 받은 자 및 그 사정을 알면서도 영리 또는 부정한 목적으로 개인정보를 제공받은 자도 처벌된다.

그리고 직무상 알게 된 비밀을 누설하거나 직무상 목적 외에 사용한 자도 동일하게 해당 죄로 처벌받을 수 있다.

(2) 「정보통신망법」상의 처벌

「정보통신망법」의 개인정보 침해 관련 규정을 살펴보면 다음과 같다.

동법 제22조 2의 접근 권한에 대한 동의에서 정보통신 서비스 제공자는 해당 서비스를 제공하기 위하여 이용자의 이동통신 단말장치 내에 저장되어 있는 정보 및 이동통신 단말장치에 설치된 기능에 대하여 접근할 수 있는 권한이 필요한 경우, 이용자가 명확하게 인지할 수 있도록 알리고 이용자의 동의를 받아야 한다. 즉 정보통신 서비스 제공자는 이용자의 개인정보를 이용하려고 수집하는 경우 또는 변경하려는 경우에 이용자에게 이것을 알리고 동의를 받아야 된다.

알려야 하는 내용은 무엇인가에 대해서 살펴보면, 개인정보의 수집과 이용 목적을 알리고, 수집하는 개인정보의 항목, 예를 들면 개인의 학력 정보, 일반 정보, 부동산 정보 등 수집하는 개인정보의 항목을 알려야 한다. 그리고 개인정보의 보유, 이용 기간도 명시 등도 이용자에게 알리고 동의를 구해야 한다.

---

47 동법 제71조(벌칙)

또한 동법 제23조 2의 주민등록번호의 사용 제한에 대해서 정보통신 서비스 제공자는 다음 경우를 제외하고 이용자의 주민등록번호를 수집·이용할 수 없다. 본인 확인 기관으로 지정받은 경우, 본인 확인 기관으로 지정받은 이동통신 사업자의 본인 확인 업무 수행과 관련하여 이용자의 주민등록번호를 수집·이용하는 경우 등이다.

동법 제23조 5의 연계정보의 생성·처리 등에 대해서 본인 확인 기관은 이용자가 입력한 정보를 이용하여 이용자를 안전하게 식별·인증하기 위한 서비스를 제공하는 경우와 예외적 경우[48]를 제외하고는 정보통신 서비스 제공자의 서비스 연계를 위하여 이용자의 주민등록번호를 비가역적으로 암호화한 정보를 생성 또는 제공·이용·대조·연계 등 그 밖에 이와 유사한 행위를 할 수 없다.

동법 제71조(벌칙)의 규정에서 제23조의5 제1항을 위반하여 연계정보를 생성·처리한 자, 제23조의5 제4항에 따른 목적 범위를 넘어서 연계정보를 처리한 자에 해당하는 자는 5년 이하의 징역 또는 5천만 원 이하의 벌금에 처한다.

정보의 삭제요청에 대해서 동법 제44조의 2항에서 규정을 하고 있다. 그 내용을 보면, 정보통신망을 통하여 일반에게 공개를 목적으로 제공된 정보가 사생활 침해나 명예훼손 등 타인의 권리를 침해하는 경우에 그 침해를 받은 자는 해당 정보를 취급한 정보통신 서비스 제공자에게 침해 사실을 소명해서 그 정보의 삭제 또는 반박 내용의 게재를 요청할 수가 있다. 제공된 정보로 인하여 사생활 침해가 있거나 명예를 훼손하는 경우 정보 삭제를 요구할 수도 있고, 이에 대한 반박 내용의 게재를 요청할 수도 있다.

정보통신 서비스 제공자는 해당 정보의 삭제 등을 요청받으면 지체없이 삭제나 임시조치 등의 필요한 조치를 취하고 즉시 신청인 및 정보 게재자에게 이를 알리도록 하고 있다. 이 경우에 정보통신 서비스 제공자는 필요한 조치를 한 내용을 해당 게시판에 공시하는 등의 방법으로 이용자가 알 수 있도록 하여야 한다.

---

48 예외적인 경우로, 고유식별정보를 보유한 행정기관이나 공공기관이 전자정부 서비스 제공을 위해 연계정보를 활용하거나, 개인정보 전송의무를 이행하기 위해 연계정보 생성·처리를 요청한 경우, 또는 주민등록번호 처리가 허용된 경우 등이 있다. 특히 정보통신 서비스 제공 시, 이용자 동의 없이 연계정보 생성·처리가 필요할 경우, 본인 확인 기관과 서비스 제공자가 함께 방송통신위원회의 승인을 받은 경우에도 이를 허용한다; 「개인정보 보호법」 제24조, 제35조의2, 제24조의2 제1항, 「전자정부법」 제2조 제5호 참조.

공개를 목적으로 제공된 정보로 인하여 개인의 사생활을 침해받거나 명예훼손을 당하고 권리의 침해를 받은 경우, 정보통신 서비스 제공자에게 삭제나 반박의 내용을 게재하도록 요청하면 정보통신 서비스 제공자는 지체 없이 이것을 삭제하거나 게시판에 공시하는 방법으로 알려야 한다. 그리고 정보통신 서비스 제공자는 이와 관련해서 필요한 조치에 관한 내용, 절차 등을 미리 약관에 구체적으로 밝혀야 한다.

이를 위반하여 청소년유해매체물을 광고하는 내용의 정보를 청소년에게 전송하거나 청소년 접근을 제한하는 조치 없이 공개적으로 전시한 자는 2년 이하의 징역 또는 2천만 원 이하의 벌금에 처하도록 동법 제73조에서 규정하고 있다.

불법복제 ——————————

1 「저작권법」상의 주요 개념

1) 「저작권법」상의 불법복제

불법복제를 규제하기 위한 법률로서 「저작권법」[49]이 있다. 「저작권법」은 저작자의 권리와 이에 인접하는 권리를 보호하고 저작물의 공정한 이용을 도모함으로써 문화 및 관련 산업의 향상 발전에 이바지하는 것을 목적으로 한다. 즉, 저작자의 권리를 보호하고 저작자의 저작물을 공정하게 이용하도록 하여, 문화산업 등 관련 산업의 향상 발전을 위한 법이다.

정당하게 저작물을 사용함으로써 저작자를 보호하고, 저작자는 사용료의 수익을 얻음으로써 또 다른 새롭고 더 나은 것을 만들어 낼 수 있게 된다. 만일 힘들여 만든 저작물을 아무런 대가 없이, 아무런 비용을 치르지 않고 무단으로 사용하면 수년간 노력과 자금을 투자한 저작자는 엄청난 피해를 보게 된다. 그것은 결국 새로운 저작물을 만들어 내는 데에도 굉장한 악영향을 미치기 때문에, 저작권은 반드시 보호되어야 한다.

저작권을 보호하기 위한 이전의 법률은 「컴퓨터프로그램보호법」[50]이 있었다. 1986년에 제정되었다가 2002년에 개정되었지만, 2009년 폐지되었다. 이 법은 저작권법이 나오기 이전, 컴퓨터 프로그램의 저작권료를 보호하기 위한 법률이었다. 컴퓨터프로그램을 저작물로 인정하여 창작자의 권리를 보호하고, 창작 프로그램의 유통 및 활용을 촉진함으로써 산업 발전과 기술 수준을 향상시키고자 한 것이다.

---

49 「저작권법」[시행 2024. 2. 9.] [법률 제19597호, 2023. 8. 8., 일부개정]
50 「컴퓨터프로그램보호법」[시행2009.7.23] [법률 제9625호, 2009.4.22, 타법폐지]

2) 주요 개념

(1) 복제

복제란 인쇄 또는 사진 촬영, 복사, 녹음, 녹화, 그 밖의 방법에 의하여 유형물에 고정하거나, 유형물로 다시 제작하는 것을 말한다.[51] 건축물의 경우에는 건축을 위한 모형 또는 설계도에 따라 이를 시공하는 것을 포함한다.

다시 제작하는 방법은 인쇄, 복사, 녹음, 녹화, 그 밖의 방법이 있다.

(2) 저작물과 저작자

저작물은 인간의 사상 또는 감정을 표현한 창작물이다. 저작자는 저작물을 창작한 사람이다.

(3) 컴퓨터 프로그램 저작물

컴퓨터 프로그램 저작물이란 특정한 결과를 얻기 위하여 컴퓨터 등 정보처리 능력을 가진 장치 내에서 직접 또는 간접으로 사용되는 일련의 지시, 명령으로 표현된 창작물이다. 컴퓨터 프로그램은 컴퓨터 소프트웨어를 주로 지칭하는 것이고, 컴퓨터 소프트웨어는 특정한 결과를 얻기 위해서 정보 처리 능력을 가진 장치 내에서 직접 또는 간접으로 사용되는 일련의 지시, 명령으로 표현된 일종의 창작물이다.

(4) 저작재산권

저작재산권의 종류에는 다음과 같은 것들이 있다.[52]

가) 복제권

복제권은 저작물을 복제할 권리를 말한다. 저작자는 자신의 저작물을 복제할 권리를 가진다. 본인이 아닌 다른 사람이 하게 되면 불법복제가 되는 것이다.

---

51 「저작권법」 제2조 22; 폐지된 「컴퓨터프로그램보호법」 제2조 2항에서 "복제라 함은 프로그램을 유형물에 고정시켜 새로운 창작성을 더하지 아니하고 다시 제작하는 행위를 말한다"라고 규정하였다.

52 「저작권법」 제2조

나) 공연권

공연권은 저작자의 저작물을 공연할 권리를 말한다. 저작자는 그의 저작물을 공연할 권리를 가진다.

다) 공중송신권

공중송신권은 저작물을 공중에게 송신할 권리이다. 저작자는 그의 저작물을 공중에게 송신할 권리를 가지고, 나누어 주거나 배포할 수 있다.

라) 전시권

전시권이란 미술 저작물 등의 원본이나 그 복제물을 전시할 권리이다. 저작자는 미술 저작물 등의 원본이나 복제물을 전시할 권리를 가진다. 전시권도 저작재산권의 하나이다.

마) 배포권

배포권은 저작물의 원본이나 그 복제물을 배포할 권리를 말한다. 저작자는 저작물의 원본이나 그 복제물을 배포할 권리인 배포권을 가진다. 다만, 저작물의 원본이나 그 복제물이 해당 저작재산권자의 허락을 받아 판매 등의 방법으로 거래에 제공된 경우에는 그러하지 아니하다. 즉, 저작물이라고 하더라도 저작재산권자의 허락을 받는 경우에는 판매를 하거나 거래를 하는 것이 가능하다.

바) 대여권

대여권은 판매용 음반이나 판매용 프로그램을 영리를 목적으로 대여할 권리이다. 저작자는 판매용 음반, 판매용 프로그램에 대해 영리 목적의 대여 권리를 갖는다.

사) 제2차적 저작물 작성권

제2차적 저작물 작성권이란 원저작물을 2차적 저작물로 작성하여 이용할 수 있는 권리이다. 저작자는 그의 저작물을 원저작물로 하는 2차적 저작물을 작성하여 이용할 권리를 가진다.

(4) 편집물과 편집저작물

편집물은 저작물이나 부호, 문자, 음, 영상 그 밖의 형태의 자료 집합물을 말하고, 데이터베이스가 포함된다. 편집저작물은 편집물로서 그 소재의 선택, 배열 또는 구성에 창작성이 있는 것을 말한다.

(5) 배포

저작물 등의 원본 또는 그 복제물을 공중에게 대가를 받거나 받지 아니하여 양도 또는 대여하는 것을 말한다.

(6) 공표

저작물을 공연, 공중 송신 또는 전시 그 밖의 방법으로 공중에게 공개하는 경우와 저작물을 발행하는 경우를 말한다. 외부에 공개하여 공표하는 것이다.

(7) 공중 송신

이것은 저작물 또는 실연, 음반, 방송 또는 데이터베이스를 공중이 수신하거나 접근하게 할 목적으로 무선 또는 유선통신의 방법에 의하여 송신하거나 이용에 제공하는 것이다.

(8) 데이터베이스

데이터베이스란 소재를 체계적으로 배열 또는 구성한 편집물로서 개별적으로 그 소재에 접근하거나 소재를 검색할 수 있도록 한 것이다.

② 불법복제의 의미와 방지 대책

1) 의미

불법복제는 법적으로 금지된 복제이다. 저작물을 저작권자의 허락 없이 불법으로 복사, 유포하는 행위를 말한다. 저작물은 그 저작물을 제작한 저작권자가 있는데, 저작권자의 허락 없이 복사해서 유포하는 행위는 불법이다. 남이 힘들여 만들어 놓은 소프트웨어, 정보, 책, 파일 등을 저작권자의 허락 없이 무단으로 복제해서 사용하는 것은 모두 불법복제에 해당한다.

다른 사람이 만든 것을 아무런 허락 없이 사용하는 불법 행위이므로 행위자는 처벌의 대상이 된다. 저작권자는 자신의 저작물을 만들기 위해 많은 시간, 노력, 자금을 투자해서 완성하였는데, 이것을 몰래 불법적으로 복사해서 유포한다든가 다시 모조하여 제작하고, 사용하는 것은 죄질이 나쁜 불법 행위이다.

일반적으로 불법복제라고 하면 소프트웨어를 무단으로 사용한다는 의미로 많이 쓰이고 있다. 그러나 소프트웨어뿐만 아니라 인쇄, 사진, 복사, 녹음 등을 통해서도 불법복제가 이루어지고 있다.

노래나 영화뿐만 아니라 다른 사람이 찍은 사진이나 창작한 글, 그림, 또는 신문 기사 등도 저작권이 인정된다. 이와 같은 저작물을 P2P 프로그램을 이용하여 전송을 받거나 또는 다른 사람의 홈페이지에서 무단으로 사진이나 글 등을 복사하여 쓰는 것 등은 모두 저작권을 침해하는 행위이다. 다른 사람의 작품이나 다른 사람이 창작한 글, 그림 등을 무단으로 사용하는 것은 명백히 저작권을 침해하는 행위이다.

저작권 침해는 친고죄에 해당된다. 즉, 저작권 침해는 저작권을 가지고 있는 사람이나 그 권한을 위임받은 단체에서 수사기관에 고소장을 제출했을 때 수사를 할 수 있다. 음악이나 영화를 다운받아도 처벌받지 않는 경우가 많은 것이 바로 이러한 이유 때문이다.

그러나 처벌을 안 받는다고 해서 불법 행위가 아니라고 볼 수 없으며, 언제라도 처벌을 받을 수 있다. 만약 저작권자가 저작권 침해를 문제 삼아 수사기관에 고발을 하게 되면, 무단으로 사용한 사람들은 처벌을 받게 된다. 최근 저작권자들이 적극적으로 자신의 권리를 찾고, 권리를 보호하기 위해 노력하고 있어 저작권 침해에 대한 신고가 증가하고 있는 실정이다.

2) 방지 대책

인터넷 기술의 발달로 불법복제가 매우 쉬워졌다. 과거에는 오프라인에서 테이프를 녹화하거나 녹음해 판매하던 방식이 주였으나, 현재는 컴퓨터 프로그램, 영화, 음반 CD 등이 인터넷을 통해 파일 형태로 유포되고 거래되고 있다. 이러한 변화는 불법복제를 더욱 용이하게 만들었으며, 이는 도덕적인 문제를 넘어 소프트웨어 및 창작 산업 전반에 큰 저해 요인이 된다.

특히 고가의 소프트웨어와 성인물의 불법 유통이 심각하다. 컴퓨터 복제 기술과 전송 기술이 급격히 발달하면서 불법복제는 심각한 사회 문제로 대두되고 있다. 다양한 형태로 불법복제가 이루어지고 있으며, P2P 방식의 인터넷 자료 공유 서비스가 보편화되면서 사용자는 불법복제가 범죄라는 인식을 하지 못하고 있다. 이로 인해 무의식적으로 불법복제된 프로그램, 영화, 음반 등을 유포하고 있는 실정이다.

불법복제는 타인의 창작물을 무단으로 사용하여 정당한 대가를 지불하지 않는 행위로, 처벌을 받을 수 있다. 블로그, 카페 등에 음악이나 자료를 게시하고자 한다면, 정당한 대가를 지불하고 유료 음원을 사용하는 올바른 태도를 가져야 한다.

불법복제를 방지하기 위한 여러 방법도 제시되고 있다.

첫째, 비표준화된 디스크 포맷을 사용해 복제를 어렵게 하거나, 불법복제를 시도할 경우 디스크를 손상시키는 방법, 암호 입력 방식 등이 있다.

둘째, 소프트웨어 실행 시 기본 디스크를 삽입해야 하거나, 특정 시스템에서만 실행 가능하도록 제한하는 방법이 있다.

셋째, 하드웨어 장치와 연결하여 그 유무를 확인하는 방법이 있다.

넷째, 전혀 복사가 불가능하도록 만드는 방법 등이 있다.

그러나 이러한 방법에도 불구하고 여전히 일부 불법복제가 이루어지고 있는 상황은 큰 문제이다.

요컨대 불법복제는 산업 발전을 저해하며, 도덕적 책임뿐만 아니라 법적 처벌의 대상이 된다. 따라서 모든 사용자는 창작물에 대해 정당한 대가를 지불하고 불법복제를 지양하는 태도를 가져야 한다. 불법복제를 근절하기 위해 다양한 기술적 방지책이 마련되고 있지만, 무엇보다 중요한 것은 개인의 윤리적 의식과 사회적 책임이다.

③ 불법복제의 처벌과 사례

1) 불법복제의 처벌

(1) 저작재산권 등 재산적 권리의 복제·전송·배포 등

현행법상 저작재산권 등 재산적 권리의 복제·전송·배포 등에 대한 처벌 규정을 두고 있다.[53] 저작재산권, 그 밖에 보호되는 재산적 권리를 복제, 공연, 공중 송신,

---

53 「저작권법」 제136조 제1항

전시, 배포, 대여, 2차적 저작물 작성의 방법으로 침해한 자에 대해서 5년 이하의 징역 또는 5천만 원 이하의 벌금에 처하거나 이를 병과할 수 있다.

(2) 저작인격권의 침해

현행법상 저작인격권을 침해하여 저작자의 명예훼손에 대한 처벌 규정을 두고 있다.[54] 저작인격권 또는 실연자의 인격권을 침해하여 저작자 또는 실연자의 명예를 훼손한 자는 3년 이하의 징역 또는 3천만 원 이하의 벌금에 처하거나 이를 병과할 수 있다.

저작인격권의 침해와 관련하여 저작인격권의 종류를 살펴보면 다음과 같다.[55]

첫째, 공표권이다. 공표권이란 저작자가 그의 저작물을 공표하거나 공표하지 아니할 것을 결정할 권리를 말하며, 저작자는 공표권을 가진다.

둘째, 성명표시권이다. 성명표시권은 저작자가 저작물의 원본이나 그 복제물 또는 저작물의 공표 매체에 그의 실명 또는 이명을 표시할 권리를 말하며, 저작자가 그 권한을 가진다.

셋째, 동일성유지권이다. 동일성유지권이란 저작자는 그의 저작물의 내용·형식 및 제호의 동일성을 유지할 권리이며, 저작자가 그 권리를 가진다.

넷째, 저작인격권의 일신전속성이다. 일신전속성은 저작인격권이 저작자 일신에 전속하는 성질을 말한다. 저작자에게 저작인격권에 대한 일신전속성이 있다.

다섯째, 공동저작물의 저작인격권이다. 공동저작물의 저작인격권은 저작자 전원의 합의에 의하지 아니하고는 이를 행사할 수 없다. 즉 공동저작물의 경우, 그 저작물은 저작자 전원의 합의로 행사되어야 한다.

(3) 데이터베이스 제작자 권리 복제·배포·전송으로 인한 침해

법률로 보호되는 데이터베이스 제작자의 권리를 복제·배포·방송 또는 전송의 방법으로 침해한 자는 3년 이하의 징역 또는 3천만 원 이하의 벌금에 처하거나 이를 병과할 수 있다.[56]

---

54 동법 제136조 제2항 제1호
55 동법 제11조~15조
56 동법 제136조 제2항 제3호

데이터베이스 제작자는 그 데이터베이스의 전부 또는 상당한 부분을 복제·배포·방송 또는 전송할 권리를 가지는데, 이러한 권리를 침해하는 경우 처벌을 받게 된다.

(4) 허위 저작권 주장, 복제·전송중단 요구로 ISP[57] 업무방해

현행법상 자신에게 정당한 권리가 없음을 알면서 고의로 복제·전송의 중단 또는 재개를 요구하여 온라인서비스 제공자의 업무를 방해한 자는 1년 이하의 징역 또는 1천만 원 이하의 벌금에 처한다.[58]

온라인서비스 제공자의 서비스를 이용한 저작물 등의 복제·전송에 따라 저작권, 그 밖에 법에 의해 보호되는 자신의 권리가 침해됨을 주장하는 자는 그 사실을 소명하여 온라인서비스 제공자에게 그 저작물 등의 복제·전송을 중단시킬 것을 요구할 수 있다.[59]

복제·전송자가 자신의 복제·전송이 정당한 권리에 의한 것임을 소명하고 재개를 요구할 경우, 온라인서비스 제공자는 이 사실과 재개 예정일을 권리 주장자에게 즉시 통보해야 하며 예정된 날짜에 복제·전송을 재개해야 한다. 그러나 권리 주장자가 재개 예정일 전에 침해 행위에 대해 소송을 제기한 사실을 온라인서비스 제공자에게 통보한 경우에는 복제·전송이 재개되지 않는다.[60]

2) 불법복제의 현황

국내 불법복제물 이용률은 2021년 19.8%, 2022년 19.5%에서 2023년 19.2%로, 2019년(22.0%)부터 매년 감소하는 것으로 나타났다. 이용자들이 불법복제물을 이용하는 가장 주된 이유는 '무료이거나 매우 저렴해서'(32.4%)로 나타났다.[61]

저작권 보호에 관한 종합 인식 수준은 2021년 3.14점, 2022년 3.18점에서 3.20점

---

57 여기서 ISP는 인터넷 서비스 제공자(Internet Service Provider)를 말한다.

58 한국인터넷진흥원 KISA 보호나라&KrCERT/CC 홈페이지(https://www.krcert.or.kr, 검색일 2024.
08.02)

59 동법 제103조 제1항

60 동법 제103조 제3항

61 한국저작권보호원, 2024 저작권보호 연차보고서-2023 조사기준-통계편, 한국저작권 보호원, 2023
참조.

사이버범죄론

(4점 만점)으로 매년 상승하고 있는 것으로 나타났다. 특히 10~20대의 저작권 보호 인식이 높게 나타나면서 저작권 보호 인식 개선 교육 및 홍보가 작용되고 있는 것으로 보인다.[62]

표 3-5 연도별 불법 복제물 이용률[63]

(단위: 개, %)

구분	2019년	2020년	2021년	2022년	2023년
전체 합계	6,666,530	6,941,518	7,069,690	8,285,950	7,394,410
① 불법복제물 이용량	1,466,942	1,419,950	1,399,169	1,612,010	1,418,169
② 정품콘텐츠 이용량	5,199,588	5,521,568	5,670,521	6,673,940	5,976,241
불법복제물 이용률 (①/(①+②)×100)	22.0%	20.5%	19.8%	19.5%	19.2%

콘텐츠 분야별 불법복제물 이용률은 영화 분야(24.5%)에서 가장 높게 나타났고, 이어서 게임(23.9%), 방송(21.5%), 웹툰(20.4%), 음악(18.4%), 출판(14.4%) 분야 순으로 높게 나타났다.[64]

3) 불법복제의 사례

(1) 소프트웨어 불법복제의 유형

가) 일반 사용자 불법복제

사용자가 개별 복사본에 대한 적절한 라이센스 없이 소프트웨어를 복제하는 행위이다. 개인 간에 제품을 복제 및 배포하는 경우, 기업이 자기 회사에 설치된 소프트웨어 라이센스 수를 엄격하게 모니터링하지 않거나 소프트웨어 설치를 감당할 만큼의 충분한 라이센스를 구입하지 않는 경우가 해당된다.

기업체에서 소프트웨어를 구매하면 이것이 구매할 당시의 계약에 의해서 또는

---

62 상게서 참조; 한국저작권보호원 홈페이지(https://www.kcopa.or.kr/, 검색일 2024.06.18)

63 상게서 참조; 상게사이트 참조.

64 상게서 참조; 상게사이트 참조.

판매 조건에 의해서 일정한 라이센스 수가 정해지는데, 이것을 초과하여 사용하는 경우 불법복제에 해당된다.

나) 사전에 설치된 소프트웨어

컴퓨터 제조업체가 소프트웨어 하나를 두 대 이상의 컴퓨터에 불법적으로 설치하는 경우이다. 제조업체에서 라이센스 수가 한 개밖에 없는데도 불구하고 두 대 이상의 컴퓨터에 불법적으로 설치하는 경우, 소프트웨어 불법복제에 해당한다.

새로운 PC를 구입할 때 소비자는 지불한 가치에 맞는 정당한 제품이 맞는지 해당 라이센스 문서를 확인하도록 해야 한다. 그렇지 않으면 불법복제가 되어 처벌을 받게 된다.

다) 인터넷 불법복제

허가되지 않은 복사본을 인터넷을 통해 다운로드해서 사용하는 것이다. 인터넷을 통해 프로그램을 다운할 수 있는 경우, 그 게시자가 배포 권한이 있는지 없는지를 확인해야 된다. 만약에 권한이 없는 게시자의 프로그램을 다운로드 받았다면 그것은 인터넷 불법복제에 해당된다. 그러므로 반드시 확인하고 다운로드를 받아야 한다.

라) 위조품

소프트웨어와 제조업체의 패키지를 무단복제해서 패키지 형태로 배포하는 경우이다. 이와 같은 경우 인증되지 않는 일련번호가 있는 위조 등록 카드가 종종 포함되어 있다. 위조 등록 카드를 이용해서 패키지를 배포하는 것은 위조품에 해당되는 불법복제이다.

마) 온라인 경매 불법복제

온라인 경매 불법복제는 다음과 같은 형태가 있다.

첫째, 원래의 판매 조항에 위반하여 전매되는 소프트웨어이다.

둘째, 비매품인 경우이다. 비매품은 팔지 못하도록 되어 있기 때문에 판매할 수 없다.

셋째, OEM 소프트웨어를 판매하는 경우이다. 제3자에게 전매가 허가되지 않는 소프트웨어이므로 주의해야 한다.

넷째, 온라인 유통업체가 소프트웨어 게시자와의 특별 계약, 제품 정리 등과 같은 사기 문구를 넣어 놓은 것이다. 즉, 온라인 유통업체가 소프트웨어 게시자와 특별 계약을 해 제품 정리 차원에서 판매되고 있다는 식으로 속여 이를 불법유통시키는 것이다. 예를 들면, '파산 세일'이라는 문구를 사용한 마케팅 기법이 있다. 이것은 정품을 저렴하게 구매할 수 있는 기회로 보이게 하여 소비자를 속이는 전략이다. 정품이 정당한 이유 없이 할인되지 않는다는 소비자의 의심을 피하기 위해 회사가 파산하여 어쩔 수 없이 할인 판매를 한다는 식으로 소비자를 현혹하는 것이다.

(2) 불법복제의 사례

피의자 김모 등 4명은 학위 논문을 대신 써주는 논문 대작사이트 페이퍼 OO넷이라는 홈페이지를 운영하고, 운영자 겸 대작자로서 이 사이트를 통해 32명으로부터 편당 33만 원에서 215만 원에 논문대작 의뢰를 받았다. 이에 타인의 논문을 베끼고 복사해서 짜깁기 하는 형태로 대작을 한 후 의뢰자에게 다시 교부하여, 2억 2,000여만 원 상당의 부당한 이득을 취했다. 또한 이 논문대작을 통해서 32명이 박사와 석사, 학사 학위를 취득하게 되었는데, 이들은 위계 공무집행방해, 업무방해, 저작권법(상습, 영리) 위반혐의로 처벌을 받았다.[65]

논문에 있어서 대작, 대필 등의 문제가 많이 발생하여 사회적으로 큰 문제가 되고 있다. 논문의 대작, 대필은 다른 사람의 논문을 베끼는 표절 행위이고, 표절은 불법복제에 해당된다.

예를 들어 A라는 논문의 일부분을 논문을 쓰는 B라는 사람이 인용하는 경우, 그 내용을 요약해서 인용하고, 그 대신에 출처를 표기해야 된다. 즉, A라는 논문에서 가져왔다는 것을 표기해야 문제가 되지 않고 다른 사람의 논문을 인용한 것이 된다. 물론 인용을 하더라도 인용 부분을 그대로 가져오는 것이 아니라 정리하거나 요약해서 표기해야 한다.

그러나 A라는 사람의 논문 내용을 B라는 사람이 그대로 가져와서 이것을 마치 자기가 작성한 것처럼 출처와 인용 사실을 밝히지 않고 썼다면 이것은 표절이고, 불법복제에 해당되는 것이다.

---

65 대구지방경찰청 보도자료, 2010.10.18(대구지방경찰청 사이버수사대) 참조.

학문적 발전에 크게 기여한 우수한 연구 결과에 대해서 활용하는 것은 필요할 일이고 학문적 발전을 위해 다른 사람의 학문적 연구 결과를 사용할 수도 있지만, 그 연구결과를 가져오더라도 반드시 출처와 인용 사실을 표시해 주어야 한다. 그렇지 않고 다른 사람의 것을 그대로 자기 것처럼 만들어 사용한다면 그것은 표절에 해당된다.

사이버범죄론

불법·유해 사이트 ———————

1 불법·유해 사이트의 의미와 관련 법규

1) 의미

불법·유해 사이트란 공공의 안녕과 질서 또는 미풍양속을 해하는 등 반사회적 내용을 담고 있어 개설 목적 자체가 법률에 위반되거나 범죄 수단으로 사용되는 위법 사이트를 말한다. 접근의 제한이나 이용의 제약이 없는 인터넷을 이용하여 각종 불법 행위에 대한 정보교환 등이 이루어지기도 한다.

특히, 자살 사이트나 마약 기래를 위한 사이트는 물론이고 청부살인이나 폭력을 의뢰하는 심부름 센터 사이트까지 생겨나 인터넷으로 정보를 주고 받음으로써 오프라인 범죄의 모태가 되기도 한다. 누구나 접근할 수 있는 사이버 공간에서 이러한 유해 정보를 쉽게 접할 수 있게 되는 것은 청소년이나 기타 일반 네티즌 등에게 범죄의 유혹을 제공함으로써 심각한 사회 문제가 벌어지게 한다.

2) 관련 법규

(1) 청소년 유해 매체물의 의미

현행법에 의하면, 청소년 유해 매체물은 청소년보호위원회가 청소년에게 유해한 것으로 결정하거나 확인하여 여성가족부장관이 이를 고시한 매체물이다. 또한 각 심의기관이 청소년에게 유해한 것으로 심의하거나 확인하여 여성가족부장관이 고시한 매체물이다.[66]

---

66 「청소년보호법」[시행 2024. 3. 26.] [법률 제20423호, 2024. 3. 26., 타법개정] 제2조 3항

▶ 청소년보호법
- 이 법은 청소년이 유해한 매체물, 약물, 업소 등에 노출되는 것을 규제하고 청소년
  을 폭력, 학대 등 유해한 환경으로부터 보호하여 건전한 인격체로 성장하도록 하는
  것을 목적으로 한다.
- "청소년"은 만 19세 미만인 사람을 의미하며, 다만 만 19세가 되는 해의 1월 1일을
  맞이한 사람은 제외된다.

(2) 매체물의 범위

「청소년보호법」 제2조 2항에서는 청소년 보호를 위해 규제 대상이 되는 매체물
의 범위를 다음과 같이 정의하고 있다.

① 영화 및 비디오물: 「영화 및 비디오물의 진흥에 관한 법률」에 따른 영화와 비
   디오물

② 게임물: 「게임산업진흥에 관한 법률」에 따른 게임물

③ 음악 관련 매체: 「음악산업진흥에 관한 법률」에 따른 음반, 음악파일, 음악 영
   상물 및 음악 영상 파일

④ 공연: 「공연법」에 따른 공연(국악공연은 제외)

⑤ 전기통신을 통한 정보: 「전기통신사업법」에 따른 전기통신을 통한 부호, 문
   언, 음향 또는 영상정보

⑥ 방송 프로그램: 「방송법」에 따른 방송 프로그램(보도 방송 프로그램은 제외)

⑦ 신문 및 인터넷뉴스: 「신문 등의 진흥에 관한 법률」에 따른 특정 신문 및 인터
   넷 뉴스

⑧ 잡지 및 정기간행물: 「잡지 등 정기간행물의 진흥에 관한 법률」에 따른 잡지,
   정보간행물, 전자간행물 및 기타 간행물(정치, 경제, 사회, 시사, 산업, 과학, 종교 분
   야는 제외)

⑨ 출판물: 「출판문화산업 진흥법」에 따른 간행물, 전자출판물 및 외국간행물(정
   치, 경제, 사회, 시사, 산업, 과학, 종교 분야는 제외)

⑩ 옥외광고물: 「옥외광고물 등의 관리와 옥외광고산업 진흥에 관한 법률」에 따

른 옥외광고물과 상업적 광고선전물

⑪ 기타: 청소년의 정신적, 신체적 건강을 해칠 우려가 있어 대통령령으로 정하는 기타 매체물

(3) 유해 매체물의 자율 규제

현행법에서는 유해 매체물의 자율 규제에 대해 다음과 같이 규정하고 있다.[67]

가) 자율적 결정 및 확인 요청

매체물의 제작자, 발행자, 유통자 또는 관련 단체는 청소년 유해 여부를 자율적으로 결정하고, 이를 청소년보호위원회나 각 심의기관에 확인 요청할 수 있다.

나) 심의 및 확인

청소년보호위원회나 각 심의기관은 요청받은 내용을 심의하여 적합한 경우 이를 확인해야 하며, 필요한 경우 이를 다른 심의기관에 위탁할 수 있다.

다) 확인 표시

청소년보호위원회나 각 심의기관이 확인한 경우, 해당 매체물에 확인 표시를 부착할 수 있다.

라) 유해 표시 및 포장

매체물의 제작자, 발행자, 유통자 또는 관련 단체는 청소년에게 유해하다고 판단되는 매체물에 대해 청소년 유해 표시에 준하는 표시나 포장을 해야 한다.

마) 유해 여부 결정

청소년보호위원회나 각 심의기관은 유해 표시 또는 포장이 된 매체물을 발견하면 청소년 유해 여부를 결정해야 한다.

바) 유해 매체물

청소년 유해 표시 또는 포장이 된 매체물은 청소년보호위원회나 각 심의기관의 최종 결정이 있을 때까지 청소년 유해 매체물로 간주된다.

---

67 「청소년보호법」 제11조

사) 정부의 지원

정부는 자율 규제 활성화를 위해 관련 단체에 청소년 유해 매체물 심의 기준 등에 대한 교육, 정보 및 자료를 제공할 수 있다.

② 불법·유해 사이트의 운영 실태와 차단 방법

1) 운영 실태

아래의 <표 3-6>을 통해 불법 유해 사이트의 운영 발생 현황을 살펴보면 2003년에 불법 유해사이트의 운영 발생 건수는 1,719건이고, 2004년에는 2,410건, 2006년에는 대폭 증가하여 7,322건이 되었다. 2008년에도 크게 증가하여 8,056건이었으며, 2009년에는 무려 31,101건으로 급격히 증가하였다. 이후 2011년에는 6,678건으로 이전의 수준을 유지하였다.

표 3-6   불법·유해 사이트 운영 발생 현황[68]

구분	총계	해킹,바이러스	인터넷사기	사이버폭력	불법사이트운영	불법복제판매	기타
2003	51,722	8,891	26,875	4,991	1,719	677	8,569
2004	63,384	10,993	30,288	5,816	2,410	1,244	12,633
2005	72,421	15,874	33,112	9,227	1,850	1,233	11,125
2006	70,545	15,979	26,711	9,436	7,322	2,284	8,813
2007	78,890	14,037	28,081	12,905	5,505	8,167	10,195
2008	122,227	16,953	29,290	13,819	8,056	32,084	22,025
2009	147,069	13,152	31,814	10,936	31,101	34,575	25,491
2010	103,809	14,874	35,104	8,638	8,611	17,885	18,697
2011	91,496	10,299	32,803	10,354	6,678	15,087	16,275

사이버 범죄의 전체 유형별 발생 현황을 그래프로 나타낸 것이 <그림 3-4>이다. 불법 사이트의 운영 건수는 다른 사이버 범죄에 비해서 적은 편이다. 해킹·바이

---

68 사이버경찰청 홈페이지(www.police.go.kr, 검색일 2024.11.10)

사이버범죄론

러스, 인터넷 사기, 사이버 폭력 등과 비교해 보면, 2011년의 경우 인터넷 사기가 가장 높은 비중을 차지하고, 사이버 폭력, 해킹·바이러스에 이어 불법 사이트 운영 건수가 다음 순위를 차지하고 있다.

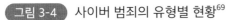 사이버 범죄의 유형별 현황[69]

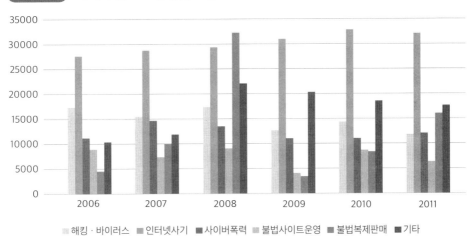

한편 2018년 방송통신심의위원회가 발표한 '2017년 인터넷 불법·유해정보 실태조사'[70]에 따르면 10대의 27%가 모바일 기기로 유해 사이트에 접속했으며, 이는 20대(12.1%), 30대(9.2%), 40대(6.4%), 50대 이상(8.2%)보다 높은 비율이었다. 청소년들이 모바일 기기를 통해 불법·유해 사이트에 접속하는 비율이 성인보다 훨씬 높은 것이다. 10대 이하의 어린이들도 3.7%가 불법·유해 사이트에 접속한 것으로 나타났다.

조사 결과, 불법·유해 앱을 모바일 기기로 사용하는 비율도 10대(8.3%)와 10대 미만(4.5%)이 가장 높았다. 모바일 기기로 불법·유해 정보를 접촉한 비율은 평균 10.3%로, 이는 PC(3.5%)를 이용한 비율보다 약 3배 높다.

PC를 이용한 불법·유해 사이트 접속 비율은 40대(4.2%)가 가장 높았고 30대(3.8%), 10대(2.6%), 20대(2.3%)가 그 뒤를 이었다. PC로 방문한 불법·유해 사이트

---

69 사이버경찰청 홈페이지(www.police.go.kr, 검색일 2024.02.20)

70 방송통신심의위원회, 『2017년 인터넷 불법·유해정보 실태조사 보고서』, 2018; 연합뉴스, 2018. 01.12의 내용을 정리함.

는 주로 불법 토렌트 파일을 공유하는 곳이었으며, 모바일 기기로는 주로 음란물 및 성매매 정보를 다루는 사이트를 많이 찾았다.

표 3-7 모바일 및 애플리케이션 불법·유해 정보 접촉 현황[71]

구분		모집단	모바일 웹사이트		애플리케이션	
		사례수	사례수	비중	사례수	비중
전체		12,511	1,239	10.3%	383	3.2%
연령	10대 이하	818	20	3.7%	25	4.5%
	10대	1,624	376	27.0%	120	8.3%
	20대	2,598	291	12.1%	71	3.0%
	30대	3,421	294	9.2%	91	2.8%
	40대	2,630	160	6.4%	46	1.8%
	50대 이상	1,586	98	8.2%	31	2.7%

2) 차단 방법

(1) 센서웨어(Censorware)

불법·유해 사이트를 차단하는 방법으로 특정 인터넷 사이트로의 접속을 차단하는 소프트웨어가 있다. 센서웨어(Censorware)는 웹브라우저가 차단된 사이트와 연결하지 못하도록 하여, 아동·청소년들이 인터넷 음란 사이트를 비롯해 폭력·마약·도박 등과 관련된 사이트에 접속하는 것을 막기 위해 사용되는 프로그램이다.

대표적인 센서웨어에는 사이버 패트롤(Cyber Patrol), 사이버시터(Cyber-sitter), 사이버 스누프(Cyber Snoop), 서프왓치(SurfWatch) 등이 있다.

(2) 그린마크(Green Mark) 제도

그린마크(Green Mark)는 인터넷의 음란·폭력물 등의 정보로부터 청소년을 보호하고, 청소년의 건전한 인터넷 이용을 도와 유익한 정보를 제공하는 인터넷 사이트에게 주어지는 마크를 말한다. 음란, 도박, 사이버테러 등 불건전 정보를 배제한 사이트에 순수한 초록색의 마크를 부여한다.

---

71 방송통신심의위원회, 전게보고서 참조,

그린마크를 받기 위해서는 불건전 정보를 담고 있지 않은 콘텐츠만 제공해야 하며, 음란물, 도박, 사이버테러 등을 막을 수 있는 소프트웨어를 갖추고 있는 사이트인 경우 가능하다.

③ 불법 · 유해 사이트의 처벌

1) 「청소년보호법」상의 처벌

청소년 유해 매체물을 판매, 대여, 배포하거나 시청, 관람, 이용을 제공하려면 상대방의 연령을 확인해야 하며, 청소년에게 이를 제공해서는 안 된다. 이를 위반하여 영리 목적으로 청소년에게 유해 매체물을 제공한 경우, 3년 이하의 징역 또는 3천만 원 이하의 벌금에 처해진다.[72]

동법 시행령상 청소년 유해 매체물의 심의 기준은 다음과 같다.[73]

● 청소년 유해 매체물의 심의 기준 ─────────────────────

1. 일반 심의 기준

· 매체물 심의는 전체 또는 부분적으로 평가하되, 부분 평가 시 전반적 맥락을 고려.

· 연속물 심의는 개별 회분을 대상으로 하나, 법 제7조 제5항에 해당하는 경우는 예외.

· 심의위원 중 최소 2명 이상이 전체 내용을 파악한 후 심의 진행.

· 동법(제7조 제5항)에 따른 미제작 매체물 심의는 구체적 매체물 대신 포괄적 명칭을 사용.

2. 개별 심의 기준

· 음란한 자태 과도 묘사.

· 성행위 방법, 감정, 음성 등의 과도한 묘사.

· 변태 성행위 및 비윤리적 성관계 조장.

· 청소년 성행위 조장 및 성 윤리 왜곡.

· 가족 윤리 훼손 우려.

---

72 「청소년보호법」 제58조 1항

73 「청소년 보호법」 시행령[시행 2024. 3. 29.] [대통령령 제34373호, 2024. 3. 29., 일부개정] [별표 2] 청소년유해매체물의 심의 기준(제9조 관련)

· 잔인한 폭력 및 살인 장면의 자극적 묘사.

· 성폭력, 자살, 학대 등의 미화.

· 범죄 미화 및 방법 상세 묘사.

· 역사적 사실 왜곡 및 국가 존립 위협.

· 저속한 언어 과도 사용.

· 도박 및 사행심 조장.

· 청소년 유해 약물의 효능 및 제조 방법 조장.

· 청소년 유해 업소 출입 및 불건전한 교제 조장.

청소년 유해 매체물에는 '청소년 유해 표시'를 해야 하며, 이를 표시할 의무자, 표시의 종류, 시기 및 방법 등은 규정되어 있다. 이를 위반해 청소년 유해 표시를 하지 않은 자는 2년 이하의 징역 또는 2천만 원 이하의 벌금에 처해진다.[74]

또한 청소년 유해 업소의 업주 및 종사자는 청소년의 출입 · 이용 및 고용을 제한하는 표시를 해야 하며, 청소년 유해 매체물은 포장해야 한다. 다만, 포장이 불가능한 매체물은 예외로 한다.

청소년 유해 매체물 중 방송 프로그램 광고는 특정 시간대에 방송이 금지되며, 청소년 접근 제한 기능이 없는 컴퓨터 통신으로 이를 배포하는 것도 금지된다. 이를 위반할 경우 2년 이하의 징역 또는 2천만 원 이하의 벌금에 처해진다.[75]

2) 「성폭력처벌법」상의 처벌

(1) 통신매체를 이용한 음란 행위

자기 또는 다른 사람의 성적 욕망을 유발하거나 만족시킬 목적으로 전화, 우편, 컴퓨터, 그 밖의 통신매체를 통하여 성적 수치심이나 혐오감을 일으키는 말, 음향, 글, 그림, 영상 또는 물건을 상대방에게 도달하게 한 사람은 2년 이하의 징역 또는 2천만 원 이하의 벌금에 처한다.[76]

---

74 「청소년보호법」 제59조 2항

75 동법 제59조(벌칙)

76 「성폭력범죄의 처벌 등에 관한 특례법」(약칭: 성폭력처벌법) [시행 2024. 1. 25.] [법률 제19743호,

(2) 카메라 등을 이용한 촬영

카메라나 그 밖에 이와 유사한 기능을 갖춘 기계장치를 이용하여 성적 욕망 또는 수치심을 유발할 수 있는 사람의 신체를 촬영대상자의 의사에 반하여 촬영한 자는 7년 이하의 징역 또는 5천만 원 이하의 벌금에 처한다.[77]

촬영물 또는 복제물을 반포, 판매, 임대, 제공, 전시, 상영한 자나, 촬영 당시 동의가 있었더라도 사후에 촬영 대상자의 의사에 반해 이를 반포한 자는 7년 이하의 징역 또는 5천만 원 이하의 벌금에 처해진다.[78]

3) 처벌 사례

【사례 ①】불법 사설 경마 사이트 운영자 등 30명 검거[79]

피의자 A 등 3명은 사설 경마 사이트(도메인 불상)를 운영하면서 500명으로부터 마권 대금 200억 원 상당을 입금받고 배당금 196억을 지급하여 유사 경마 행위를 하였다. 또 피의자 B는 사설 경마 사이트에서 114회에 걸쳐 8,460만 원의 마권을 구매하여 상습적으로 도박 하는 등 피의자 27명은 5억 원 상당의 도박 행위를 하였다.

적용된 법규는 「한국마사회법」 제50조 제1호의 유사행위의 금지조항으로, 이에 위반하는 경우 5년 이하의 징역, 5천만 원 이하 벌금에 처한다. 또한 동법 제59조의 마권구매등 상대자에 관한 규정으로, 이를 위반하는 경우 1년 이하 징역, 1천만 원 이하의 벌금에 처한다. 그리고 「형법」 제246조 제2항의 상습도박 규정에 따라, 이를 위반하면 3년이하 징역 또는 2천만 원 이하의 벌금에 처한다.

【사례 ②】아동·청소년 음란물 유포 피의자 검거[80]

일본에 서버를 두고 아동·청소년이 등장하는 음란사이트를 운영하여, 국내 성인 전용 PC방에 유포하고, 2억 원 상당의 부당이득을 취한 피의자를 검거, 구속하

2023. 10. 24., 타법개정] 제13조

77 동법 제14조 제1항

78 동법 제14조 제2항

79 경찰청 홈페이지 보도자료, 2011.03.15(www.police.go.kr; 검색일 2024.04.05); 2011년 3월 15일 강원도 춘천경찰서 관할 사건

80 경찰청 홈페이지 보도자료, 2011.02.11(www.police.go.kr; 검색일 2024.04.05); 2011년 2월 11일 서울구로경찰서 관할 사건

였다. 피의자는 일본에 서버를 둔 "Hera"라는 음란 사이트를 개설하여 아동·청소년의 성행위 장면 등이 담긴 음란물 33,353건을 저장한 후, 성인 전용 PC방 377곳에 월 15만 원을 받고 위 사이트에 접속하여 열람할 수 있게 하는 방법으로 음란물을 유포, 대포통장을 통해 2억 원 상당을 입금받아 부당이득을 취한 사례이다.

적용된 법규는 「아동청소년의성보호에관한법률」 제8조 제2항이며, 7년 이하 징역에 처한다.

【사례 ③】포르노 동영상 촬영, 배포 사이트 운영자 등 6명 검거[81]

주부 및 성인 사이트 회원들을 이용하여 포르노 동영상을 촬영하고, 이를 배포하여 3억 원 상당의 부당이득을 취한 피의자 6명을 검거했다. 6명 중 피의자 A 씨는 '패티쉬보이'라는 성인 사이트 운영자이고, 나머지는 종업원과 출연자들이었다. 이들은 페티쉬보이 사이트를 통해 10회 이상 유료 결제를 이용한 정회원(골드회원)들을 대상으로 "돌발방송" 제하의 음란한 내용 및 남녀의 성기가 드러나는 성행위를 실시간으로 중계해 주는 소위 포르노 음란물 서비스를 제공해 3억 원 상당의 부당이득을 취했다.

---

[81] 경찰청 홈페이지 보도자료, 2011.01.20(www.police.go.kr; 검색일 2024.04.05); 2011년 1월 20일 경기고양경찰서 관할 사건

제6절
불법 스팸 ——————————

1 불법 스팸의 의미

1) 의의

일반적으로 스팸(Spam)이란 수신자의 의사에 반하여 정보통신망을 통해 일방적으로 전송되는 영리 목적의 광고성 정보를 말한다. 즉 정보통신망을 통해 이용자가 원하지 않는데도 불구하고 일방적으로 전송되는 정보이다.

스팸은 다음과 같은 특징이 있다.

첫째, 원하지 않았거나(unwanted) 또는 요청하지 않은(unsolicited) 정보이다.

둘째, 영리를 위한 상업적 목적(Commercial)을 가지고 있다.

셋째, 대량으로 발송(Bulk)하는 등의 특징이 있다.

본래 스팸(Spam)이라는 단어는 미국 Homel Foods 회사의 돼지고기 햄 통조림 스팸(SPAM)의 이름이었으나 해당 제품의 지나친 광고로 인해 사람들이 불평을 하게 되었고, 이것을 영국 BBC의 코미디 프로그램에서 콩트의 소재로 삼으면서 사용되기 시작하였다. 그 이후부터 대량의 광고로 인한 공해를 스팸이라고 부르기 시작한 것이다.

2) 법률적 개념

스팸의 법률적 개념에 대해 알아본다. 영리 목적의 광고성 정보를 전송할 때에는 일정한 법적 의무사항을 준수하여야 한다. 이를 준수하지 않고 전송되는 것이 법률적 의미의 스팸이며, 이를 '불법 스팸'이라고도 한다.

국내에서 불법 스팸은 「정보통신망법」 제50조를 위반하여 전송 또는 게시되는 영리 목적의 광고성 정보를 말한다. 동법에서는 불법 스팸 전송으로 인한 피해 정도 등을 고려하여 광고 유형별로 전송자에 대한 준수 의무사항을 달리 부과하고 있다.

예컨대 전화 스팸, 즉 SMS, URL-SMS, MMS, 녹음 음성 등을 전송하고자 할 경우 수신자의 사전 동의를 얻어야 하고, 광고 내용에 일정한 표기 의무 및 수신 거부 방법 등을 제공해야 한다.

이메일 스팸을 전송하는 자는 수신자의 사전 동의를 얻을 필요는 없으나 수신자가 수신 거부한 이후에 재전송해서는 안되며, 전화 스팸과 마찬가지로 일정한 표기 의무 및 수신 거부 방법 등을 제공해야 한다.

이러한 스팸은 IT 기술 및 정보통신 서비스가 발전함에 따라 전송 기법이 날로 지능화되었고, 다양해지고 있다. 이는 단순히 개인의 사생활 침해뿐 아니라 도박·대출·의약품·음란물 등 불건전·불법콘텐츠 이용을 유도하는 매개 역할을 하고 있다. 불법 스팸은 건강한 사회·경제구조를 위협할 수 있다는 점에서 억제되고 차단되어야 한다.

그동안 문자 발송량 제한 및 스팸 발송자 서비스 이용 제한 등 스팸 발송 억제와 지능형 스팸 차단 서비스 가입 확대 등 다양한 정책이 추진되었다. 그러나 스팸은 전송 네트워크 단계에서 대응할 때 효과가 크기 때문에 사업자의 역할이 중요하다. 스팸 수신 당사자인 이용자 또한 스스로 스팸 피해를 방지하기 위해 사업자가 제공하는 지능형 스팸 차단 서비스 및 휴대전화를 통해 제공하는 간편 신고 서비스를 활용하는 것이 필요하다.

2 스팸의 유형

스팸은 전송 형태, 전송 경로, 콘텐츠의 내용에 따라 구분되는데, 이를 종합하여 휴대전화를 통한 스팸, 이메일을 통한 스팸, 기타 스팸, 즉 팩스나 메신저, 게시를 통한 스팸으로 분류하여 살펴본다.

1) 휴대전화 스팸

휴대전화를 통한 음성 스팸의 유형에는 원링 스팸, 녹음된 음성 스팸(ACS 또는 ARS), 육성으로 전송되는 스팸(TM)으로 구분되며, 문자 스팸의 유형에는 SMS,

URL-SMS, MMS를 이용한 스팸이 있다.

(1) 음성 스팸

음성 스팸은 말 그대로 음성으로 영리 목적의 광고성 정보를 전송할 때 수신자의 사전 동의를 받지 않거나 광고성 정보임을 밝히지 않은 정보 등을 말한다.

음성 스팸 유형을 살펴보면 다음과 같다.

첫째, 원링(One ring) 스팸이 있다. 이것은 벨이 한 번만 울리고 끊기는 방식으로 받는 사람의 호기심을 자극하여 휴대전화 이용자가 전화를 걸어오도록 유도하는 스팸 전화다. 수신자가 부재중 통화 기록을 보고 전화를 걸면 대부분 대출이나 성인 정보 등의 광고가 흘러나온다.

둘째, 녹음된 음성 스팸은 수신자와 전화를 연결하여 일방적으로 녹음된 음성 광고를 전송하는 방식이다. 유선전화, 인터넷 전화, 전용선 등에 자동 호출 장치(ACS) 또는 자동 녹음 장치(ARS)를 설치하여 광고 내용을 전송하는 음성 스팸이다.

셋째, 육성 스팸은 사람이 직접 전화하는 텔레마케팅(TM)이 대표적 방식이며, TM은 「방문판매등에 관한 법률」[82]에 의한 전화 권유 판매로서 「정보통신망법」 제50조의 적용을 받지 않는 예외 사항이다.

원링 스팸을 비롯한 음성 스팸은 당연히 불법행위이다. 「정보통신망법」 제50조에 따르면 수신자의 전화에 영리 목적의 광고성 정보를 전송하려는 자는 그 수신자의 사전 동의를 받아야 하며(제1항), 오후 9시부터 그 다음날 오전 8시까지의 시간에 수신자의 전화에 영리 목적의 광고성 정보를 전송하려는 자는 앞선 사전 동의에 더해 추가로 동의를 받아야 한다(제3항).

(2) 문자 스팸

문자 스팸은 수신자의 사전 동의 없이 일방적으로 전송되는 영리 목적의 문자형 광고성 정보를 말한다. 문자 스팸의 유형은 다음과 같다.

첫째, SMS(Short Message Service) 스팸이다. 이것은 휴대전화, 인터넷 전화(VoIP) 등의 단문 메시징 서비스(80byte 한글 40자)로 일방적으로 전송되는 영리 목적의 광

---

82 「방문판매 등에 관한 법률」(약칭: 방문판매법) [시행 2023. 7. 11.] [법률 제19531호, 2023. 7. 11., 일부개정]

고성 정보를 말한다.

둘째, URL-SMS 스팸이다. 이것은 무선 인터넷으로 특정 사이트의 접속을 유도하기 위해 일방적으로 전송되는 문자 메시지이다. 문자의 본문을 입력하는 공간에 무선 인터넷을 접속할 수 있는 Call-back URL을 저장하는데, 본문과 URL 구분을 위해 특수문자를 구분자로 사용하여 저장하고, 수신자가 OK 버튼 또는 확인 버튼을 누르면 이동통신망을 통한 무선 인터넷에 연결되어 해당 사이트에 자동 접속된다.

이는 휴대전화에서 직접 작성할 수 없으며, URL-SMS 발송 기능을 제공하는 웹사이트 또는 전용 프로그램을 이용해야 한다.

셋째, MMS(Multi-media Messaging Service) 스팸은 회신번호란에 개인 이동전화번호 입력 후 문자 메시지 본문 안에 광고할 이미지·동영상·음악·텍스트 등을 첨부하여 수신자에게 일방적으로 전송하는 영리 목적의 광고성 정보를 말한다. 이를 받은 수신자는 휴대전화에서 무선 인터넷에 접속하여 이미지 등을 다운로드한 후 전송된 내용을 볼 수 있다.

(3) 전송경로

휴대전화 스팸의 전송경로는 휴대전화의 기능을 이용하여 발송하는 것이 있고, SMS 중계사업자·유선사업자·인터넷 전화사업자·무선사업자와 같이 이동통신이 아닌 다른 서비스를 통해 발송하는 것이 있다.

또한 전송자 신원을 숨기기 위해 대포폰을 개통하여 스팸을 발송하거나 무선 인터넷이 가능한 스마트폰을 악성코드로 감염시켜 스팸 봇넷(Spam Botnet)[83]으로 만든 후 스팸을 발송할 수도 있다.

2) 이메일 스팸

이메일 스팸은 흔히 정크 메일(Junk Mail) 또는 벌크 메일(Bulk Mail)이라 부르는데, 원치 않는 상업적 이메일을 통틀어 이르는 말이다. 이메일 스팸을 보내기 위해서는 수신자 이메일 주소가 필요하므로 대부분의 스팸 전송자는 프로그램을 이용

---

[83] 위키백과 사전 참조; 스팸 봇넷(Spam Botnet)이란 악성 소프트웨어에 감염된 다수의 컴퓨터가 네트워크로 연결되어 해커의 제어하에 스팸 이메일을 대량으로 전송하는 시스템을 말함.

하여 커뮤니티 사이트, 게시판 등에 게재되어 있는 이메일 주소를 자동 수집하거나 랜덤으로 단어나 숫자를 조합하여 생성한다.

이메일 스팸은 포털사이트의 이메일 서비스에 가입한 대상자들에게 발송하는 것이 일반적이다. 보다 지능화된 기법으로 신원을 은닉하고 필터링을 우회하기 위해 스팸 발송 S/W를 이용하거나, 악성코드에 감염된 좀비 PC를 통하거나, 관리자의 부주의로 메일 서버가 오픈된 곳, 즉 오픈 릴레이(Open Relay), 오픈 프락시(Open Proxy)를 통해 발송하기도 한다.

3) 기타 불법 스팸

기타 불법 스팸으로 다음과 같은 것이 있다.

첫째, 게시 스팸이다. 스팸은 원치 않는 정보가 특정한 수신자에게 전송되는 것을 말하는데, 그 개념이 확장되어 원치 않는 정보를 다수가 열람할 수 있는 게시판 등에 올리는 것이 게시 스팸이다. 예컨대 공개 게시판, 블로그, SNS 서비스의 게시 기능을 이용하는 방법 등이 있다.

둘째, 팝업 스팸이다. 팝업 스팸 또는 팝업 광고는 인터넷 브라우징 중 갑자기 화면에 상업적 정보나 광고를 포함한 팝업 창이 뜨는 경우를 말한다. 이러한 팝업 스팸은 사용자 경험을 방해하고, 원치 않는 광고를 강제로 보여주는 것으로 주로 웹사이트를 통해 발생한다.

셋째, 메신저 스팸이다. 메신저 스팸은 메신저 서비스를 통해 스팸 메시지를 전송하는 행위이다. 메신저 서비스는 실시간 메시징(Instant messaging) 기술을 이용하여 사용자 간의 즉각적인 메시지 교환을 가능하게 한다.

스팸 전송자는 메신저 플랫폼을 통해 불법 광고, 피싱 시도, 또는 악성 링크를 전송하며, 친구 기반의 통신 수단인 메신저에서 친구의 ID를 도용하거나 사용자 목록을 이용하여 스팸 메시지를 발송한다. 이를 방지하기 위해, 메신저 플랫폼은 스팸 필터링, 계정 보안 강화, 사용자 신고 기능 등을 제공한다.

4) 콘텐츠별 스팸 분류

불법 스팸을 콘텐츠별로 분류해 보면 다음과 같다.

첫째, 불법 대출 스팸이다. 이것은 「정보통신망법」, 「대부업법」[84] 등 관련 법률을 위반하여 수신자에게 불법 대출을 권유하는 광고를 전송한 것이다. 주로 주요 금융기관을 사칭하는 경우가 많다.

둘째, 도박 스팸이다. 이것은 「정보통신망법」, 「형법」, 「사행행위규제법」[85] 등 관련 법률을 위반하여 수신자에게 도박 등 사행 행위 관련 광고를 전송하는 스팸이다.

셋째, 성인 스팸이다. 이것은 「정보통신망법」, 「청소년보호법」 등 관련 법률을 위반하여 지인을 가장한 문자, 포토 메일을 보내 정보이용료를 발생시키거나 청소년에게 청소년 유해 매체물 등을 전송하는 스팸이다.

넷째, 일반 재화 및 서비스 관련 스팸으로 대리운전 광고, 통신 서비스 가입 유치 스팸 등이 있다.

③ 불법 스팸의 처벌

현행법을 위반한 영리 목적의 광고성 정보(불법 스팸)를 전송하는 자에 대해 현장 조사를 실시하고, 과태료 부과 또는 사법 처리된다.[86]

---

84 「대부업 등의 등록 및 금융이용자 보호에 관한 법률」(약칭: 대부업법)[시행 2023. 9. 14.] [법률 제19700호, 2023. 9. 14., 타법개정]

85 「사행행위 등 규제 및 처벌 특례법」(약칭: 사행행위규제법)[시행 2021. 1. 1.] [법률 제17689호, 2020. 12. 22., 타법개정]

86 「정보통신망법」 제50조(영리목적의 광고성 정보 전송 제한)

1) 과태료 부과 대상

「정보통신망법」에 따라 과태료 부과 대상과 처벌의 내용은 <표 3-8>과 같다.

표 3-8 과태료 부과대상과 처벌[87]

관련법령	규제내용	규제대상	처벌내용
제50조 제1항	사전 수신동의 없는 광고 전송 금지	전체	제76조 제1항 3천만 원 이하의 과태료
제50조 제2항	수신거부 및 수신동의 철회자에 대한 광고 전송 금지	전체	
제50조 제3항	오후 9시~아침 8시까지 별도 동의 없는 광고 전송 금지	전체 (이메일 제외)	
제50조 제4항	광고성 정보 전송 시 표기 의무사항 위반	전체	
제50조 제6항	수신거부 및 수신동의 철회 시 비용 발생 금지	전체	
제50조 제8항	정기적인(2년) 수신동의 여부 확인	전체	
제50조의5	이용자의 동의를 받지 않고 영리 목적의 광고성 프로그램 설치 금지	애드웨어*	
제50조의7 제1항	제2항 인터넷 홈피 운영자 거부의사에 반하는 영리 목적의 광고성 정보 게시 금지	게시판	
제50조 제7항	사전 수신동의 · 수신거부 의사 · 수신거부 또는 수신동의 철회 처리 결과 미통지	전체	제76조 제3항 1천만 원 이하의 과태료
제50조의4 제4항	정보통신망 서비스 제공자 취약점 개선을 위한 필요사항 미조치	전체	

---

87 방송통신위원회 홈페이지(https://www.kcc.go.kr/user.do?page=A04100207&dc=K04100207, 검색일 2024.07.14);
※ 제76조 제1항: 과태료 1회 위반 750만 원, 2회 위반 1,500만 원, 3회 위반 3,000만 원
※ 제76조제3항: 과태료 1회 위반 300만 원, 2회 위반 600만 원, 3회 위반 1,000만 원
※ 애드웨어는 팝업 형태의 광고를 띄우거나 시작 페이지를 특정 홈페이지로 고정함.

2) 형사 처벌 대상

「정보통신망법」에 따라 형사 처벌 대상과 처벌 내용은 <표 3-9>와 같다.

표 3-9 형사 처벌 대상과 처벌 내용[88]

관련법령	규제내용	규제대상	처벌내용
제50조 제5항	- 수신거부, 동의 철회 회피·방해하는 조치 - 전화번호, 전자우편주소 자동 생성하는 조치 - 전화번호, 전자우편주소 자동 등록하는 조치 - 전송자의 신원이나 광고 전송 출처를 감추기 위한 각종 조치 - 수신자를 기망하여 회신을 유도하는 조치(원링 스팸)	전체	1년 이하 징역, 1천만 원 이하 벌금(제74조)
제50조의8	- 불법 행위를 위한 광고성 정보 전송 금지(불법도박, 불법대출, 불법의약품, 음란 행위 등)	전체	

④ 기타 정보통신망 이용형 범죄

정보통신망 또는 컴퓨터 시스템을 이용하여 행하여진 범죄 중에서 구성 요건의 본질적인 부분이 컴퓨터 시스템 또는 정보통신망에서 행해진 범죄를 정보통신망 이용형 범죄라고 하였다.

이러한 범죄 유형에는 지금까지 살펴본 것처럼 인터넷 사기, 전기통신금융사기, 개인 위치정보 침해, 사이버 저작권 침해 등이 있다.

이외에 유형별로 분류되지 아니한 기타 정보통신망 이용형 범죄에 대해서 알아본다.

1) 컴퓨터 등 사용 사기

「형법」 제347조의 2는 컴퓨터 등 사용 사기에 대해서 규정하고 있다. 즉, 컴퓨터 등 정보처리장치에 허위의 정보 또는 부정한 명령을 입력하거나 권한 없이 정보를

---

88 방송통신위원회 홈페이지(https://www.kcc.go.kr/user.do?page=A04100207&dc=K04100207, 검색일 2024.07.14)

입력·변경하여 정보처리를 하게 함으로써 재산상의 이익을 취득하거나 제3자로 하여금 취득하게 하는 것을 컴퓨터 등 사용사기라고 한다. 컴퓨터 등 사용사기를 행한 자는 10년 이하의 징역 또는 2천만 원 이하의 벌금에 처한다.

2) 전자화폐 등에 의한 거래 행위

「전자금융거래법」[89] 제49조 제5항은 전자화폐를 이용한 거래 행위에 대해 다음과 같은 경우 처벌을 규정하고 있다.

첫째, 해당 가맹점의 승인 없이 다른 가맹점의 이름을 사용하여 전자화폐를 통해 거래를 수행하는 경우, 둘째, 가맹점이 아닌 자가 가맹점의 명의를 도용하여 전자화폐로 거래를 수행하는 행위이다. 즉 불법적으로 가맹점의 명의를 도용하거나 부적절하게 전자화폐를 사용하는 행위는 3년 이하의 징역 또는 2천만 원 이하의 벌금에 처벌된다.

3) 정보통신망 인증 관련 위반 행위

「정보통신망법」 제74조 제1항에 의하면, 정보통신망(컴퓨터 시스템)을 통하여 정보통신망의 인증을 받지 아니한 자가 그 제품이 표준에 적합한 것임을 나타내는 표시와 비슷한 표시를 한 제품을 판매하거나, 판매 목적으로 진열한 경우 1년 이하의 징역 또는 1천만 원 이하의 벌금으로 처벌을 받는다.

---

89 「전자금융거래법」[시행 2024. 9. 15.] [법률 제19734호, 2023. 9. 14., 일부개정]

제4장

불법콘텐츠 범죄

●●● **제1절**

사이버 명예훼손 ────────────

1 사이버 명예훼손의 의미와 성립 요건

1) 의미

사이버 명예훼손은 인터넷 게시판 등에 타인의 명예를 훼손하는 글, 사진 등을 게시하거나 전자우편 등을 통해서 유포하는 것을 말한다. 이것은 사람을 비난할 목적으로 정보통신망을 통하여 공연히 사실 또는 허위사실을 적시해서 타인의 명예를 훼손하는 행위이다. 예를 들면, 인터넷 홈페이지나 게시판에 누군가가 실명 또는 익명으로 "연예인 A 씨는 동료연예인 B 씨와 밀월 여행을 다녀왔다", "A사 제품에 이물질이 나와서 사용할 수 없다", "A 단체는 반사회적인 단체로서 도선적(leading) 이다"라는 등의 내용을 게시하는 것은 사이버 명예훼손의 실례에 해당한다.

사이버 명예훼손은 불특정 다수인의 무제한 접근이 가능한 인터넷의 특성상 인터넷 게시판 등에 해당 내용이 일단 게시되면 시공간적 제한 없이 단시간 내에 급속도로 유포될 수 있기 때문에 그로 인한 피해가 심각할 수 있다. 이러한 이유로 「정보통신망법」에서는 사이버 명예훼손죄를 일반 명예훼손죄보다 더 무겁게 처벌하도록 규정을 하고 있다.

2) 성립 요건

사이버 명예훼손이 성립하는 요건에 대해서 알아보면 다음과 같다.

(1) 명예

먼저, 명예는 어떤 의미를 가지는가. 여기서는 외적 명예를 의미한다. 다시 말하면 성별이나 연령, 기혼, 미혼을 불문하며, 유아나 정신질환자, 범죄자나 파렴치한 등도 명예의 주체가 될 수 있기 때문에 외적 명예를 뜻한다. 또 법인격이 없는 단체라도 사회경제적 기능을 담당하고 통일된 의사를 형성할 수 있다면 명예의 주체가 될 수 있다. 정당은 물론 노동조합, 병원, 종교단체, 종친회, 향우회도 명예훼손의 주체가 될 수 있다.

(2) 비방할 목적

상대방을 비방할 목적이 있어야 한다. 가해자의 고의 목적 이외에 비방할 목적이 있어야 성립이 가능하다. 타인의 명예를 훼손시키기 위해서 인격적인 평가를 저하시키려는 의도가 있어야 한다. 자신의 행위가 공연히 사실을 적시해서 타인의 명예를 훼손할 가능성이 있음을 인식하고, 감수하는 정도를 넘어 목적으로 삼는 것을 의미한다.

(3) 사실 또는 허위 사실의 적시

구체적인 사실을 적시하거나 허위사실을 적시해야 한다. 타인의 인격에 대한 사회적 가치 내지는 평가가 침해될 가능성이 있을 정도로 구체성을 띠어야 하는 것이다. 구체성이 필요하므로 장래의 사건이나 행운의 편지라든가 저주성 글 등은 명예훼손에 해당되지 않는 경우도 있다.

(4) 공연성

공연성은 불특정적인 다수인이 인식할 수 있는 상태로 공개되는 것을 의미한다. 예를 들어 누구나 볼 수 있는 자유 게시판 같은 곳에 타인의 명예를 훼손하는 글을 게시하면 공연성이 충족되는 것이다.

그러나 채팅이나 개인 간의 이메일, 쪽지와 같은 경우는 주로 일대일 대화방식으로써 불특정 또는 다수인이 인식할 수 있는 상태가 아니기 때문에 공연성을 인정하지 않는 것이 일반적이다. 물론 예외의 경우가 있을 수 있지만, 공연성은 불특정 다수인이 인식할 수 있는 것이어야 한다.

(5) 위법성 조각사유

이상의 요건이 성립한다면 사이버 명예훼손이 성립될 가능성이 높지만, 그 내용이 오로지 진실하고 공공의 이익에 관한 것이라면 처벌되지 않는다. 이를 위법성 조각사유라고하며, 그 내용이 진실하고 공공의 이익에 부합하는 것이라면 처벌되지 않는 것이다. 그러나 위법성 조각사유의 해당 여부는 행위자가 입증을 하여야 한다.

(6) 반의사불벌죄

사이버 명예훼손죄는 반의사불벌죄에 해당하며, 피해자가 명백하게 가해자의 처벌을 원하지 않는다는 의사표시를 하면 처벌할 수 없는 범죄를 뜻한다. 이것은 해제조건 무범죄라고도 하며, 특히 고소한 후에도 1심 전에 고소를 취하할 수 있는 특징을 가지고 있다.

② 사이버 명예훼손의 분쟁 조정

1) 『명예훼손 분쟁조정부』의 설치

사이버 명예훼손의 분쟁 조정과 관련해서 방송통신심의위원회에 『명예훼손 분쟁조정부』가 설치가 되어 있다. 방송통신심의위원회 『명예훼손 분쟁조정부』에서는 정보통신망을 통하여 유통되는 정보 중 사생활 침해, 명예훼손 등 타인의 권리를 침해하는 정보와 관련된 분쟁의 조정사건을 심사하고 있다. 즉, 사이버 명예훼손에 대한 신청접수 및 처리업무를 수행하고 있다.[1]

방송통신심의위원회는 정보통신망을 통하여 유통되는 정보 중 사생활의 침해 또는 명예훼손 등 타인의 권리를 침해하는 정보와 관련된 분쟁의 조정업무를 효율적으로 수행하기 위하여 5명 이하의 위원으로 구성된 『명예훼손 분쟁조정부』를 둔다. 그중 1명 이상은 변호사의 자격이 있는 자로 한다.[2]

---

1 「정보통신망법」 제44조의 10

2 동법 제44조의 10

사이버범죄론

2) 이용자 정보의 제공 청구

이용자 정보의 제공 청구는 특정한 이용자에 의한 정보의 게재나 유통으로 사생활 침해 또는 명예훼손 등 권리를 침해당했다고 주장하는 자는 민형사상의 소를 제기하기 위하여 침해 사실을 소명하여 청구할 수 있다.[3]

즉, 『명예훼손 분쟁조정부』에 해당 정보통신 서비스 제공자가 보유하고 있는 해당 이용자의 정보, 다시 말해 민형사상의 소를 제기하기 위한 성명, 주소 등 대통령령으로 정하는 최소한의 정보를 제공하도록 청구할 수 있다. 『명예훼손 분쟁조정부』는 이용자 정보의 제공 청구를 받으면 해당 이용자와 연락할 수 없는 등의 특별한 사정이 있는 경우 외에는 그 이용자의 의견을 들어 정보제공 여부를 결정하여야한다. 이에 따라 해당 이용자의 정보를 제공받은 자는 해당 이용자의 정보를 민형사상의 소를 제기하기 위한 목적 외의 목적으로 사용하여서는 아니 된다.

3) 상담

사이버 명예훼손의 분쟁조정부의 기능 중에는 상담 기능이 있다. 정보통신망에서의 명예훼손, 모욕, 성폭력, 스토킹 등에 대한 상담 및 정보 제공, 당사자 간의 조력, 변호사 자문 의뢰, 위원회에서 운영하는 불법 유해 정보 신고센터 및 타 기관 안내 등에 대한 다양한 상담 처리를 『명예훼손 분쟁조정부』에서 하고 있다.

③ 사이버 명예훼손의 처벌과 동향 사례

1) 처벌 법규

(1) 「형법」상 명예에 관한 죄

가) 명예훼손죄

불특정 다수인을 상대로 공연히 사실을 즉시하여 사람의 명예를 훼손하는 자는 2년 이하의 징역이나 금고 또는 500만 원 이하의 벌금에 처한다. 또한 공연히 허위 사실을 즉시하여 사람의 명예를 훼손한 자는 5년 이하의 징역, 또 10년 이하의 자격

---

3 동법 제44조 6

정지 또는 1천만 원 이하의 벌금에 처하도록 규정하고 있다.[4]

나) 사자의 명예훼손

공연히 허위의 사실을 적시하여 사자의 명예를 훼손한 자는 2년 이하의 징역이나 금고 또는 500만 원 이하의 벌금에 처하도록 규정하고 있다.[5]

다) 출판물 등에 의한 명예훼손

출판물 등을 통해 명예훼손을 저지른 경우 3년 이하의 징역 또는 700만 원 이하의 벌금에 처해지며, 사실을 적시한 경우에는 7년 이하의 징역 또는 1,500만 원 이하의 벌금이 부과된다.[6]

라) 위법성 조각사유

사실을 적시하여 사람의 명예를 훼손한 행위가 진실한 사실로서 오로지 공공의 이익에 관한 것일 때에는 처벌하지 아니한다. 공공의 이익과 관련되는 경우, 위법성 조각 사유로서 처벌을 받지 않는다.[7]

마) 모욕

공연히 사람을 모욕한 자는 1년 이하의 징역이나 금고 또는 200만 원 이하의 벌금에 처한다.[8]

바) 고소와 공소제기

사자의 명예훼손과 모욕의 죄는 고소가 있어야 공소를 제기할 수 있고, 명예훼손과 출판물 등 명예훼손의 죄는 피해자가 명시한 의사에 반하여 공소를 제기할 수 없다.[9] 피해자가 처벌을 원하지 않으면 처벌할 수 없다는 것이다.

---

4 「형법」제307조
5 동법 제308조
6 동법 제309조
7 동법 제310조
8 동법 제311조
9 동법 제312조

사이버범죄론

(2) 「정보통신망법」상의 규정

「정보통신망법」상의 사이버 명예훼손죄에 대해서 살펴본다. 사이버 명예훼손죄는 사실을 유포해서 명예를 훼손한 경우와 허위사실을 유포해서 명예를 훼손하는 경우, 2가지로 구분이 되고 있다.

가) 사실 유포

사실 유포죄는 공공연하게 사실을 드러내서 다른 사람의 명예를 훼손하는 것이다. 동법 제70조 제1항에 사실 유포에 대해서 규정을 하고 있다. 사람을 비방할 목적으로 정보통신망을 통해서 공공연하게 사실을 드러내서 다른 사람의 명예를 훼손한 자는 3년 이하의 징역 또는 3,000만 원 이하의 벌금에 처하도록 하고 있다.

나) 허위사실 유포

허위사실을 유포한 경우도 마찬가지로 사이버 명예훼손죄에 해당된다. 사람을 비방할 목적으로 정보통신망을 통하여 공공연하게 거짓의 사실을 드러내서 다른 사람의 명예를 훼손한 자는 7년 이하의 징역, 10년 이하의 자격정지 또는 5천만 원 이하의 벌금에 처한다.

다) 권리 보호

정보통신망에서의 권리 보호는 동법 제44조에 규정되어 있다. 이에 따르면, 이용자는 사생활 침해나 명예훼손 등 타인의 권리를 침해하는 정보를 정보통신망에 유포해서는 안 된다. 정보통신 서비스 제공자는 이러한 권리 침해 정보를 방지하기 위해 노력할 의무가 있으며, 방송통신심의위원회는 이러한 침해를 방지하기 위한 기술 개발, 교육, 홍보 등의 시책을 마련하고 이를 정보통신 서비스 제공자에게 권고할 책임이 있다.

라) 정보의 삭제 요청 등

정보통신망을 통해 공개된 정보로 인해 사생활 침해나 명예훼손 등의 권리 침해가 발생한 경우, 피해자는 정보통신 서비스 제공자에게 해당 정보의 삭제 또는 반박 내용 게재를 요청할 수 있다. 정보통신 서비스 제공자는 요청을 받으면 지체 없이 삭제나 임시조치 등의 필요한 조치를 하고, 이를 신청인과 정보 게재자에게 통보해야 한다.

또한, 권리 침해 여부가 불명확하거나 당사자 간의 다툼이 예상되는 경우 임시적으로 해당 정보의 접근을 차단하는 조치를 취할 수 있으며, 이 조치는 최대 30일 동안 유지된다. 정보통신 서비스 제공자는 이러한 내용을 약관에 명시해야 하며, 필요한 조치를 취한 경우 배상 책임이 경감되거나 면제될 수 있다.[10]

2) 동향

명예훼손 분쟁조정 제도는 온라인상에서 유포된 게시글 등으로 인한 명예훼손에 대해 재판 등의 사법 절차에 이르지 않고 원만히 해결을 원하는 당사자들에게 도움을 주는 제도이다. 해당 게시물 삭제뿐만 아니라 상대방의 사과, 손해배상 등도 가능하여 복잡한 사법 절차에 비해 경제적·시간적 노력이 적게 소요되는 특징이 있다.

2020년 상반기에 명예훼손 분쟁조정 및 이용자 정보의 제공 청구 등으로 『명예훼손 분쟁조정부』에 신청된 사건은 총 941건이며, 이 중 최종적으로 접수된 건은 187건(19.9%), 상담 등을 통해 보완을 요청하였으나 요건미비 등으로 접수되지 못하고 답변으로 처리되어 종결된 건은 754건(80.1%)이었다.

그 전년도 상반기와 비교해 보면 총 신청 건수가 1,170건에서 941건으로 229건(19.6%) 감소하였고, 최종적으로 접수되어 처리된 사건 역시 295건에서 187건으로 108건(36.6%) 감소하였다.[11]

2020년 상반기 『명예훼손 분쟁조정부』에서 접수 처리된 사건의 결과를 보면 '조정전 합의' 5건, '조정의 거부' 19건, '정보제공 결정' 53건, '기각' 84건, '각하' 12건, '취하' 14건으로, 전년도 상반기에 비해 '조정전 합의'가 0건에서 5건으로 증가하였으며 '정보제공 결정'도 36건에서 53건으로 17건 증가하였다.[12]

---

10 「정보통신망법」 제44조의 2

11 방송통신심의위원회 홈페이지(www.kocsc.or.kr, 검색일 2024.07.22)

12 방송통신심의위원회, 분쟁조정 현황 | 2020년 상반기 보고서, 2020.02.22.

표 4-1 2019년 및 2020년 상반기 『명예훼손 분쟁조정부』 업무 처리 현황[13]

(단위: 건, %)

구분	접수 처리								답변 처리	계
	조정전 합의	조정 결정	조정 거부	정보 제공 결정	기각	각하	취하	소계		
2019년 상반기	0	0	4	36	231	18	6	295 (25.2)	875 (74.8)	1,170 (100)
2020년 상반기	5	0	19	53	84	12	14	187 (19.9)	754 (80.1)	941 (100)

<표 4-2>는 2010년 3월을 기준으로 방송통신심의위원회가 사이버 명예훼손 상담 건수를 피해 장소별로 집계하여 분류한 것이다. 사이버 명예훼손의 상담 건수를 피해 장소별로 살펴보면, 게시판, 카페, 미니홈피, 블로그, 게임, 쪽지, 핸드폰, 기타 장소의 순서로 피해가 많이 일어났으며, 게시판, 카페, 미니홈피의 경우 사이버 명예훼손의 가장 많은 피해 사례가 나타났다. 사이버 모욕의 경우는 게시판, 핸드폰의 순으로 많은 비중을 차지하고 있다.

표 4-2 명예훼손 분쟁조정 상담 건수의 피해 장소별 분류(2010년 3월)[14]
<피해 장소별 분류>

(단위: 건)

구분	계	명예훼손	모욕	성폭력	스토킹	기타
게시판	34	25	9	0	0	0
카페	8	4	1	1	1	1
미니홈피	6	3	2	0	1	0
블로그	6	3	2	0	0	1
게임	5	1	2	0	0	2
쪽지	3	1	0	0	0	2
휴대폰	3	0	3	0	0	0

---

13 상계 보고서 참조.

14 방송통신심의위원회 홈페이지(www.kocsc.or.kr, 검색일 2024.12.04); 방송통신심의위원회 2010년 3월 사이버권리침해 상담 동향 분석

기타	12	1	4	1	0	6
합계	77	38	23	2	2	12

3) 사례

【사례 ①】 특정인을 모욕하는 '대화명' 유죄 사례

이 사례는 특정인에게 모욕을 주는 대화명은 유죄라는 판결의 내용이다. 대법원의 판결 내용은 단순 의견 개진이 아닌 허위사실 적시는 명예훼손이라는 취지이다.[15]

B 씨는 모 컴퓨터 관련 업체에 고용된 지 20여 일 만에 해고되자 이 회사 대표에게 욕설 내용의 메신저 대화명을 사용하고 인력 채용 사이트 게시판에 해직된 회사를 비방하는 글을 올린 혐의 등으로 기소됐다.

대법원은 해직된 회사대표를 모욕하는 내용의 메신저 대화명을 사용하고, 허위사실을 적시해 명예 훼손한 혐의 등으로 기소된 B 씨에 대한 상고심에서 벌금 100만 원을 선고한 원심을 확정했다. 재판부는 판결문에서 피고인이 피해자를 모욕하는 내용이 포함된 대화명을 사용, 메신저 대화 상대방들이 쉽게 볼 수 있는 상태에 놓아둔 행위는 모욕죄에 해당한다고 밝혔다.

특정인을 모욕하는 대화명은 유죄라는 판결에서 재판부는 피고인이 인력채용 사이트에 게시한 글은 단순한 의견의 개진이 아닌 진실에 부합하지 않는 허위사실의 적시라며 피고인이 피해자 회사의 명예를 훼손했다는 점 역시 충분히 인정된다고 덧붙였다.

【사례 ②】 인터넷 괴담(일명 4040 전화) 최초 유포자 검거 사례

이 사건은 잘못 걸린 전화 때문에 욕설이 오고 가자 앙심을 품고 SNS를 이용하여 '특정 번호의 전화를 받으면 25,000원이 결제된다'는 일명 '4040 괴담'을 유포한 C 씨를 검거한 사건이다.[16]

범행 동기를 보면, C 씨가 전화를 잘못 걸었을 때 피해자가 기분 나쁘게 응대했다는 이유로 시비를 걸었고 욕설이 오고 가자 이에 앙심을 품고 피해자의 휴대전화를 사용하지 못하게 할 마음을 먹게 되었다고 한다.

---

15 연합뉴스, 2005. 2. 23.

16 경향신문 2012. 3. 29; 대구지방경찰청 사이버범죄수사대

●●●● 제2절

사이버 스토킹 ────────────

1 스토킹의 특징과 유형

1) 스토킹의 특징

스토커(Stalker)의 어원인 stalk의 사전적 의미는 '활보하다', 또는 '몰래 접근하다'라는 뜻이다. 이러한 행위를 하는 사람을 스토커라고 부른다.

일반적으로 스토킹(Stalking)이란 표적으로 삼은 사람의 의사와는 관계없이 호의나 악의를 가지고 계속 그 표적을 따라다니며 정신적 신체적인 피해를 입히는 행위이다. 스토킹(Stalking)은 주로 한 명의 가해자가 한 명의 피해자에게 행하는 범죄이기도 하지만 그렇지 않는 경우도 있다.

스토커들의 공통된 특징은 표적을 동등한 인격체로 인정하지 않는다는 것이다. 다시 말하면, 스토커들은 표적 자체를 소유물로 생각하기 때문에 표적의 기분이나 의지, 감정 등을 전혀 배려하지 않는 특징이 있다.

미국 법무부 산하 사법통계국(Bureau of Justice Statistics)에 의하면,[17] 스토킹 피해자 중에서 약 19.6%의 사람들이 3명 이상의 가해자에게 스토킹을 당했다고 진술을 했다. 스토킹은 가해자 한 명에 피해자 한 명이 아니라 피해자 한 명에 가해자가 여러 명 생길 수 있다는 것이다. 스토킹의 표적이 되고 있는 대상은 대부분 여성인데, 실제로 피해 사례 집계 결과 피해자의 50% 이상이 여성이었다고 한다.

---

17 미국 법무부 산하 사법통계국(Bureau of Justice Statistics) 홈페이지(http://www.bjs.gov/, 검색일 2024.01.12)

2) 스토킹의 유형과 피해 사례

(1) 유형

스토킹 행위는 어떤 형태로 이루어지는가. 다음은 여러 가지 유형의 스토킹을 나열한 것이다.

첫째, 표적을 향해서 선물 공세를 펼치거나 추근거리며 갑자기 달려 들어 껴안는 등의 행위를 한다.

둘째, 표적의 뒤를 따라 다니면서 미행을 하거나 표적의 집이나 직장 앞에서 몰래 기다린 뒤에 표적이 나오면 그 앞에 불쑥 나타난다.

셋째, 표적에게 끈질기게 전화, 이메일, 쪽지 등을 통해서 구애를 하거나 음란한 말을 한다.

넷째, 표적의 이성 친구 등에게 피해를 입히는 유형이다. 스토커는 주로 표적에게 직접적인 피해를 입히지만, 표적의 지인에게 피해를 주는 경우도 적지 않다.

다섯째, 표적에 대해서 막말과 폭언을 하거나 협박 등을 한다. 또 표적에 대한 허위사실을 유포하거나 모함 등을 한다. 심지어 표적을 감금하거나 폭행, 살해하는 등의 행위를 하는 유형도 있다.

여섯째, 스토킹의 대상이 되는 사람 앞에서 자해를 하거나 자해 장면을 휴대전화 등을 통해서 보내고, 자신에게 호의를 베풀지 않으면 자살하겠다고 협박을 하는 형태도 있다.

(2) 피해 사례

스토킹을 통해서 발생하는 피해 사례들을 살펴보면, 스토킹 피해를 지속적으로 당했을 때 불면증에 시달리는 사람들이 있다. 또한 이런 스토킹을 한 번 당하게 되면 혼자 있을 때, 또는 외출할 때, 비슷한 사람을 보거나 전화벨 소리만 들어도 깜짝깜짝 놀라 두려움을 느끼게 되기도 한다.

특히 마음이 여리거나 내성적인 사람일 경우, 일반인에 비해서 아주 심한 정신적인 충격을 받을 수 있다. 그리고 지속적으로 쫓기다 보니 정신과 치료를 받을 정도로 심각한 후유증을 보이게 되는 피해자도 있다. 또한 상대방의 정신 이상 행동으로 인해서 평범한 사람도 정신 이상자가 될 수 있는 위험성이 있다.

3) 스토커의 유형별 원인

스토킹을 일으키는 원인을 스토커의 유형별로 살펴본다.

(1) 자기중심적인 사람

스토커들 가운데는 자기중심적인 사람이 많다. 상대방의 입장은 안중에도 없이 자기가 좋아하거나 싫어하는 사람과 그에 대한 행동을 참지 못해서 지속적으로 그 사람을 괴롭히다가 결국은 스토커로 발전하게 된다. 이런 경우는 매우 자기중심적인 성향을 띠는 사람들이다.

(2) 편집성 인격장애 혹은 편집증을 가진 사람

편집성 인격장애나 혹은 편집증을 가진 사람이다. 이 경우는 스토킹의 행위가 상당히 치밀하고 조직적이고 집요한 특징을 지니고 있다. 이러한 유형은 남녀 구분 없이 가해자 혹은 피해자가 될 수가 있다. 상대방이 이성일 경우에는 좋아할 때까지 쫓아가서 애정 표현을 하라고 강요하는 특징이 있다. 이런 유형에는 편집성 인격장애나 편집증을 가진 사람이 많다.

찾아보기

▶ **편집증이란?**

편집증(偏執症)은 '패러노이아(paranoia)'라는 그리스 단어에서 유래가 되었고, 그리스어로는 단순히 '정신 이상'을 뜻하는 단어이다. 특히 편집증이라는 단어는 언론이나 오늘날 문학에서는 '의심이 많다'는 뜻으로 쓰여지기도 한다. 보통 편집증이란 심각한 우려나 과도한 두려움 등의 특징이 나타나는 이상 심리학적 증상이며, 어떤 망상에 사로잡혀 있는 정신 이상 증세의 한가지이다. 보통 비이성적인 사고나 착각의 상태에 이르게 된다(Naver 지식백과 참조).

---

(3) 인격적인 미숙아

인격적인 미숙아에는 마마보이 등이 해당한다. 예컨대 '내가 상대를 좋아하니까 상대방도 당연히 나를 좋아할 것이다', '내가 하는 행동을 상대방이 싫어할 리가 없다'는 식의 방식 사고를 가지고 있다. 그래서 상대방에게 떼를 쓰듯이 달려드는 스토커의 모습을 보면, 마치 엄마에게 투정을 부리는 어린이와 비슷한 양상을 띤다. 남에 대한 공감 능력이 없어서 남이 싫어하는 행동이나 고통을 전혀 모르는 것이다. 애정을 주고받는 관계가 제대로 형성되지 못한 사람으로 볼 수 있다. 이러한 증세는 잘못된 가정교육에서 비롯되는 경우가 많고, 자기밖에 모르는 이기적이고 의존적인 '마마보이형의 사람'이 된다.

(4) 열등감이 많은 사람

스토커 중에는 자신감이 부족하다고 생각하는 사람이 많다. 그래서 자신이 선택한 상대방을 이상화하고, 그 상대로부터 인정받음으로써 자존감을 유지하려고 애쓰는 것이다.

이러한 사람들을 보면, 가정적인 요인이 가장 큰 원인이 될 수 있다. 성장하면서 가정에서 인정을 못 받으면 열등감이 많은 사람이 되기 쉽고, 어린 시절에 부모가 기분에 따라 자녀의 요구를 들어주기도 하고 무시하기도 하면 결국 아이는 자신이 원하는 바가 어떻게 될지 예측하기 어렵게 된다. 그래서 논리적으로 엄마를 설득해 자신의 의사를 관철시키려고 하기보다는 떼를 쓰는 버릇이 생겨나게 되는 것이다. 그러한 버릇이 성장한 후에도 지속되면 논리적이고 합리적으로 문제해결을 하지 않고, 떼를 쓰고 매달려 원하는 것을 얻고자 한다. 이러한 성향이 결국 스토킹을 하는 결과를 초래한다.

(5) 분리불안증

또 다른 스토커의 원인으로 분리불안증을 들 수 있다. 아이는 엄마의 품에서 떨어지기 싫어하고 엄마의 품을 벗어나는 것을 두려워한다. 스토커들이 상대방을 집요하게 쫓아다니는 것도 이러한 원리와 같다. 다시 말해서 스토커는 인격적으로 미숙한 상태에서 분리불안증을 가지고 있는 것이다.

자신이 좋아하고 사랑받고 싶어 하는 상대가 잠시라도 안 보이거나 연락이 안 되면 버림을 받을 것 같은 마음이 들고, 그 공허감을 견디기 힘들어한다. 그래서 이들은 자신을 좋다고 쫓아다니는 사람은 오히려 싫어하고, 자신이 쫓아다니면서 공허한 마음을 채우고 외로움의 공포에서 해방되려고 한다. 이것이 스토킹 행위로 연결되는 것이다.

② 사이버 스토킹의 의미

1) 사이버 스토킹의 개념과 특징

(1) 개념

사이버 스토킹(Cyber Stalking)은 정보통신망(컴퓨터 시스템)을 통하여 공포심이나 불안감을 유발하는 부호, 문언, 음향, 화상 또는 영상을 반복적으로 상대방에게 도달하도록 하는 것을 말한다.

사이버 스토킹은 스토킹의 일종으로 정보통신망을 이용해서 악의적 또는 지속적으로 공포감이나 불안감 등을 유발하는 행위이다. 예를 들면 이동통신이나 이메일 또는 대화방 게시판 등 정보통신망을 이용해서 일정한 의도와 악의를 가지고 지속적으로 공포감이나 불안감 등을 유발하는 행위를 말한다. 이것은 표적으로 삼은 사람의 의사와는 관계없이 호의나 악의를 가지고 계속 그 표적을 따라다니면서 정신적·신체적 피해를 입히는 행위이다. 사이버 스토킹 행위를 통해서 상대방을 노이로제에 빠뜨리는 사람을 '사이버 스토커'라고 한다.

(2) 특징

사이버 스토킹의 특징은 다음과 같다.

첫째, 정보통신망을 이용해 언제 어디서든지 쉽게 상대방을 괴롭히거나 위협을 할 수 있다. 즉, 정보통신망이 되는 곳이면 상황에 무관하게 스토킹이 가능하며, 피해자에 대한 악의적인 내용을 순식간에 불특정 다수에게 전달할 수 있다.

둘째, 사이버 스토킹은 비대면성 또는 익명성의 특성상 피해자도 가해자를 알 수가 없고, 가해자 역시 피해자에 대한 자세한 정보를 모르기 때문에 모든 상황이 결국 사이버상에 국한되는 결과를 가져온다.

셋째, 사이버 스토킹은 일반 스토킹과 달리 정보통신망에서 일어나는 일이기 때문에 피해자와 가해자 성별을 알 수가 없다. 남녀 구분을 할 수가 없다는 것이다. 일반 스토킹은 주로 이성을 표적으로 삼는 경우가 많지만 사이버 스토킹은 성별과 무관하게 이루어지는 경향이 있다.

2) 사이버 스토킹과 일반 스토킹의 비교

사이버 스토킹과 일반 스토킹의 차이점과 유사점에 대해서 알아본다.

(1) 유사점

일반적으로 스토커는 대상자를 통제하고 싶은 욕망을 범행 동기로 삼는다. 이는 사이버 스토킹과 일반 스토킹이 유사하다. 특히, 사이버 스토킹과 일반 스토킹은 서로 안면이 있는 경우에도 성립될 수가 있다. 즉 서로 아는 사람들 간에도 일어날 수 있다. 또한 가해자는 피해자를 상대로 집요하게 접근하는 특징이 있다.

(2) 차이점

일반 스토킹은 스토커가 피해자 앞에 직접 나타나게 되므로 동일한 지역이나 근방에 거주하고 있는 데 반해, 사이버 스토커는 물리적 거리와 무관하게 정보통신망에서는 어디든 존재한다.

일반 스토커는 신체적으로 피해자와 대면하지만 사이버 스토커는 신체적으로 피해자와 대면하지는 않고, 정보통신망에서 피해자를 괴롭히거나 위협하기 때문에 일반 스토킹에 비해 발생빈도가 더 높다는 특징도 있다. 사이버 스토커는 정보통신망에서 활동하여 누구나 쉽게 사이버 스토커가 되는 것이 가능하기 때문이다.

또한 일반 스토킹은 이성을 대상으로 발생하는 경우가 많은데, 사이버 스토킹은 성별을 알 수 없기 때문에 표적의 성과 무관하게 이루어진다.

③ 사이버 스토킹의 처벌 법규

1) 스토킹의 처벌 법규

스토킹으로 인하여 정상적인 일상생활이 어려울 만큼 정신적·신체적 피해를 보는 사례가 증가하였다. 이에 2021년 10월 21일, 국회에 발의된 지 22년 만에 「스토킹 범죄의 처벌 등에 관한 법률」[18]이 시행되어 스토킹이 범죄임을 명확히 규정하고

---

18 「스토킹방지 및 피해자보호 등에 관한 법률」(약칭: 스토킹방지법)[시행 2023. 7. 18.] [법률 제19216호,

가해자 처벌 및 각종 보호 절차를 마련하였다.

「스토킹방지법」에 따르면 스토킹 행위의 정의는 다음과 같다.[19] 상대방 의사에 반해 정당한 이유 없이 접근하거나 따라다니거나 진로를 막아서는 행위, 주거·직장·학교 그 밖에 일상적으로 생활하는 공간 및 부근에서 기다리거나 지켜보는 행위, 통신매체를 이용하여 연락, 물건을 도달하게 하거나 훼손하여 불안감 또는 공포심 조장하는 행위 등이다. 그리고 지속적 또는 반복적으로 이러한 스토킹 행위를 하는 것을 스토킹 범죄로 정의하고 있다.

이에 스토킹 범죄를 저지른 사람은 3년 이하의 징역 또는 3천만 원 이하의 벌금에 처할 수 있도록 하고, 흉기 또는 그 밖의 위험한 물건을 휴대하거나 이용하여 스토킹 범죄를 저지른 사람은 5년 이하의 징역 또는 5천만 원 이하의 벌금에 처할 수 있도록 하였다.[20]

2) 사이버 스토킹의 처벌 법규

(1) 처벌 요건

사이버 스토킹을 처벌하기 위해서는 어떤 요건을 갖추어야 하는가. 사이버 스토킹의 처벌 요건을 알아본다.

가) 공포심·불안감의 유발

사이버 스토킹으로 처벌하기 위해서는 그 행위가 피해자에게 공포심이나 불안감을 유발해야 한다. 해악을 고지하여 상대방으로부터 공포심이나 불안감이 유발되었을 때 성립된다. 공포심이나 불안감을 유발하는 내용은 무제한적이다.

나) 반복성

사이버 스토킹의 처벌 요건은 반복성이다. 반복성의 경우 2회 이상 보내면 성립하며, 지속성이 있어야 한다. 어느 정도 시간차를 두고 보내어야 성립된다고 볼 수

2023. 1. 17., 제정]

19 동법 제2조

20 동법 제18조

있으며, 보내는 방식 내용에 따라서 반복성 여부가 달라질 수도 있다. 기본적으로 최소한 2회 이상을 보내면 지속성과 반복성이 있는 것으로 처벌의 대상이 된다.

다) 행위자의 고의성

고지된 해악이 상대방에 도달하여 상대방이 그가 해악을 실현할 가능성이 있다고 믿는 것을 인식하는 것이 고의의 내용이라고 볼 수 있다. 행위 자체의 고의성을 처벌 요건으로 한다.

라) 공포심을 유발하는 말, 음향 등

정보통신망을 이용해서 공포심이나 불안감을 유발하는 말, 음향, 글, 화상이나 영상을 말한다. 예를 들면, 귀신 소리를 보내는 것, 괴성을 보내는 것, 신음 소리나 살인하는 장면, 시체가 썩는 장면, 정사하는 장면, 엽기적인 내용의 영상이나 동영상, 욕설 등을 상대방에게 반복적으로 전송을 해서 그 상대방이 공포심과 불안감을 느끼기에 충분하고, 이것으로 인해 상대방이 정신적, 육체적으로 고통에 시달린다면 이 행위는 사이버 스토킹 행위이다.

마) 성폭행과의 관계

사이버 스토킹은 성폭행과 밀접한 관계가 있다. 정보통신망에서 가해자는 피해자가 싫다는 의사를 표현했음에도 불구하고 지속적으로 성적인 메시지를 전달하고 욕설이나 협박을 일삼는 행위를 한다면 사이버 스토킹으로 인정되어 처벌의 대상이 된다.

그리고 온라인에서 상대가 누군지도 모르는 채로 정신적인 피해를 입기 때문에 더 무거운 처벌을 받게 된다. 「성폭력범죄의 처벌 및 피해자보호등에 관한 법률」상 통신매체 이용 음란죄가 바로 사이버 스토킹 행위라고 볼 수가 있다.

(2) 처벌 법규

사이버 스토킹의 처벌과 관련하여 공포심이나 불안감을 유발하는 부호 · 문언 · 음향 · 화상 또는 영상을 반복적으로 상대방에게 도달하도록 하는 내용의 정보 유통해서는 안된다.[21] 이를 위반하여 공포심이나 불안감을 유발하는 부호 · 문언 · 음향 · 화

---

21 「정보통신망법」 제44조의7(불법정보의 유통금지 등) 제1항 3호

상 또는 영상을 반복적으로 상대방에게 도달하게 한 자는 1년 이하의 징역 또는 1천만 원 이하의 벌금에 처한다.[22]

(3) 처벌상의 한계

사이버 스토킹의 처벌은 한계를 가지고 있다. 피해자의 의사에 따라 처벌이 가능한 반의사불벌죄이기 때문에 피해자가 처벌을 원하지 않으면 해당 범죄에 대한 가해자는 처벌을 받지 않게 된다.

이 법률을 적용하기 위해서 '공포심,' '불안감' 등과 문언에 대한 '반복적인' 여부 등을 복합적으로 따져 명확한 증거가 없을 때에는 상황에 따라서 역으로 무고죄가 성립될 수 있다.

사이버 스토킹은 명확한 증거를 찾기가 어려운 경우가 많아서 진정이나 고소를 했음에도 확실한 증거를 제시하지 못할 수 있기 때문에 사이버 스토킹과 관련한 진정이나 고소는 신중할 수밖에 없다.

3) 사이버 스토킹의 동향과 대처법

(1) 사이버 스토킹의 동향

사이버 스토킹의 연도별 발생 건수와 검거 건수는 <표 4-3>과 같다. 2014년 이후로 발생 건수는 점차 감소하다 2017~2018년에는 증가하였고, 2019년에는 감소하다 2020년에 다시 증가한 것으로 나타났다.

---

22 동법 제74조(벌칙) 제1항 3호

표 4-3 연도별 사이버 스토킹 발생과 검거 현황[23]

연도	구분	사이버 스토킹
2014	발생	363
	검거	300
2015	발생	134
	검거	124
2016	발생	56
	검거	53
2017	발생	59
	검거	52
2018	발생	60
	검거	50
2019	발생	25
	검거	20
2020	발생	45
	검거	39

(2) 대처법

사이버 스토킹에 대한 대처법을 살펴보면 다음과 같다.[24]

일단 상대방에게 분명한 의사를 전달할 필요가 있다. 반드시 본인이 분명한 의사 전달을 해야 한다. 또 대화방 등에서 연락처 등을 가급적이면 공유하지 않아야 한다. 연락처를 공유하게 되면 스토커의 대상이 되므로 낯선 사람에게 개인정보를 알려주는 것은 주의해야 한다.

그리고 아이디로 성별이나 나이를 알 수 없게 만들고, 정보 자체를 차단시키며, 이용자 프로필에 개인정보를 담지 않는다. 스토커와 만날 경우에는 공공장소를 택하고 이메일 등 증거를 수집해서 경찰에 신고하는 것 등의 대처도 필요하다.

---

23 경찰청 불법컨텐츠범죄 세부유형 발생 검거건수 현황(2023)(https://www.data.go.kr/data/15053886/fileData.do, 검색일 2024.07.24)

24 한국정보화화진흥원 홈페이지(http://www.nia.or.kr/, 검색일 2024.01.14)

사이버범죄론

④ 외국의 실례

미국의 경우를 보면, 1990년 캘리포니아주에서 「스토킹방지법」이 제정된 이래로 각 주에서 계속 제정하고 있다. 각 주 「스토킹방지법」의 특징은 스토킹 행위를 구성하는 금지 행위를 규정하고, 단일한 하나의 범죄 행위로 처벌한다는 것이다.

영국은 소위 「괴롭힘방지법(Protection from Harassment Act, 1997)」이 제정되어 현재 잉글랜드, 웨일즈, 스코틀랜드, 북아일랜드에서 적용되고 있다. 영국의 「괴롭힘방지법」은 스토킹 행위나 괴롭힘이 무엇인지 구체적으로 설명하고 있지 않다. 그래서 스토킹 행위와 괴롭힘 행위에 대한 판단은 법원을 통해서 이루어지도록 하고 있다.

일본의 경우, 2000년에 「스토커 행위 등의 규제에 관한 법률」[25]이 제정되어 시행되고 있다. 「스토커 행위 등의 규제에 관한 법률」은 스토킹 행위를 크게 따라다니는 등의 행위와 스토커 행위로 구분해서 처벌하고 있다.

독일의 경우, 「스토킹방지법」에 기초한 「끈질기게 따라다니는 행위의 처벌에 관한 법률」[26]이 2007년에 제정되었고, 이와 관련해서 신설된 개정 「독일 형법」이 시행되고 있다.

---

25 「스토커 행위 등의 규제에 관한 법률(または ストーカー行為等の規制に関する法律, 2020)」

26 「끈질기게 따라다니는 행위의 처벌에 관한 법률(Gesetz zur Bekämpfung von Stalking, Stalking-Gesetz, 2007)」

불법 온라인 저작물 ────────

1 저작물과 저작권의 의미

1) 저작물·저작권의 개념

(1) 저작물의 개념

저작물이란 인간의 사상 또는 감정을 표현한 창작물이다. 우리나라의 저작권은 특별한 절차나 방식을 정하지 않고, 저작물의 창작과 동시에 이에 대한 배타적인 권리가 부여되는 무방식주의를 취하고 있다.

「저작권」[27] 제4조에 의한 저작물은 다음과 같이 총 9개 분야로 나뉜다.

① 소설, 시, 논문, 강연, 연설, 각본 그 밖의 어문 저작물

② 음악 저작물

③ 연극 및 무용, 무언극 그 밖의 연극 저작물

④ 회화, 서예, 조각, 판화, 공예, 응용 미술 저작물 그 밖의 미술 저작물

⑤ 건축물, 건축을 위한 모영 및 설계도서 그 밖의 건축 저작물

⑥ 사진 저작물

⑦ 영상 저작물

⑧ 지도, 도표, 설계표, 약도, 모형 그 밖의 도형 저작물

⑨ 컴퓨터 프로그램 저작물

---

27 「저작권법」[시행 2024. 2. 9.] [법률 제19597호, 2023. 8. 8., 일부개정]

(2) 저작권의 개념

저작권이란 시, 소설, 음악, 미술, 영화, 연극, 컴퓨터 프로그램 등과 같은 저작물에 대하여 창작자가 가지는 권리를 말한다.

(3) 불법 저작물

불법 저작물이란 저작권자의 동의 없이 복제(제작), 유통되는 음악, 영화, 방송, 출판, 게임의 5개 콘텐츠의 불법 복제물을 말하며, 온라인과 오프라인상에서 유통되는 불법 복제물이 모두 포함된다.

2) 저작권 침해와 보호

저작권 침해는 저작 인격권과 저작 재산권을 갖는 2차적 저작물·편집 저작물을 포함한 저작물에 대해 저작권자의 허락 없이 사용함으로써 권리를 침해하는 것이다.

저작권 보호는 저작자의 창조물인 저작물과 더불어 저작물을 창작한 저작자의 권리인 저작 인격권과 저작 재산권을 타인이 침해하거나 침범할 수 없게끔 제재함으로써 저작자의 권리를 보호하는 것을 말한다.

저작권이 침해되는 일이 많아지는 경우, 저작권자들은 창작에 대한 정당한 대가를 받지 못할 뿐만 아니라 저작권 이용자들에게 양질의 콘텐츠를 제공하기 어렵게 된다. 이러한 문제점을 해결하기 위하여 저작권 보호는 국가 콘텐츠 산업을 보호하고, 발전시키기 위한 중요한 가치가 되고 있다.

② 불법 온라인 저작물의 처벌

1) 불법 온라인 저작물의 의미

불법 온라인 저작물이란 저작권자의 동의 없이 복제(제작), 유통되는 음악, 영화, 방송, 출판, 게임 콘텐츠에 대한 불법 복제물을 말하며, 온라인상에서 유통되는 불법 복제물이다.

불법 온라인 저작물에는 사이버 음란물이 있다. 사이버 음란물이란 정보통신망

(컴퓨터 시스템)을 통하여 음란한 부호, 문언, 음향, 화상 또는 영상을 배포, 판매, 임대하거나 공공연하게 전시하는 불법 온라인 저작물이다.

현행법[28]은 정보통신망을 통하여 음란한 부호 · 문언 · 음향 · 화상 또는 영상을 배포 · 판매 · 임대하거나 공공연하게 전시하는 내용의 정보를 유통하여서는 아니 된다고 규정하고 있다. 이를 위반하여 음란한 부호 · 문언 · 음향 · 화상 또는 영상을 배포 · 판매 · 임대하거나 공공연하게 전시한 자는 1년 이하의 징역 또는 1천만 원 이하의 벌금에 처하도록 한다.[29]

찾아보기

▶ 사이버 음란물의 분류

1) 일반 음란물

정보통신망(컴퓨터 시스템)을 통하여, 일반 보통인의 성욕을 자극하여 성적 흥분을 유발하고 정상적인 성적 수치심을 해하여 성적 도의 관념에 반하는 내용의 표현물을 배포, 판매, 임대, 전시하는 불법 온라인 음란물이다.

2) 아동 음란물

정보통신망(컴퓨터 시스템)을 통하여, 아동 · 청소년 또는 아동 · 청소년으로 명백하게 인식될 수 있는 사람이나 표현물이 등장하여 성교 행위, 유사 성교 행위, 일반인의 성적 수치심이나 혐오감을 일으키는 행위, 자위 행위를 하거나 그 밖의 성적 행위를 하는 내용의 표현물을 배포, 판매, 임대, 전시하는 불법 온라인 음란물이다.

또 「EU 사이버범죄 협약」의 사이버 범죄 유형 중 특정 콘텐츠나 정보와 관련된 범죄(Content-realted offences) 항목에 아동음란물이 포함되어 있으며, 유엔마약통제프로그램(UNODC)[30]의 보고서 중 특정 콘텐츠나 정보와 관련된 행동이나 행위(Content-realted acts) 항목에 혐오 발언 또는 증오 발언(hate speech), 아동 음란물 등이 포함되어 있다.

---

28 「정보통신망법」 제44조의7(불법정보의 유통금지 등)

29 동법 제74조(벌칙) 제1항 2

30 유엔마약통제프로그램 홈페이지(www.unodc.org, 검색일 2024.01.12) 참조.

2) 불법 온라인 저작물의 단속

(1) 적발 및 단속 대상

불법 온라인 저작물 적발 및 단속 대상은 다음과 같다.[31]

첫째, 불법 저작물을 유통하는 온라인 서비스 제공자(OPS)가 적발 대상이 된다. 온라인 서비스가 불법 저작물의 유통을 가능하게 할 경우, 그 서비스 제공자는 처벌 대상이 된다.

둘째, 저작권자 및 저작인접권자의 허락 없이 저작물을 전송하는 온라인 서비스 제공자도 단속 대상이다. 무단으로 저작물이 전송되도록 방치한 경우에도 처벌받을 수 있다.

셋째, 음악, 영화, 방송, 출판물, 만화, 게임, 소프트웨어 등 다양한 불법 저작물을 유통한 온라인 서비스 제공자이다. 불법 저작물을 직접 유통시킨 서비스 제공자는 법적 책임을 져야 한다.

넷째, 기술적 보호조치를 무력화하며 불법 저작물을 유통한 경우, 해당 온라인 서비스 제공자가 처벌 대상이 된다. 저작물의 불법 유통을 막기 위한 기술적 보호조치를 시행하지 않은 경우에는 그 책임이 있다.

다섯째, 불법 복제물을 이용할 수 있도록 만들어진 프로그램을 제공하거나 클럽 등 그룹 형태로 운영되는 서비스의 최초 업로더, 영리 목적으로 대량·상습적으로 저작권을 침해한 이용자도 단속의 대상이 된다.

여섯째, 적발 대상 저작물에는 신탁단체가 관리하는 저작물, 저작권보호센터로 단속이 위임된 저작물, 현황조사가 요청된 저작물, 그리고 저작권자의 허락 없이 온라인에서 전송되는 모든 저작물이 포함된다.

일곱째, 적발 대상 전송 행위에는 공중이 개별적으로 선택한 시간과 장소에서 저작물에 접근할 수 있도록 하는 모든 온라인 활동이 포함된다. 파일 업로드, 첨부, 스트리밍, URL 전송 등이 이에 해당하며, 저작권자의 허락 없이 이러한 행위를 하는 경우 단속 대상이 된다.

---

31 한국저작권보호원 홈페이지(https://www.kcopa.or.kr, 검색일 2024.08.12) 참조.

(2) 단속 대상의 범위

저작권자의 이용 허락을 받지 않은 저작물이 온라인상에서 다운로드, 스트리밍, 게시판에 첨부되어진 형태로 전송되어지는 행위는 모두 적발 범위에 포함된다.

단속의 대상이 되는 불법 음악 저작물의 유통은 P2P, 웹하드, 포털서비스를 중심으로 유통이 이루어지는 모든 불법 음악 저작물이 대상이다. 또 필터링 및 여러 가지 기술 조치를 적용한 온라인 서비스 제공자(OSP)라 하더라도 불법 저작물 검색 및 다운로드를 가능하게 하는 경우 단속의 대상이 된다. 음악 저작물 파일 확장자명을 변환하거나 압축파일 형태로 유통하는 경우도 마찬가지이다.

단속의 대상이 되는 불법 영상 저작물의 유통 상황을 보면, 방송 저작물의 경우 P2P, 웹하드뿐만 아니라 포털 및 UCC까지 최신 방송 저작물이 실시간 업데이트 되어지고 있는 실정이다. 불법 영상 저작물의 유통 역시 단속의 대상이 된다.

단속의 대상이 되는 불법 출판, 게임 저작물 유통 환경을 살펴보면, P2P, 웹하드, 포털서비스를 중심으로 불법 출판, 게임, SW 저작물의 유통이 집중되어 있다. 이것 또한 불법 저작물인 경우 예외 없이 단속의 대상이 된다.

(3) 단속의 절차

신고된 불법 저작물은 복제 전송 중단 모니터링 절차와 동일하게 진행된다. 복제 전송 중단 모니터링 절차를 살펴보면 다음과 같다.[32]

첫째, 저작권자의 요청이 있는 경우 포털, P2P, 웹하드 등에서 저작권자의 이용 허락 없이 유통되고 있는 저작물에 대하여 해당 온라인서비스 제공자(OSP)에게 복제·전송·중단 요청을 한다. 즉, 온라인상 복제 및 전송이 되지 않도록 조치할 것을 요청한다.

둘째, OSP는 복제·전송·중단 요청을 받은 저작물에 대하여 복제 전송 중단 조치를 하며, 그 결과를 저작권자에게 통보하게 된다.

---

32 「저작권법」 103조

●●● 제4절
사이버 도박과 기타 불법콘텐츠 범죄 –

① 사이버 도박

불법 사이버 도박은 정보통신망을 통하여 도박 사이트를 개설하거나 도박 행위 또는 사행 행위를 불법적으로 하는 것을 말한다. 「정보통신망법」상 금지 규정만 있고 처벌 규정이 없으나, 심각한 사회적 문제가 되는 현실을 고려하여 사이버 범죄로 포함시키고 있다.

「정보통신망법」 제44조의7(불법정보의 유통금지 등)에 따르면, 누구든지 정보통신 망을 통하여 법령에 따라 금지되는 사행 행위에 해당하는 내용의 정보를 유통하여 서는 아니 된다. 이에 대한 처벌조항은 「정보통신망법」에는 없지만, 「형법」과 여러 특별법에 처벌조항을 두고 있다.

불법 사이버 도박에는 불법 스포츠토토, 불법 경마·경륜·경정, 기타 인터넷 도박이 있다.

불법 스포츠토토는 정보통신망을 통하여, 체육진흥투표권이나 이와 비슷한 것을 발행하는 시스템을 이용해 불법적으로 도박을 하게 하는 것을 말하며, 이것은 도박 행위에 포함된다.

불법 경마·경륜·경정은 정보통신망을 통하여 경마·경륜·경정 등의 경주를 이용하여 불법적으로 도박 행위를 하는 것을 말한다.

기타 인터넷 도박은 정보통신망을 통하여, 위와 같은 방법 이외의 방법으로 영리목적의 도박 사이트를 개설해 도박 행위를 하게 하는 것을 말한다.

② 기타 불법콘텐츠 범죄

기타 불법콘텐츠 범죄는 정보통신망을 통하여, 법률에서 금지하는 재화 서비스 또는 정보를 배포, 판매, 임대, 전시하여 성립하는 범죄이다. 지금까지 살펴본 불법콘텐츠 범죄, 즉 사이버 음란물, 사이버 명예훼손 모욕, 사이버 스토킹, 사이버 도박 이외의 범죄로서 유형별 분류에 포함되지 않은 것이다.

기타 불법콘텐츠 범죄에는 다음과 같은 것이 있다.[33]

첫째, 「정보통신망법」 제73조 제2, 3호에서 규정하고 있는 청소년 유해 매체물임을 미표시하고, 영리 목적으로 청소년 유해 매체물을 광고하거나 공개 전시하는 행위이다. 이것은 정보통신망을 통하여 유통되는 매체물 중에서 청소년 유해 매체물일 경우에 그 점을 표시하지 않고, 영리를 목적으로 제공하거나 광고 또는 공개적으로 전시하면 처벌받게 된다.[34] 이에 해당하는 자는 2년 이하의 징역 또는 2천만 원 이하의 벌금에 처한다.

둘째, 「주민등록법」[35] 제37조 제1호의 허위주민번호 생성, 이익을 위해 사용하는 행위이다. 컴퓨터 시스템을 통하여, 거짓의 주민등록번호를 만들어 자기 또는 다른 사람의 재물이나 재산상 이익을 위하여 사용하는 경우 처벌을 받게 된다. 이에 해당하는 자는 3년 이하의 징역 또는 1천만 원 이하의 벌금에 처한다.

셋째, 「주민등록법」 제37조 제4호의 허위주민번호 생성 프로그램을 타인에게 전달·유포하는 경우이다. 이것은 컴퓨터 시스템을 통하여 거짓의 주민등록번호를 만드는 프로그램을 다른 사람에게 전달하거나 유포하는 행위이다. 이에 해당하는 자는 3년 이하의 징역 또는 1천만 원 이하의 벌금에 처한다.

---

33 사이버범죄신고시스템 홈페이지(https://ecrm.police.go.kr, 검색일 2024.08.11)

34 「정보통신망법」 제73조 제3호는 2024년 1월 23일자로 삭제됨

35 「주민등록법」[시행 2015.1.22.] [법률 제12844호, 2014.11.19., 타법개정]

제5장

사이버 안전관리와 예방

사이버 안전관리 ───────────

① 사이버 안전관리의 의미

1) 의의

「국가사이버안전관리규정」[1]에 의하면, 사이버 안전은 사이버 공격으로부터 국가정보통신망을 보호함으로써 국가정보통신망과 정보의 기밀성·무결성·가용성 등 안전성을 유지하는 상태를 말한다.

사이버 안전 확보의 책무를 수행하기 위하여 국가는 정보통신망에 대하여 안전성을 확보할 책임이 있으며 이를 위하여 사이버 안전 업무를 전담하는 전문 인력을 확보하는 등 필요한 조치를 강구하여야 한다. 또한 공공기관 및 지방자치단체의 장은 전문 인력의 확보 등 필요한 조치를 마련해야 한다.

국가 사이버 안전과 관련된 정책 및 관리에 대해서 국가정보원장이 관계 중앙행정기관의 장과 협의하여 이를 총괄·조정한다. 국가정보원장은 총괄·조정 업무를 효율적이고 체계적으로 수행하기 위하여 관계 중앙행정기관의 장과 협의하여 국가 사이버 안전 기본계획을 수립·시행하도록 하고 있다.

또한 사이버 공격에 대응하기 위하여 『국가사이버안보센터(NCSC)』[2]를 두고 있다. 여기서 사이버 공격이란 해킹·컴퓨터 바이러스·논리 폭탄·메일 폭탄·서비스 방해 등 전자적 수단에 의하여 국가정보통신망을 불법 침입·교란·마비·파괴하거나 정보를 절취·훼손하는 일체 공격 행위를 말한다.

---

1 「국가사이버안전관리규정」[시행 2013.5.24.] [대통령훈령 제310호, 2013.5.24., 일부개정]

2 2021년 「국가정보원법」 개정, 사이버 안보 업무규정 제정에 따른 기관 명칭 변경으로 『국가사이버안전센터』를 『국가사이버안보센터(The National Cyber Security Center, NCSC)』로 개칭하였음.

▶ **국가사이버안전관리규정**

이 훈령은 국가 사이버 안전에 관한 조직 체계 및 운영에 대한 사항을 규정하고, 사이버 안전 업무를 수행하는 기관 간의 협력을 강화함으로써 국가안보를 위협하는 사이버 공격으로부터 국가정보통신망을 보호함을 목적으로 한다.

2) 주요 업무

「국가사이버안전관리규정」 제8조에 『국가사이버안전센터』의 운영에 관한 규정을 두고 있다. 사이버 공격에 대한 국가 차원의 종합적이고 체계적인 대응을 위하여 국가정보원장 소속하에 『국가사이버안보센터』를 두고, 동 규정상 다음의 업무를 수행한다.[3]

첫째, 국가 사이버 안전정책 총괄이다. 국가 사이버 안전정책을 기획하고 조율하며, 관련 제도와 지침을 수립한다. 또한 국가 사이버 안전전략회의와 대책회의를 지원 · 운영하고, 민 · 관 · 군 간의 정보공유 체계를 구축하여 이를 운영하는 역할을 담당한다. 사이버안보센터는 국가 전반의 사이버 안전 정책을 총괄하는 중심 기관이다.

둘째, 사이버 위기 예방 활동이다. 각 기관의 전산망 보안을 위한 컨설팅과 안전 측정을 수행하고, 정보보호 제품 평가, 인증제도, 보안 적합성 검증 등을 시행한다. 또한 사이버 위기 대응 훈련과 정보보안 관리 실태 평가를 통해 잠재적인 위협을 사전에 차단하는 역할을 한다. 이와 같이 사이버안보센터는 예방적 조치를 통해 사이버 위기를 방지한다.

셋째, 사이버 공격 탐지 활동이다. 사이버안보센터는 24시간 365일 각급 기관의 보안 관제를 담당하며, 단계별 사이버 위기 경보를 발령한다. 각 기관과 보안 관제 센터를 운영하고 교육을 지원하며, 신종 해킹 탐지기술을 개발해 해킹을 예방하는 역할도 수행한다. 이를 통해 실시간으로 사이버 공격을 탐지하고 대응한다.

넷째, 사고 조사 및 복구 지원이다. 해킹 사고 발생 시 사고 조사를 통해 원인을

---

3 국가사이버안보센터 홈페이지(https://www.ncsc.go.kr, 검색일 2024.08.14.)

규명하고, 시스템 복구를 지원한다. 또한 공격 기법을 분석하고 사이버 위기 대책본부를 구성·운영하며, 해외 유관 기관과 협력해 복구 지원과 사고 조사 활동을 강화한다. 사이버안보센터는 이러한 활동을 통해 사이버 사고에 대한 신속한 대응력을 제공한다.

더불어, 개정된 「국가정보원법」에 따라 사이버안보센터는 국민의 생명과 재산을 보호하기 위해 국제·국가 배후의 해킹 조직과 같은 사이버 안보 관련 정보를 수집·작성·배포하는 업무를 수행한다. 또한 북한 등 외부 위협에 대응하고, 중앙행정기관 대상의 사이버 공격에 직접·간접적으로 대응하며 사전 예방조치를 취하는 방어적 임무도 맡고 있다.

이와 같이 사이버안보센터는 다양한 측면에서 국가 사이버 안보를 지키는 중요한 역할을 담당하고 있다.

② 사이버 위기경보의 의의와 단계

1) 의의

『국가사이버안보센터』는 국내 사이버 위협 수준을 평가하고 경보를 발령한다. 모든 사이버 위협 정보를 시간별로 파악해서 정상상태와 비교해 정보통신망의 위험도를 판단한다.

사이버 위기경보란 무엇인가. 「국가 사이버안전 관리 규정」[4] 제11조에 따르면, 각종 사이버 공격에 체계적으로 대응하기 위해서 사이버 공격이 미치는 파급효과나 영향 또는 어떤 피해 규모로 일어났는가 등을 고려해 사이버 공격의 침해 정도 수준에 따라 관심, 주의, 경계, 심각의 단계로 발령이 되는 것을 사이버 위기경보라고 한다. 사이버 위기경보는 국가 사이버 안보에 심각한 영향을 초래할 수 있는 상황에 대해 미리 예측하여 경보하는 등급이다.

---

4 「국가사이버안전관리규정」[시행 2013.5.24.] [대통령훈령 제310호, 2013.5.24., 일부개정]

2) 사이버 위기경보의 단계

사이버 위기경보는 국가 사이버 안전에 심각한 영향을 초래할 수 있는 상황에 대하여 미리 예측하여 경보를 등급으로 표시한다. 국가 사이버 안전센터는 국내외 온라인 네트워크와 각종 웜, 바이러스 등을 감시하고 있으며, 감시를 통해서 적발, 탐지되면 그에 대한 경보단계를 발령한다.

사이버 위기 경보단계는 정상단계도 있으며, 경보단계는 가장 낮은 단계부터 관심단계, 주의단계에 이어서 경계단계, 심각단계로 가는 과정을 거치게 된다.

『국가사이버안보센터』는 일상화된 사이버 위협 환경에 대응하고자 2022년 2월 15일부로 사이버 위기경보를 상시 '관심' 단계를 유지하고 있다.

표 5-1 사이버 위기 경보단계[5]

경보단계 [심각]

- 전국적인 네트워크 및 정보 시스템 사용 불가능
- 주요 핵심기반시설의 피해로 국민 혼란 발생
- 정보유출 등 대규모 침해 사고가 전국적으로 발생
- 국가적 차원의 평가와 조치가 필요하다고 판단되는 사고 발생

경보단계 [경계]

- 복수 ISP망 또는 기간망에 피해 발생
- 대규모 피해 확산 가능성 증대
- 정보유출 등 대규모 침해 사고 발생
- 복수 분야에서 광범위한 피해가 발생하는 등 대규모 피해로 확대될 가능성이 높아 다수 기관의 공조대응이 필요한 경우
- 상기 유형과 유사한 수준의 사이버 위기

경보단계 [주의]

- 다수 기관의 정보통신망 및 정보 시스템 장애 발생
- 다수 기관의 정보유출 등 침해 사고 확산 가능성 증가
- 국내외 정치·군사적 위기발생 등 사이버 안보 위해 가능성 고조
- 상기 유형과 유사한 수준의 사이버 위기

경보단계 [관심]

- 웜·바이러스, 해킹 기법 등에 의한 피해 발생 가능성 증가
- 해외 사이버 공격 피해 확산, 국내유입 우려
- 정보유출 등 사이버 공격 시도 탐지
- 국내외 정치·군사적 위기상황조성 등 사이버 안보 위해 가능성 증가
- 상기 유형과 유사한 수준의 사이버 위기

---

5 국가사이버안보센터(https://www.ncsc.go.kr/PageLink.do#cnt1, 검색일 2024.08.01) 참조.

(1) 정상단계

사이버 위기 경보단계 중 정상단계에는 정상표시가 나타난다. 색깔은 그린색 (Green)으로 표시된다. 정상단계는 전 분야가 정상적인 활동을 하고 있는 단계이다. 예를 들면 위험도가 낮은 웜, 바이러스가 발생하는 정도이며, 위험도가 낮은 해킹 기법, 보안 취약점 등이 발표되는 상태이다. 전반적으로 전 분야가 정상적으로 가동이 되고 움직일 때 사이버 위기 단계에서 정상단계를 발령한다.

(2) 경보단계

가) 관심단계

위험의 수준이 낮은 것부터 경보단계를 살펴보면, 첫번째가 관심단계이다. 웜이나 바이러스, 해킹 기법 등에 의한 피해 발생 가능성이 증가한 경우이다. 다른 때보다 조금 더 피해 발생 가능성이 증가되어 있는 상태가 관심 단계이다.

해외 사이버 공격 피해가 확산되어 국내 유입이 우려되는 경우, 해외에 사이버 공격이 심화가 되어 우리나라에 유입될 가능성이 있을 때 사이버 위협 징후 탐지 활동을 강화할 필요가 있다.

나) 주의단계

주의단계는 일부 네트워크 및 정보 시스템에 장애가 일어난 상태이다. 침해 사고가 일부 기관에서 발생했거나 다수 기관으로 확산될 가능성이 증가한 경우이다.

주의단계는 일부 기관에서 발생하였지만, 더욱 악화되면 다수 기관 그리고 전국적 단위에서 발생할 가능성이 있는 상태이다. 국가 정보 시스템 전반에 대한 보안 태세를 강화할 필요가 있는 단계이다.

다) 경계단계

경계단계는 복수 정보통신 서비스 제공자(ISP)망 자체의 장애, 즉 기관망의 장애나 마비가 왔을 때이다. 침해 사고가 다수 기관에서 발생했거나 대규모 피해로 발전될 가능성이 증가했을 때 심각단계보다 아래 수준인 경계단계가 발령된다. 다수기관의 공조 대응이 필요한 단계이다.

라) 심각단계

경보단계에서 가장 높은 수준의 단계이다. 국가적 차원에서 네트워크 사용이 불가능할 정도가 되었을 때 발령한다. 침해 사고가 전국적으로 발생했거나 피해 범위가 대규모인 사고가 발생한 경우이며, 국가적 차원에서 공동 대처가 필요한 단계를 말한다.

인터넷 침해 대응기구 ────────

1 인터넷 침해 대응센터

1) 연혁과 목적

(1) 연혁

인터넷 침해 대응센터(KrCERT/CC, Korea Computer Emergency Response Team Coordination Center)는 한국인터넷진흥원(KISA, Korea Internet & Security Agency) 소속으로, 1996년 7월에 최초로 컴퓨터 침해 사고 대응팀으로 설립되었다. 이후 1997년 6월 아시아태평양지역 침해 사고 대응기구가 결성되었고, 1998년 2월에는 한국 대표로 국제침해사고대응기구에 가입하면서 국제적으로 활동을 시작했다.

2000년 4월에는 해킹과 바이러스 예방 및 상담을 위한 해킹 바이러스 상담 지원센터가 발족되었다. 2002년 3월, 한국, 중국, 일본의 정보 보호 강화를 위한 협약을 체결했고, 2003년 10월에는 MS(Microsoft), CISCO(Cisco Systems, Inc.), CMU(Carnegie Mellon University)와의 협력 체계를 구축했다. 같은 해 12월에는 인터넷 침해 사고 대응지원센터가 설립되었다. 2009년에는 지금의 명칭인 인터넷 침해 대응센터로 변경되어 현재까지 이어지고 있다.

(2) 목적

인터넷 침해 대응이란 말 그대로 정보통신망에 대한 침해 사고 대응 활동을 말한다. 인터넷 침해 대응사고가 발생했을 때 대응, 해결을 지원하기 위한 기관이 인터넷 침해 대응센터(KrCERT/CC)[6]이다.

---

6 인터넷침해대응센터 홈페이지(www.krcert.or.kr, 검색일 2024.08.01) 참조.

인터넷 침해 대응센터는 한국인터넷진흥원(KISA) 내에 설립된 침해 사고 대응팀으로, 국내 전산망의 침해 사고 대응과 인터넷 침해에 대한 지원을 위해 설립되었다. 또한 전산망 운용기관 간의 협조 체제를 구축하고 국제적인 침해 사고 대응을 위한 단일 창구를 제공하는 역할을 한다.

인터넷 침해 대응센터의 설립 목적은 다음과 같다.

첫째, 각급 기관에 침해 사고 예방을 위한 기술 지원을 제공하여 사고를 사전에 방지한다. 둘째, 침해 사고 발생 시 대응, 분석, 피해 복구를 위한 기술 지원을 수행한다. 셋째, 국내외 침해 사고 대응을 위한 단일 창구를 운영하며, 국제적인 활동도 담당한다. 넷째, 기타 다양한 침해 사고 예방 활동을 전개하는 것이다.

2) 역할

인터넷 침해 대응센터의 주요 역할은 다음과 같다.

첫째, 전산망 보호 및 침해 사고 예방이다. 이를 위해 사전 예방 활동, 기술 지원, 보안 기술 지침 개발 및 보급, 기술 세미나 지원 등의 활동을 수행한다.

둘째, 침해 사고 처리 지원이다. 침해 사고 발생 시 이를 접수하고 처리하며, 전산망 보안 기술 지침 개발 및 보급을 통해 대응을 지원한다.

셋째, 국제 사고 대응 활동 참여를 위한 창구 역할이다. 국제침해사고대응협의체(FIRST)에 참여하여 사이버 공격 동향 및 기술 정보를 공유하고 국제적 협력을 주도한다. FIRST는 전 세계의 침해사고대응팀이 모여 정보를 교류하는 기구로, 인터넷 침해 대응센터가 한국을 대표하여 활동 중이다.

넷째, 사고 통계 및 분석 결과 배포이다. 침해 사고의 원인과 결과를 분석하여 배포하고, 국내 유관기관과 협력해 대응체계를 강화하는 역할을 한다.

▶ **국제침해사고대응협의체**(FIRST)

"Forum of Incident Response and Security Teams"의 약자로, 전 세계의 침해 사고 대응팀이 모여 사이버 공격 동향과 기술정보를 교류하는 기구이다. 1990년에 설립된 이 협의체는 각국의 대표 침해 사고 대응팀과 다국적 기업이 회원으로 활동하고 있으며, 정보 보호 분야에서 중요한 역할을 수행하여 '정보 보호 분야의 국제연합'이라고도 불린다.

한국은 1998년에 한국정보보호진흥원(KISA)이 가입했으며, 현재는 한국인터넷진흥원(KISA) 소속의 인터넷 침해 대응센터가 대표로 활동하고 있다. 이 센터는 FIRST 활동에 참여하고, 제공된 정보를 공유하며 국제 협력을 강화하는 업무를 수행한다.

② 사이버 대피소

1) 의의

사이버 대피소는 DDoS(분산 서비스 거부) 공격에 대응하기 위해 인터넷 침해 대응센터에서 운영하는 시스템이다. DDoS 공격은 악성 트래픽을 대량으로 발생시켜 정보 시스템에 과부하를 일으키고, 정당한 사용자가 시스템을 사용할 수 없도록 방해하는 공격이다. 공격자는 감염된 좀비 PC를 통해 대량의 트래픽을 발생시켜 서버를 다운시키거나 인터넷 회선을 점유하여 서비스의 정상적인 운영을 방해한다.

사이버 대피소는 이러한 공격을 차단하기 위해 설계되었다. 대피소는 피해 웹사이트로 향하는 공격 트래픽을 우회시켜 대피소로 전달한다. 대피소는 이 공격 트래픽을 수집하고 분석하여 대응하며, 공격이 해결된 후에는 정상 사용자가 웹사이트에 정상적으로 접속할 수 있도록 한다. 즉 대피소는 공격 트래픽을 피해 웹사이트로 직접 전달되지 않도록 차단하고, 모든 트래픽을 일시적으로 대피소에서 수집하여 처리한다.

사이버 대피소의 적용으로 인해 웹사이트는 DDoS 공격에도 불구하고 정상적으로 운영될 수 있으며, 사용자들은 웹사이트 이용에 불편함을 겪지 않게 된다. 이 시스템은 공격자와 좀비 PC가 웹 서버에 직접 접근하지 못하도록 중간에서 대피소를 활용하여 공격을 차단하고 정상적인 웹사이트 운영을 지원한다.

요컨대, 사이버 대피소는 DDoS 공격으로부터 웹 서버를 보호하고, 웹사이트의 정상적인 작동을 보장하는 중요한 역할을 수행한다.

2) 서비스 절차

사이버 대피소 서비스를 이용하기 위한 절차는 다음과 같다.[7]

먼저 서비스 이용자는 인터넷 침해 대응센터에 사전등록 신청서를 제출해야 한다. 센터는 제출된 신청서를 검토하여 서비스 제공 대상 적격 여부를 판단한 후, 적격한 경우 웹사이트 정보를 대피소에 사전 등록한다.

이후 실제로 DDoS 공격이 발생하면 신청자는 방어 서비스 적용을 요청할 수 있으며, 사이버 대피소는 즉시 공격 방어를 시작한다. 이로써 웹사이트는 정상적으로 운영될 수 있다.

서비스는 「중소기업기본법」[8] 제2조에 따라 중소기업자나 영세사업자에게 제한적으로 제공된다. 법적 기준에 따라 서비스 제공 대상이 제한적이라는 점이 있다.

대피소의 서비스 제공 기간은 웹사이트가 DDoS 공격을 받을 때부터 시작되며, 공격 상황에 따라 서비스 기간이 연장될 수 있다. 공격이 지속되거나 새로운 공격이 예상되는 경우 서비스 기간은 조정되어 연장될 수 있다.

---

7 인터넷 침해 대응센터 홈페이지(www.krcert.or.kr, 검색일 2024.08.01) 참조.
8 「중소기업기본법」[시행 2024. 8. 28.] [법률 제20362호, 2024. 2. 27., 일부개정]

분쟁 조정 제도 ―――――――――

분쟁 조정은 분쟁이 발생한 경우에 제3자가 관여하거나 관여 없이 당사자 쌍방의 자율적인 의사와 합의에 의해서 분쟁을 해결하는 방식을 말한다. 법원의 소송 제도에 의한 분쟁 해결 방식을 보완하기 위한 것이다. 법원의 소송제기 등 소송에 의해서 분쟁을 해결하는 방식은 그 처리 기간이 비교적 오래 걸리고 비용도 과다하다.

따라서 법원에 의한 분쟁 해결 방식은 비용 과다와 신속한 해결이 어렵고, 시간이 오래 걸리기 때문에 소송 제도의 대안으로 조정, 화해, 중재 등의 분쟁 해결 제도를 만든 것이다. 분쟁 조정 제도는 처리시간이 오래 걸리지 않고, 비용도 많이 들지 않는다는 장점 때문에 널리 활용되고 있는 제도이다.

분쟁 조정 제도는 대안적 분쟁 해결방법((ADR - Alternative Dispute Resolution)의 하나로 당사자의 상호 양보를 통한 해결방안을 제시해 소송보다 더 유연하게 분쟁을 처리하고, 분야별 전문가가 직접 참여함으로써 전문성을 확보할 수 있다.

1) 분쟁 조정의 의의와 종류

1) 의의

정보화 사회의 진전은 정보 생성과 유통을 실시간으로 가능하게 했지만, 개인정보 유출, 감시, 사생활 침해 등 역기능도 함께 증가하고 있다. 특히 개인 신상 정보의 오남용에 대한 우려가 커지고 있다.

개인정보 침해로 인한 피해는 파급 속도가 상당히 빠르고 원상회복이 매우 어렵다는 점에서 다른 종류의 피해와는 차별성을 갖고 있다. 이를 보다 신속하고 간편하게 구제할 수 있어야 한다. 이러한 필요성에 의하여 개인정보에 관한 분쟁 조정 제도가 도입되었다. 개인정보에 관한 분쟁이 발생했을 때 비용이 많이 들고 시간이 오래 걸리는 소송 제도의 대안이다. 비용 없이 신속하게 분쟁을 해결함으로써 개인정보 침해를 당한 시민의 피해에 대해서 신속하고 원만하게 피해를 구제할 수 있다. 따라서 소송제도의 대안으로 개인정보에 관한 분쟁 조정 제도가 활용되고 있다.

찾아보기

▶ **대안적 분쟁 해결방법**(ADR, Alternative Dispute Resolution)

대안적 분쟁 해결방법(ADR)은 전통적인 소송을 대신하거나 보완하여 분쟁을 해결하는 다양한 방법을 의미한다. ADR은 비용 절감, 시간 단축, 그리고 당사자 간의 관계 유지를 목표로 한다. ADR은 소송보다 덜 대립적이고 유연하며 비용과 시간을 절감할 수 있지만, 분쟁의 성격에 따라 적절한 방법을 선택하는 것이 중요하다.

주요 ADR 방법은 다음과 같다.

① 조정(Mediation): 중립적인 제3자가 당사자 간 대화를 돕고 합의를 유도하는 방식으로, 해결책을 강요하지 않는다.

② 중재(Arbitration): 중립적인 중재자가 분쟁을 검토한 후 구속력 있는 판정을 내리며, 판정은 최종적이다.

③ 협상(Negotiation): 당사자들이 직접 대화를 통해 자발적으로 합의를 찾는 방식이다.

④ 조정 중재(Med-Arb): 조정과 중재를 결합한 방식으로, 조정이 실패할 경우 중재로 전환되어 최종 판정을 내린다.

⑤ 심판(Early Neutral Evaluation): 경험 있는 제3자가 분쟁의 강점과 약점을 평가해 당사자들에게 제공하고, 이를 바탕으로 협상이나 조정을 돕는다.

⑥ 미니 재판(Mini-Trial): 경영진이 관여하는 비공식 재판으로, 사건 요약 후 협상이 이루어진다.

2) 종류

분쟁 조정 제도는 신청 내용과 요건에 따라서 크게 개인정보 분쟁 조정과 집단정보 분쟁 조정으로 구분되고 조정 절차도 다르다.

(1) 개인정보 분쟁 조정

개인정보 처리와 관련해서 당사자 사이에 분쟁이 있을 때, 분쟁의 조정을 원하는 자는 신청이 가능하다.

신청의 내용을 보면, 법령 위반 행위를 중지하는 것, 피해에 대한 손해배상의 청구, 개인정보의 열람 요구권, 정정 요구권, 삭제 요구권 등과 같은 적극적인 권리 행사도 같이 포함된다.

(2) 집단정보 분쟁 조정

개인정보 유출 사고와 오남용 사고는 대부분 집단성을 띠고 있고, 유출되거나 남용된 개인정보의 항목이나 피해 유형도 비슷하다. 작게는 수천 건에서 많게는 수천만 건에 이르는 개인정보 유출 및 오남용 사건을 개별적인 분쟁 조정 절차를 통해서 처리하게 되면 많은 시간과 비용의 낭비가 수반이 된다. 집단정보 분쟁 조정 제도는 개인정보의 항목이나 피해의 유형이 같거나 비슷한 수천 건이 한꺼번에 처리되어 시간과 비용의 절감에 용이하다.

집단정보 분쟁 조정의 경우, 집단적 분쟁 사건의 효율적이고 신속한 처리를 위해 집단분쟁 조정 절차를 통해 일괄적으로 해결한다. 집단정보 분쟁 조정 절차는 개인정보 분쟁 조정 절차와 일부 다른 부분이 있다. 집단정보 분쟁 조정 절차는 우선 법률상 또는 사실상 사건의 중요한 쟁점이 공통되고 피해 또는 권리 침해를 입은 정보 주체의 수가 50인 이상이어야 한다. 이 조건이 충족되어야 집단정보 분쟁 조정 제도를 통해서 처리가 가능하다.

② 분쟁 조정의 효력과 해결기법

1) 조정의 효력

분쟁 조정 제도를 통해서 조정하는 것은 어떤 효력을 가지게 되는가. 『개인정보분쟁조정위원회』[9]에서 조정 결정을 하게 되면 신청인과 상대방이 이를 수락하여 조

---

9 개인분쟁조정위원회 홈페이지(https://www.kopico.go.kr, 검색일 2024.08.11) 참조.

정이 성립이 되고, 조정서를 상호 작성하게 된다.

조정서의 내용은 「개인정보보호법」[10] 제47조 제5항에 따라서 재판상의 화해, 즉 「민사소송법」상 확정판결과 동일한 효력이 부여된다. 조정 성립 후 당사자가 결정 내용을 이행하지 않을 경우, 법원으로부터 집행문을 받아서 강제집행할 수 있는 강력한 효력이 있다.

동법 제47조 재판상의 화해 규정을 보면, 먼저 분쟁조정위원회는 조사 대상 침해 행위의 중지, 원상회복, 손해배상, 그 밖에 필요한 구제조치, 같거나 비슷한 침해의 재발 방지를 위한 필요한 조치에 대해서 조정안을 작성할 수 있다. 분쟁조정위원회가 조정안을 작성하면 지체 없이 각 당사자에게 제시해야 한다. 당사자는 조정안을 제시받은 날부터 15일 이내에 수락 여부를 알리지 아니하면 조정을 거부하는 것으로 한다.

2) 분쟁 해결 기법

분쟁을 해결하기 위한 분쟁 해결 기법의 종류에 대해서 알아본다.[11]

(1) 조정

조정은 가장 발달된 대체적 분쟁 해결 방법이다. 조정은 소송과 달리 토론의 장을 제공하고 토론의 장에서 중립적인 제3자의 도움을 받아 자신의 문제를 해결하도록 하고 있다. 조정은 자신의 문제를 해결하고자 하는 분쟁 당사자 간의 확약에 의존하게 된다.

따라서 조정자는 당사자에 대해서 결정을 촉구하지 않고, 당사자 간 대화를 통해서 다툼이 된 쟁점을 파고들도록 도움을 주는 역할을 수행하게 된다. 조정은 결국 가장 대체적이고, 대안적인 분쟁 해결 방법이다.

---

10 「개인정보보호법」[시행 2024. 3. 15.] [법률 제19234호, 2023. 3. 14., 일부개정]

11 개인분쟁조정위원회 홈페이지(https://www.kopico.go.kr, 검색일 2024.08.11.) 참조; 「개인정보보호법」[시행 2024. 3. 15.] [법률 제19234호, 2023. 3. 14., 일부개정] 참조.

(2) 중재

중재는 중립적인 제3자가 분쟁 당사자의 주장을 듣고 법원에 의해서 강제집행될 수 있도록 최종 구속적인 결정을 내린다는 점에서 전통적인 소송과 유사한 점이 있다.

그러나 차이점이 있다면 중재는 분쟁 당사자가 그 분쟁이 발생하기 전 계약서 등을 통해서 그 절차에 대해서 약정을 할 수 있다는 점이다. 더불어 분쟁당사자들은 상호 간 그들의 사건을 누가 청문할 것인지를 결정해서 그 절차는 법원에 의한 것보다는 약식의 형태를 취하게 된다.

그 외에 소송과 가장 구별되는 점은 법원의 재판과는 달리 중재는 대부분 항소 절차를 채용하지 아니하는 점에 있다. 따라서 중재의 결정으로 사건은 종료되는 경우가 대부분이다.

(3) 조정 중재

분쟁 해결 기법으로 조정 중재가 있다. 조정 중재는 조정과 중재를 결합하는 것으로 조정자는 양 당사자의 견해가 근접할 수 있도록 노력해서 합의에 도달하게 하는 역할을 수행한다. 양 당사자가 합의에 이르지 못하면 조정자가 중재자로 되거나 또는 다른 중재자에 의해서 결국은 구속적인 결정을 위한 조정 절차로 갈 수밖에 없다.

(4) 약식심리

분쟁 해결 기법 중 하나로 약식심리가 있다. 약식심리는 대안적인 분쟁 해결 방법이다. 대안적이라는 것은 소송 제도의 대안이라는 것이다. 이는 분쟁 해결에서 발달된 것으로, 제조물 책임이나 대규모 건설 또는 반트러스트 사건(Antitrust Case)과 같이 복잡다단한 법률 및 사실 문제가 포함된 대규모의 분쟁을 해결함에 있어서 장점이 있다.

약식심리에서 각 당사자는 통상의 재판에서와 같이 각각 변론을 하지만 해당 사건이 당사자에 의해 직접 심리되고 변론은 극단적으로 압축된다는 점에서 재판과 차이가 있다.

(5) 조기 중립적 평가

분쟁 해결 기법 중 조기 중립적 평가란 분쟁에 대한 일방 또는 쌍방 당사자가 그 해당 사건의 강점과 관련하여 경험 있는 자의 조언을 구하는데, 일반적으로 변호사의 조언을 구하고자 할 때 이용된다.

전문 외부인에 의한 객관적인 평가는 당사자를 비현실적인 지위로부터 벗어나서 당사자로 하여금 자신의 사건을 직시하도록 해 당사자가 스스로 강점과 약점을 파악할 수 있도록 한다는 점에 착안한 방법이다.

조기 중립적인 평가 분쟁 해결 기법이 성공을 하기 위해서는 중립적인 제3당사자의 공정성, 객관성에 대한 당사자의 신뢰와 문제를 해결하고자 하는 당사자의 의지가 중요하다.

(6) 약식 배심원 심리

약식배심원 심리는 주로 미국의 연방법원에서 이용되고 있는 방식이다. 연방법원의 약식 배심원 심리는 심사 숙고하여 조언을 제시하는 배심원들 앞에서 당사자들에게 자신의 사건을 압축된 형태로 심리할 기회를 제공하는 방식이다.

조기 중립적 평가와 같이 약식 배심원 심리에 의한 조언은 당사자로 하여금 자신의 사건에 대한 약점과 강점을 평가할 수 있도록 해서 분쟁 해결을 용이하게 한다. 약식 배심원 심리의 또 다른 장점은 약식심리와 똑같이 재판보다 신속하게 분쟁을 해결할 수 있다는 것이다. 조기 평가를 통해 당사자들로 하여금 자신의 사건을 해결할 수 있도록 함으로써 당사자들은 소송에서와 같은 시간과 비용의 낭비라든가 우려 등을 피할 수 있어 좋다.

③ 분쟁 조정의 절차

1) 개인정보 분쟁 조정 절차

개인정보 분쟁 조정은 개인정보 침해가 일어나서 분쟁이 발생했을 때 이를 조정하기 위한 절차이다. 그 절차를 알아보면 다음과 같다.[12]

---

12 개인분쟁조정위원회 홈페이지(https://www.kopico.go.kr, 검색일 2024.08.11) 참조.

(1) 신청사건의 접수 및 통보

개인정보 분쟁 조정 절차에 있어서 첫째 단계는 신청사건의 접수 및 통보이다. 개인정보 피해로 인한 분쟁 조정은 웹사이트나 우편, 팩스, 방문 등을 통해서 신청인이 직접 또는 대리로 『개인정보분쟁조정위원회』에 신청을 할 수 있다. 이것은 개인정보 침해 관련 상담이나 신고사건 처리 과정에서도 신청할 수 있다.

『개인정보분쟁조정위원회』는 「개인정보보호법」에 근거해 설립된 기관으로, 개인정보 침해 사고와 관련된 분쟁을 소송 대신 신속하고 저비용으로 해결하는 역할을 하고 있다. 법조인과 개인정보 전문가들이 참여해 공정하고 전문적인 조정을 제공하며, 이를 통해 피해자들은 복잡한 법원 절차 없이 빠르게 피해를 구제받을 수 있다.

분쟁 조정 신청사건이 『개인정보분쟁조정위원회』의 신청사건으로 접수가 되면 신청자와 상대방, 양 당사자에게 접수 사실이 통보된다.

찾아보기

▶ 개인정보분쟁조정위원회
개인정보의 유출, 오용, 남용 등 개인정보 침해 사고와 개인정보 관련 분쟁이 빈발하는 상황에 효과적으로 대처하기 위해서 2011년 공공과 민간 부문을 포괄하는 「개인정보보호법」이 제정되었고, 동법에 근거하여 『개인정보분쟁조정위원회』가 출범하였다. 일반적으로 분쟁 해결은 소송을 통해서 이루어지는 데 반해 이 위원회는 대체적 분쟁 해결 기능을 수행하며, 소송 제도를 대체할 수 있는 대체적 분쟁 해결 기능을 가진 개인정보보호전문기관이다.

(2) 사실 확인 및 당사자의 의견 청취

둘째 단계는 사실 확인 및 당사자의 의견 청취이다. 사건 담당자는 전화, 우편, 전자우편, 팩스 등 다양한 수단을 이용해서 자료를 수집하고 분쟁 조정사건에 대한 사실조사를 실시한다.

사실조사가 완료되면 이를 토대로 사실조사 보고서를 작성해서 사건을 위원회에

회부한다. 분쟁조정위원회는 사건 담당자가 회부한 사실조사 보고서에 근거하여 내용을 파악하게 된다.

(3) 조정 전 합의 권고

셋째 단계는 조정 전 합의 권고이다. 『개인정보분쟁조정위원회』는 조정에 들어가기에 앞서 당사자 간의 자율적인 노력에 의해 원만히 분쟁이 해결될 수 있도록 합의를 권고할 수 있다.

위원회가 본회의를 열기 전, 즉 조정하기 전 당사자 간 합의를 통해 원만히 합의가 이루어지면 사건은 완전히 종결된다.

(4) 위원회의 조정 절차

조정 전 합의가 이루어지지 않으면 본 위원회에서 조정 절차를 거치게 된다. 위원회를 통해서 조정 절차가 개시가 되는데, 조정 절차가 진행되면 당사자의 의견을 일단 청취한다. 그리고 증거 수집도 확인하고, 전문가의 자문 등 필요한 절차를 거쳐서 상대방에게 합당한 조정안을 제시하고 받아드릴 것을 일단 권고한다.

이 경우 사건의 신청자나 상대방은 위원회 회의에 참석하여 자신의 의견을 개진할 수 있도록 하고 있다. 조정 절차가 진행되는 중에 원만한 합의가 이루어지는 등의 사유로 인해서 더 이상 조정을 원하지 않을 경우, 신청인은 조정 신청을 철회할 수 있도록 하고 있다. 원만한 합의가 이루어지는 등의 사유로 인해서 조정 절차가 진행되는 사이에 합의가 이루어지면 조정 신청을 철회할 수 있도록 기회를 주는 것이다.

(5) 조정의 성립

위원회의 조정을 통해서 내려진 결정에 대해서 조정 결정일로부터 15일 이내에 신청인과 상대방이 이를 수락한 경우에는 조정이 성립된 것으로 본다. 당사자가 위원회의 조정안을 수락하고자 하는 경우, 위원회가 송부한 조정서에 기명날인을 해서 위원회에 제출하도록 하고 있다.

(6) 효력의 발생

양 당사자가 모든 조정안을 수락하고 조정이 결국 성립이 되어서 조정서가 작성되면 조정 절차가 종료된다. 당사자 중 일방이 조정안을 수락하지 않을 경우, 민사소송을 제기하거나 포기를 할 수 있다. 이렇게 되면 민사소송으로 갈 수밖에 없을 것이다.

효력이 발생하는 것은 위원회의 조정 결정에 대해서 신청인과 상대방이 이를 수락해서 조정이 성립되는 경우이다. 조정이 성립되면 「개인정보보호법」 제47조 제5항의 규정에 따라서 양 당사자 간에 조정서와 동일한 내용의 합의 효력이 발생하고, 재판상의 화해가 성립된 것으로 본다.

2) 집단 정보 분쟁 조정 절차

(1) 신청

집단분쟁 조정을 신청할 수 있는 기관은 국가 또는 지방자치단체, 한국소비자원, 소비자단체 등이 있고 추가로 사업자가 『개인정보분쟁조정위원회』에 서면으로 집단분쟁 조정 의뢰 또는 신청을 할 수 있다. 집단분쟁은 수천 건에서 수만 건의 동일한 사건을 분쟁 조정해 주는 것이다.

집단분쟁 조정의 신청 대상[13]은 피해자가 50명 이상이어야 하며, 개인 정보 처리자와 이미 합의한 정보 주체는 대상에서 제외된다. 다른 분쟁 조정 기구에서 절차가 진행 중이거나 법원에 소송을 제기한 경우에도 신청할 수 없다. 또한 사건의 주요 쟁점이 사실상 또는 법률상 공통적이어야 한다.

(2) 개시 및 공고

집단분쟁 조정을 의뢰 또는 신청받은 위원회는 위원회의 의결로 집단분쟁 조정의 절차를 개시할 수 있고, 이 경우 조정위원회는 14일 이상 그 절차의 개시를 공고해야 한다.

---

13 「개인정보보호법 시행령」[시행 2012.3.30] [대통령령 제23169호, 2011.9.29, 제정] 제52조

(3) 참가 신청

신청 당사자가 아니었던 정보 주체 또는 개인정보 처리자가 추가 당사자로 함께 참가하려면 집단분쟁 조정 절차 공고를 한 그 기간에 문서로 참가 신청을 하여 참여할 수 있다.

(4) 조정 결정

위원회는 집단분쟁 조정의 당사자 중에서 공동의 이익을 대표하기 위해 적합한 1인 또는 수인을 그 대표 당사자로 선임을 할 수 있다. 여러 사람 중에서 대표자를 선임하면 위원회는 대표 당사자를 상대로 조정 절차를 진행해야 하고, 집단분쟁 조정 절차 개시 공고가 종료한 날로부터 60일 이내에 그 분쟁 조정을 마쳐야 한다. 부득이한 사정이 있는 경우에 조정기한을 연장하도록 하고 있다.

조정 결정된 내용은 즉시 당사자에게 통보가 되고 당사자가 통보를 받은 날로부터 15일 이내에 그 분쟁 조정의 내용에 대한 수락 여부를 위원회에 통보하도록 하고 있다. 이 경우 15일 이내에 의사표시가 없는 때에는 수락한 것으로 본다.

(5) 조정의 효력

조정이 결정이 되어 성립된 경우, 조정의 내용은 앞서 개인정보 분쟁 조정과 마찬가지로 재판상 화해와 동일한 효력이 있다. 즉 일반 분쟁 조정 사건과 동일한 효력을 가진다.

(6) 보상 권고

개인정보처리자가 위원회의 집단분쟁 조정 내용을 수락한 경우에 집단분쟁 조정의 당사자가 아닌 자로서 피해를 입은 정보 주체에 대한 보상 계획서를 작성하여 위원회에 제출하도록 권고를 할 수 있다. 이것은 보상 권고이다.

보상 권고에 따라 보상 계획서 제출을 권고받은 개인정보처리자는 권고를 받은 날로부터 15일 이내에 권고의 수락 여부를 통지하도록 해야 한다. 위원장은 사업자가 제출한 보상 계획서를 일정한 기간 동안 위원회 인터넷 홈페이지에 공고하고, 집단분쟁 조정 절차에 참가하지 못한 정보 주체는 보상 계획서에 따라서 피해보상을 받을 수 있도록 한다.

3) 분쟁 조정 현황

2019년부터 2023년까지 개인정보 침해 유형별 분쟁 조정 사건 처리 현황을 살펴보면 <표 5-2>와 같다.[14]

표 5-2 침해 유형별 분쟁 조정 사건 처리 현황[15]

(단위: 건)

처리결과	2019년	2020년	2021년	2022년	2023년
	건수	건수	건수	건수	건수
동의 없는 개인정보 수집	91	65	113	143	208
개인정보 취급자의 누설, 유출, 훼손 등	22	19	34	82	132
개인정보의 목적 외 이용 또는 제3자 제공	79	91	86	107	98
정보주체의 열람·정지·철회 등 요구 불응	30	44	79	102	95
과도한 개인정보 수집	8	6	20	33	30
기술적·관리적·물리적 조치 미비	17	19	23	36	28
보유기간 경과 또는 목적 달성 후 미파기	10	19	21	12	12
기타	45	34	41	36	63
합계	302	297	417	551	666

2019년부터 2023년까지 연도별 분쟁 조정 사건 처리 현황을 살펴보면, <표 5-3>과 같다.[16] 처리 결과를 보면 상담 종결 이외에 조정 전 합의가 가장 많은 건수를 차지하고 있다.

표 5-3 연도별 분쟁 조정 사건 처리 현황[17]

(단위: 건)

처리결과	2019년	2020년	2021년	2022년	2023년
	건수	건수	건수	건수	건수
조정전합의	74	75	141	178	183
조정성립	16	12	5	27	8

---

14 개인분쟁조정위원회 홈페이지(https://www.kopico.go.kr, 검색일 2024.08.11) 참조.

15 개인정보분쟁조정위원회, 2023년도 분쟁조정사건 처리 통계 참조.

16 상게 홈페이지 참조.

17 개인정보분쟁조정위원회, 2023년도 분쟁조정사건 처리 통계 참조.

조정불성립	16	8	13	8	6
조정불응	30	24	32	52	50
기각	5	36	14	15	44
각하	3	1	0	1	4
상담종결	158	141	212	270	371
합계	302	297	417	551	666

④ 전자거래 분쟁 조정

1) 의의

「전자문서 및 전자거래 기본법」[18] 제2조에 따르면, 전자거래는 재화나 용역을 거래함에 있어서 그 전부 또는 일부가 전자문서에 의하여 처리되는 거래를 말한다. 전자거래는 보통 가상공간에서 전자적 수단 또는 방법을 통하여 이루어지는 거래이며, 일반적으로 정보의 전달이 컴퓨터 네트워크를 통해 이루어지는 요소가 전제되어 상품과 서비스의 거래 과정에서 모든 전자적 매체가 활용되는 거래이다.

예컨대 인터넷 쇼핑몰을 통하여 물품을 구매하는 행위, 카페나 블로그 등을 통하여 물품을 판매 구매하는 행위, 인터넷 경매를 통하여 물품을 낙찰받는 행위 등이며, 최근에는 태블릿 PC, 스마트폰 등의 디지털 기기의 발전으로 인하여 점차 새로운 거래 형태들이 등장하고 있다. 이러한 인터넷, 모바일을 통한 거래까지 통칭하여 전자거래라고 한다.

전자거래 분쟁은 배송과 관련하여 배송 지연·미인도·배송비 분쟁 등이 있고, 계약관리에는 계약취소 거부, 계약조건 변경, 약정 불이행 등이 있다. 또한 상품 정보 오기 등이 있으며, 반품 및 환불, 개인정보의 침해 유출 등, 온라인 게임, 대정부 전자민원 분쟁 등 전자거래 관련 모든 분쟁이 포함된다.

---

18 「전자문서 및 전자거래 기본법」(약칭: 전자문서법)[시행 2022. 10. 20.] [법률 제18478호, 2021. 10. 19., 일부개정]

2) 분쟁 조정의 절차

(1) 조정 신청의 주체

조정 신청의 주체는 전자거래를 통한 이용자라면 누구나, 즉 판매자나 구매자 구분 없이 가능하다.

(2) 조정의 불성립

현행법상 조정의 불성립은 조정이 성립하지 않는 경우로 4가지를 규정하고 있다.[19]

첫째, 분쟁 조정의 신청이 취하되거나, 분쟁 당사자 일방이 분쟁의 조정에 불응하는 경우이다.

둘째, 당사자가 위원회의 조정안을 거부한 경우이다.

셋째, 당해 분쟁 조정사건에 대하여 법원에 소송이 제기된 경우이다.

넷째, 사건의 성질상 위원회에서 조정함이 적당하지 아니하다고 인정되는 경우이다.

(3) 신청의 방법

신청의 방법은 인터넷 전자거래분쟁조정위원회 홈페이지[20]의 조정 신청을 통해 접수한다. 그리고 방문, 팩스, 이메일, 우편으로도 접수가 가능하다.

(4) 조정 방식

조정 방식에 대해서는 양 당사자가 합의하여 선택이 가능하다. 다음과 같은 조정 방식이 있다.

가) 대면 조정

특수하고 복잡한 사안의 경우, 조정 관계인이 조정장소인 분쟁조정위원회 대면 조정실에 출석, 대면하여 조정을 진행하게 되며 당사자 간의 수락여부를 즉시 확인할 수 있고 조정위원에게 직접 해당 건에 대한 의사전달이 용이하다는 장점이 있다.

---

19 「전자문서법」 제36조

20 전자거래분쟁조정위원회 홈페이지(https://usr.ecmc.or.kr, 검색일 2024.08.12)

나) 서면 조정

조정 참여가 어려운 당사자를 위한 간이조정 절차로, 사실관계가 비교적 명확하고 책임규명 등 법적 판단을 요하는 분쟁 해결에 효율적인 조정방식이다. 가장 일반적으로 이용되는 조정 절차이다.

다) 사이버 조정

온라인 채팅 조정 시스템 또는 음성 화상 조정 시스템으로 진행된다. 사이버 조정센터에 접속하여 사이버상에서 조정 절차의 전부 또는 일부를 진행한다. 조정 기간 단축 및 제반 비용과 시간을 절감하고, 당사자 간 지역 시간 장소의 제한 없이 실시간 조정이 가능한 시스템이다.

라) 전화 조정

조정 당사자가 대면, 서면, 사이버 조정을 이용할 수 없는 경우, 조정관계인 모두 전화통화 방식으로 조정을 진행할 수 있다.

(5) 조정안 수락의 절차

조정 신청이 접수된 날로부터 45일 이내에 합의 권고안을 받도록 하고 있다. 다만 합의 권고안을 통지하고 7일 이내에 수락 여부에 대한 이견이 없는 경우, 수락한 것으로 간주하고 조정조서가 송부된다. 조정조서는 「전자문서법」 제35조에 의거하여 당사자 간 합의와 동일한 효력을 가진다.

3) 전자거래의 피해 예방법

전자거래의 피해를 예방하기 위해서는 다음과 같은 사항에 주의해야 한다.

첫째, 의심스러운 쇼핑몰을 피한다.

- 고가제품을 파격적인 할인가로 판매한다고 광고하는 쇼핑몰
- 현금결제를 요구하거나 유도하는 쇼핑몰
- 일반 쇼핑몰보다 배송기간이 비정상적으로 긴 쇼핑몰
- 게시판에 배송 또는 환불 지연 불만이 자주 올라오는 쇼핑몰 등이다.

둘째, 구매 안전 서비스에 가입된 쇼핑몰을 이용한다. 구매 안전 서비스의 종류에는 3가지가 있다.

- 결제대금 예치(에스크로, Escrow)이다. 「전자금융거래법」[21] 제28조에 따라 금융위원회에 등록한 제3자가 소비자의 결제대금을 예치하고 있다가 상품배송이 완료되면, 그 대금을 통신판매업자에게 지급하는 제도이다.
- 소비자피해보상보험이다. 이것은 통신판매업자가 서울보증보험과 체결한 소비자피해보상 보험의 보험증서를 발급하여 인터넷 쇼핑몰과의 거래 과정에서 발생할 수 있는 소비자 피해를 보상하는 제도이다.
- 채무자 보증계약이다. 이것은 통신판매업자가 거래 과정에서 소비자에게 지급할 채무를 금융기관이 보증해 주는 제도이다.

넷째, 배송된 물품은 바로 확인한다.

다섯째, 인터넷 쇼핑몰에서 살 수 없는 물품은 이용하지 말아야 한다. 인터넷 쇼핑몰을 통해 판매가 금지되거나 법령상 요건을 갖추어야 판매가 가능한 물품들이 있다. 인터넷 쇼핑몰에서는 판매가 불가한 물품에는 안전인증표시 없는 전기용품 또는 공산품, 음란물, 상표권 침해 물품, 저작권 침해 물품이 있다. 판매가 제한되는 물품 중에서 판매업 허가 대상은 총포·도검·화약류·분사기·전기충격기·석궁이다.

---

21 「전자금융거래법」[시행 2024. 9. 15.] [법률 제19734호, 2023. 9. 14., 일부개정]

제4절

사이버 범죄의 예방수칙 ──────

1 안전한 사이버 생활 예방수칙

1) 이메일 이용 시 주의점

생활 속에서 사이버 범죄를 예방하기 위해 지켜야 할 수칙이 몇 가지 있다. 그중 이메일 이용 시에 주의할 사항을 살펴보면 다음과 같다.

첫째, 이메일이 왔을 때 출처가 불분명한 이메일은 첨부파일을 열지 말고 삭제를 하는 조치를 해야 한다. 만약에 첨부파일을 열람하려면, 첨부파일을 저장하기 전 백신으로 검사를 해서 감염 여부를 확인하는 것도 중요하다.

둘째, 이메일로 개인정보 제공을 요구하는 서비스는 이용을 자제하는 것이 좋다. 만약 이용해야 한다면, 해당 업체의 홈페이지에 직접 접속해 확인한 후 사용하는 것이 가장 안전하다.

셋째, 이메일을 사용할 때는 수시로 확인하고, 중요하지 않은 메일은 즉시 삭제하는 것이 좋다. 또한 스팸 차단 기능 등 다양한 차단 서비스를 활용하는 것이 도움된다.

넷째, 인터넷 게시판 등에 이메일 주소를 남길 때 신중히 해야 한다. 메일 주소가 공개가 되면 다른 사람이 그 메일을 사용할 수도 있고, 그 메일을 통해 여러 가지 악성 스팸 문자나 스팸이 들어올 가능성이 있기 때문이다. 또 인터넷 서비스 가입 시 광고 메일 수신 여부를 반드시 확인해서 광고 메일을 원하지 않는 경우 수신 거부 체크를 하여 광고가 들어오지 못하도록 하는 것도 중요하다.

2) 온라인 금융거래 시 주의점

온라인 금융거래를 하는 경우, 은행이나 신용카드 등 금융기관 사이트는 즐겨찾기를 이용하거나 정확한 주소를 입력해 접속해야 한다. 금융기관에서 전화나 이메일로 개인정보를 요청하는 경우는 거의 없으므로 이러한 요청을 받으면 의심해야 한다.

공인인증서는 USB 등 이동식 저장장치에 보관하는 것이 안전하다. 보안카드는 반드시 본인이 소지하며, 다른 곳에 기재해 두지 않는 것도 중요하다.

온라인 금융거래를 이용한 다음에 이를 알려주는 휴대폰 문자 서비스를 이용하는 것도 좋다. 금융거래에 대한 결과를 휴대폰 문자 서비스를 통해서 확인하도록 함으로써 더 안전한 금융거래를 할 수 있다.

시간이 걸리더라도 금융기관에서 제공하는 보안 프로그램을 반드시 설치해서 안전한 거래를 하고, 금융기관 비밀번호 등은 기타 다른 사이트의 비밀번호와는 다르게 설정하여 비밀번호가 도용되지 않도록 해야 한다. 또 공공장소에서 사용되는 PC는 보안에 취약하기 때문에 온라인 금융거래를 이용하지 않는 것이 피해를 예방하는 방법이다.

3) 가정생활 예방수칙

가정에서 안전한 사이버 생활을 위한 수칙을 살펴보면 다음과 같다.

첫째, 컴퓨터는 가급적이면 개방된 공간에 두고 공유를 할 수 있도록 한다. 특히 청소년들이 밀폐된 공간에서 컴퓨터 사용을 하는 경우, 자칫 음란 불법 사이트에 들어갈 수 있다. 필요하면 자녀가 가입한 사이트 카페에서 자녀가 쓰는 아이디가 무엇인지 알아둘 필요도 있다. 또 자녀가 사이버상에서 하는 활동에 대해 파악하기 위한 대화를 하는 것도 중요하다.

둘째, 온라인 게임은 규칙을 정해서 이용하도록 하고 아이템이나 계정 거래 등에 대해서도 알아둔다. 부모의 주민등록번호, 신용카드번호, 기타 비밀번호 등은 공개되지 않도록 하여 자녀들이 이것을 이용하지 못하도록 한다.

그리고 자녀들에게 알려줘야 하는 인터넷 수칙을 살펴보면 다음과 같다.

첫째, 인터넷 채팅은 익명성이 있다는 것을 알려주고 이름, 주소, 학교 등 신상정보를 알려주지 않도록 미리 교육한다.

둘째, 부모의 허락 없이 인터넷을 통해 직접 사람을 만나지 않도록 한다. 인터넷 사기 등 여러 가지 범죄가 일어나기 때문에 부모의 허락 없이 인터넷을 통해서 사람을 만나지 않도록 지도하는 것은 중요하다.

셋째, 부모의 허락 없이 부가적인 요금을 내야 하는 정보나 게임 등을 이용하지 않도록 지도해야 한다.

넷째, 인터넷 게시판에 글을 쓸 때에는 에티켓을 갖추어야 하고, 인터넷 게시판에 기본적인 예의를 갖춘 상태에서 댓글이나 기타 필요한 글을 쓰도록 한다.

다섯째, 저작자의 허락 없이 저작물을 인터넷에 올려서 저작권을 침해하지 않도록 하는 것도 중요하게 가르친다.

2 사이버 범죄 유형별 예방수칙

PC 보안을 유지하고 피해를 예방하기 위한 사이버 범죄 유형별 예방수칙에 대해서 알아본다.

1) 악성 프로그램 예방

해킹 악성 프로그램을 예방하기 위해 무엇보다 음란물 등 불법콘텐츠 검색을 자제하고 기타 불법 사이트에 접속하지 않는 것이 중요하다. 백신 프로그램으로 검사하고, 백신 프로그램은 항상 최신 버전을 유지하도록 업데이트해야 한다. 다양한 감염 경로를 막기 위해서 백신과 방화벽을 동시에 사용해서 활용하는 것이 필요하다.

이외에도 불법 소프트웨어를 깔거나 복사하지 않아야 한다. 불법 소프트웨어를 통해서 여러 가지 해킹이 일어나거나 바이러스가 들어오기 때문이다. 가장 중요한 것은 정품 소프트웨어를 사용하는 것이 생활화되어야 한다.

그리고 무료 프로그램인 경우에도 신뢰할 수 있는 사이트에서 다운을 받도록 한다. 중요한 데이터는 반드시 정기적으로 백업하고, 바이러스가 감염되더라도 백업된 데이터를 사용할 수 있도록 조치를 취하는 것이 중요하다.

2) 인터넷 사기 예방

인터넷상의 사기를 당하지 않기 위한 예방수칙은 다음과 같다.

인터넷 거래는 가급적 신용카드를 이용하는 것이 좋다. 만약에 현금거래를 유도한다면 의심해 보는 것이 필요하고, 특히 광고 중에 특가 할인 상품 등 광고 이메일을 조심해야 한다. 자칫 사기를 당할 가능성이 높다.

또 채팅이나 게시판 등에서 쉽게 돈 버는 방법을 제안하는 사람은 의심을 해봐야 한다. 인터넷 사기의 가능성이 있다.

그리고 신뢰할 만한 쇼핑몰을 이용하는 것이 매우 중요하다. 쇼핑몰은 다음과 같은 사항을 홈페이지에서 자세히 살펴볼 필요가 있다.

첫째, 상품정보나 보증기간, 배송기간, 반품조건 등과 같은 거래조건을 확인하는 것이 필요하다.

둘째, 회사 신뢰도, 매출실적 등 회사에 관한 정보도 확인해야 한다.

셋째, 홈페이지에 약도, 주소, 연락처가 표시되어 있는지 확인한다. 고객 게시판이 있는지도 확인하고, 배송 지연 항의 글 등도 살펴본다. 신뢰할 만한 쇼핑몰이라면, 이와 같은 내용에 대한 사실 확인이 가능할 것이다.

넷째, 대형 오픈 마켓이라도 개별 입주자는 신뢰할 수 없기 때문에 상대방에 대해서 주의해야 한다.

다섯째, 급한 이유가 있다면서 싼 가격을 제시하고, 직거래를 제안하는 사람들을 주의해야 한다. 부득이 직거래를 하는 경우에도 직접 만나서 물품을 받는 것이 가장 좋다. 직거래 시 배송이 보장되지 않는 경우가 있다.

여섯째, 해당 쇼핑몰이나 판매자를 대상으로 피해자 모임이나 카페가 있는지 확인한다. 특히 신뢰할 수 없는 마켓인 경우, 피해를 당했을 때 보상받을 길이 없다. 피해자 모임이나 카페를 통해서 신뢰할 수 있도록 했는지에 대해 홈페이지를 점검해 볼 필요가 있다.

3) 개인정보 보호

사이버 범죄 예방 수칙으로 개인정보 보호에 대해서 살펴본다.

개인정보 보호를 위해 자신의 아이디와 비밀번호는 다른 사람에게 알려주지 않고 비밀을 유지하도록 한다. 인터넷 사이트에 무분별하게 회원가입하는 것은 자제하는 것이 필요하다. 만약 그 사이트가 불법 사이트인 경우 개인정보가 유출된다는 것이다. 회원가입 시 구체적인 개인정보를 요구할 경우에 가입 여부를 다시 한 번 생각해 본다. 회원가입하는 경우, 개인의 신상에 대해서 일반적으로 작성하는 것보다 구체적인 것을 물어 볼 때에는 의심해 볼 만하다.

또 인터넷 회원가입 시 서비스 약관에 대해서 제3자에게 정보를 제공할 수 있는 조항이 있는지 확인한다. 인터넷 회원으로 가입하면 홈페이지에서 제3자에게 정보 제공을 하는 경우들이 있다. 이런 내용이 약관에 있는지 확인하고, 있다면 잘 관리가 되고 있는지를 확인해 볼 필요가 있다.

탈퇴가 어렵거나 탈퇴의 절차에 대해 설명이 없는 곳은 가급적으로 가입하지 않는다. 특히 탈퇴 신청을 한 뒤에 개인정보를 파기했는지 확인을 해야 한다. 탈퇴를 자유롭게 할 수 있도록 해주는 것이 중요하다.

개인정보 보호를 위해 비밀번호를 주기적으로 변경하고, 전화번호나 생일 등 쉽게 추측 가능한 정보는 피해야 한다. 또한 PC에서 자동완성 기능을 가급적 사용하지 않도록 주의해야 한다.

3) 메신저 피싱 방지수칙

메신저를 통한 피싱 방지수칙에 대해서 살펴보면 다음과 같다.

첫째, 메신저로 금전을 요구하는 경우, 반드시 전화를 통해서 확인하도록 한다. 메신저를 통해 금전 송금을 요구할 경우 반드시 본인임을 전화로 확인하고 전화할 수 없는 사항 등 본인 확인을 피하고자 하는 경우 일체 대응하지 않도록 해야 한다.

만약에 금전을 송금한 경우에는 즉시 이체한 은행의 콜센터에 신고해서 은행 계좌에 지급정지 요청을 한 후에 메신저 비밀번호를 변경하는 조치를 취해야 한다.

둘째, 메신저를 통해 개인정보를 알려주지 않는다. 아이디나 주민등록번호, 계좌번호, 신용카드 번호 등 중요한 신상 정보는 절대로 메신저를 통해서 전달하지 않도록 한다. 필요한 경우 명의 도용 확인 서비스를 통해서 회원가입, 실명 인증 등의 시도 내역을 즉각 확인하고 처리하는 과정을 거치도록 한다.

셋째, 정기적으로 메신저 번호를 변경해서 관리한다. 메신저를 이용하는 웹사이트의 비밀번호를 다른 사이트 및 본인의 개인정보와 연관성이 없도록 설정하고, 정기적으로 변경해 주는 노력이 필요하다. 그리고 공공장소에서는 메신저 사용을 자제하는 것이 좋다. 공공장소에서는 다수의 사람이 다양한 웹사이트에 접속해서 이용하기 때문에 악성코드나 바이러스에 감염되어 있을 위험성이 매우 높다. 메신저 등과 같은 인터넷 사용을 자제하고, 사용 후 반드시 로그아웃을 하도록 하는 것이 필요하다.

넷째, 메신저 자체 보안 설정 및 보안 프로그램을 최신 버전으로 업데이트한다. 메일이나 메신저를 통해서 출처를 알 수 없는 URL에 접속하지 않으며, 인터넷에서 신뢰할 수 없는 자료를 함부로 다운하지 않고, 사전에 바이러스 등을 차단 치료할 수 있도록 보안 업데이트를 최신 상태로 유지한다. 메신저 보안 설정 방식은 메신저 상에 환경설정 또는 옵션의 보안 메뉴를 이용한다.

●●● 참고문헌 ●●●

1. 국내문헌

경찰청, 경찰백서 2020~2023, 경찰청.

경찰청, 국회 2009년 국정감사자료집, 경찰청·정갑윤 한나라당 의원실, 2009.

경찰청 사이버안전국, 사이버 범죄 발생에 미치는 외부환경적 요인 분석, 경찰청 사이버안전
　　국, 2020.

강석구·이원상, 사이버범죄 관련 법령정비 방안, 한국형사정책연구원, 2014.

강동원, 사이버테러의 실태와 과제: 주요 사이버테러 현황과 향후 대응체계를 중심으로, 강동
　　원 의원실, 2013.

김을동, 7.7 DDoS 사건의 시사점과 개선방안에 관한 법적 연구, 김을동의원실, 2010.

김혜경, 사이버공간에서의 표현행위와 형사책임, 한국형사정책연구원 연구보고서 05-15,
　　2005.

데이비드 월 지음, 정태진(역), 사이버 범죄(Cyber crime), 진영사, 2013.

데이빈드·에이브라함젠 저; 장병림 역, 범죄심리학, 박영사, 1960.

박상기, 형법각론, 박영사, 2008.

박순자, DDos 공격 등 국가 사이버테러 대응체계 구축방안, 박순자의원실, 2009.

백광훈, 사이버테러리즘에 관한 연구, 한국형사정책연구원 연구보고서, 2001

_____, 인터넷범죄의 규제법규에 관한 연구, 한국형사정책연구원 연구보고서, 2002.

법무연수원, 2021·2020 범죄백서, 법무연수원.

송영진 외 2인 번역, 사이버범죄론, 박영사, 2021.

윤해성·박성훈, SNS 환경에서의 범죄현상과 형사정책적 대응에 관한 연구, 한국형사정책연
　　구원, 2014.

양원규 외 2인 공저, 현대사회와 범죄, 지식인, 2013 참조.

이경재 옮김(체자레 롬브로조 원저, M. 깁슨, N.H. 래프터 편역), 범죄인의 탄생 : 범죄인에 대
　　한 인류학적 분석, 法文社, 2010.

이명수, DDoS 대란 1주년, IT강국·대한민국의 사이버보안 현주소와 과제, 이명수의원실,
　　2010.

이민식, 사이버공간에서의 범죄피해, 한국형사정책연구원 연구보고서, 2000.

이상현, 범죄심리학, 박영사, 2012.

이상현, 소년비행학, 박영사, 1997.

이성식, 청소년 사이버범죄 유형별 원인 및 통제요소에 관한 통합적 연구, 한국형사정책연구원, 2008.

이영준 외 2인, 사이버범죄 방지조약에 관한 연구, 한국형사정책연구원, 2001.

이원상·채희정, 사이버범죄의 새로운 유형과 형사정책적 대안연구, 한국형사정책연구원, 2010.

이재상, 형법각론, 박영사, 2008.

전돈수, 범죄학개론, 21세기사, 2013, p. 26.

전성태 외저, 인터넷상 범죄로부터의 피해예방교육:인터넷 관련 법적 피해 예방 가이드라인, 21세기여성정치연합, 2010.

전지연, 사이버범죄론, 박영사, 2021.

정보통신윤리위원회 (편), 인터넷상 명예훼손 실태 및 대응방안 42-79, 정보통신윤리위원회, 2005.

조병인 외 3인, 사이버범죄에 관한 연구, 한국형사정책연구원 연구보고서, 2000.

조철옥, 현대사회와 범죄, 21세기사, 2012, p. 30.

조호대, 사이버침해사고 예방 및 대응을 위한 법·제도적 개선방향, 국회입법조사처, 2008.

최경식 외 3인, 사이버범죄학, 박영사, 2023.

최영인·염건령 공저, 사회해체이론과 긴장이론, 열린, 2002 참조.

한국인터넷진흥원(편), 종합지원시스템의 개인정보 분쟁조정 기능강화 방안 마련, 한국인터넷진흥원(KISA), 2013.

한국형사정책연구원 (편), 초등학생 사이버범죄 예방 법교육, 한국형사정책연구원, 2010.

2. 학위논문

김계원, 사이버범죄 정책의 효과성 제고에 관한 연구: 형화 탐색을 중심으로, 인천대학교 대학원 박사학위논문, 2008. 8.

김동환, 사이버범죄 예방에 관한 연구, 창원대학교 대학원 박사학위논문, 2010. 8.

안종하, 사이버테러 범죄 위협 인식 및 대응에 관한 연구, 광운대학교 대학원 박사학위논문 2014. 2.

유백준, 사이버범죄의 수사상 문제점과 대책에 관한 연구, 조선대학교 대학원 박사학위논문, 2008. 2.

이광미, Heinz Hartmann의 중립화와 자아 자율성에 관한 연구: 내담자의 불안을 중심으로, 연세대학교 대학원 석사학위논문, 2013. 2.

조혁규, 지식 기반 사이버 범죄 수사 지원을 위한 포렌식 온톨로지의 설계, 부산대학교 대학원
박사학위논문, 2009. 8.

3. 학술기사

권양섭, 사이버 범죄 처벌규정의 문제점과 대응방안, 법학연구 제53집, 한국법학회, 2014.

강동범, 사이버 범죄와 형사법적대책, 형사정책연구 제1권 제0호(통권제42호), 2000.

강동욱, 정보통신망 이용에 있어서 개인정보 보호를 위한 형사법적 대응방안에 대한 고찰, 인
권과 정의, 1999.

권오걸, 사이버범죄와 대응전략, 법학연구 제36집, 한국법학회, 2009.

김계원·서진완, 사이버범죄의 유형화에 관한 연구, 한국공공관리학보 23(4), 2009.

김기태 옮김(S. 프로이트 지음), 꿈의 해석: 국내 유일의 완역판, 선영사, 2011.

김문성 옮김(캘빈 S. 홀 지음), 프로이트의 심리학 입문: 정신분석을 통한 심리학의 기본 설명
서, 스타북스, 2014 참조.

김성언, 전화금융사기 범죄에 대한 한국 사회의 대응: 대만과의 비교 분석, 2010년도 한국형
사정책학회 춘계학술회의 -정보통신산업의 발달에 따른 형사정책의 새로운 과제-, 한국
형사정책학회, 2010.

김성천·김형준, 형법각론, 동현출판사, 2001.

김은경, 사이버 성폭력 개념과 유형, 사이버범죄연구회 제3회 세미나 발표논문, 2000.

김정규, 사이버 선거범죄의 양상과 경찰의 효율적인 대응방안, 한국경찰학회보 33(1), 2012.

김종섭, 사이버범죄 현황과 대책, 형사정책 12(1), 2000.

김준호, 미국 법무부의 컴퓨터범죄에 대한 대책, 검찰(통권111호), 2000,

류인모, 인터넷범죄의 동향변화와 형사정책, 형사정책(제15권 제1호), 한국형사정책학회, 2003.

박종현, 사이버폭력의 실태와 대처방안, 지역정보화 49, 2008.

박한호, 사이버 성폭력 범죄에 관한 연구, 한국민간경비학회보 제21권 제2호, 한국민간경비
학회, 2022.

박희영, 사이버 음란물 유포행위와 형사책임, 법학연구, 부산대학교출판부, 2002.

박희영, 단순 해킹의 가벌성에 관한 비교법적 연구, 인터넷법률 통권 제4호, 2006.

백광훈, 사이버성폭력에 관한 형사법적 검토, 사이버범죄연구회 연구논문, 2002.

우제태, 사이버공간과 사이버범죄, 사회과학논총 16, 전주대 사회과학종합연구소, 2001.

유대종, 개인정보유출과손해배상책임 리니지II 개인정보유출사건대법원 2008. 8. 21. 선고

2007다7888 판결, 디지털재산법연구 제0권 통권14호, 2008.

유용봉, 인터넷 범죄와 형법 21세기사, 2005.

유환석, 문화속으로: 스마트폰 해킹 보안방법, 지역정보화 79권, 한국지역정보개발원, 2013.

윤명선, 사이버스페이스와 표현의 자유, 인터넷·언론·법, 한국법제연구원, 2002.

윤민우, 사이버 안보 기본 개념의 탐색: 사이버 범죄·테러·간첩, 한국치안행정논집 제20권 제4호, 한국치안행정학회, 2023.

윤지영, 생성형 AI 시대의 사이버범죄와 형사법적 대응, 법학연구 통권 101호, 연세대학교 법학연구원, 2024.

이규호, 이용자의 신상정보 개시의무를 부담하는 OSP의 범위, 법학연구, 연세대학교 법학연구소, 2003.

이무선, 사이버스토킹의 실태와 대응방안에 관한 연구, 한국범죄심리연구 제19권 제2호, 한국범죄심리학회, 2023.

이상돈, 해킹의 범죄화, 윤리경영과 형법, 2005.

이숙연·임종인, 개인정보 관련 분쟁의 사례분석과 대안의 모색, 정보법학 제2권, 2008.

이원우, 개인정보 보호를 위한 공법적 규제와 손해배상 책임-개인정보 누출을 중심으로, 행정법 연구 제0호, 한국행정법학회, 2001.

이원상, 사이버 개념을 통한 사이버 모욕죄의 고찰과 대안, 형사정책 제20권 제2호, 한국형사정책학회, 2008.

이원상, 사이버음란물과 관련된 범죄문제와 처벌정책에 대한 고찰, 法學論叢 제47권 제3호, 단국대학교 부설 법학연구소, 2023.

전지연, 인터넷피싱의 형사법적 책임, 형사정책연구 제20권 제4호, 한국형사정책연구원, 2009.

정 완, 휴대폰과 인터넷을 통한 음란물 유통의 실태와 대책, 2010년도 한국형사정책학회 춘계학술회의 -정보통신산업의 발달에 따른 형사정책의 새로운 과제-, 한국형사정책학회, 2010.

정태진, 사이버평화 구축을 위한 사이버범죄대응방안, 한국경찰연구 21권 4호, 한국경찰연구학회, 2022.

천우성·박대우, 인터넷전화의 해킹 공격과 방어 방안, 정보보호학회지 22권 8호, 한국정보보호학회·한국과학기술정보연구원(KISTI), 2012.

한국저작권단체연합회 저작권보호센터, 불법복제물 시장규모 및 합법저작물 시장 침해 현황, 2010 저작권 보호 연차보고서, 2010.

한국정보보호진흥원, 2006 정보시스템 해킹·바이러스 현황 및 대응, 2006.

허만형, 사이버범죄에 대한 국가의 정책적 대응방안, 사이버커뮤니케이션학보 6, 2000.

허일태, 사이버범죄의 현황과 대책, 동아대 법학연구소 세미나발표논문, 2000.

4. 국외문헌

Bequai, A., Cyber-Crime the US experience, Computer & Security, 18(1), 1999.

Clifford R. Shaw & Henry D. McKay, Juvenile Delinquency and Urban Areas, Chicago: University of Chicago Press, 1942.

David Abrahamsen, Crime and the human mind, New York:Columbia University Press, 1944.

David S. Wall, Crime and the Internet, Routledge, 2001.

Denning, E. Dorothy, Information Warfare and Security, California: Addison-Wesley, 1999.

Gresham M. Sykes, The society of captives: a study of a maximum security prison, Princeton: Princeton Univ. Pr., 1958.

Johannes Lange, Crime as Destiny, New York: C. Bon, 1930.

Mary Gibson, Born to crime: Cesare Lombroso and the origins of biological criminology, Westport: Praeger, 2002.

Parker, D. B., Fighting Computer Crime: A New Framework for Protecting, Information, New York: John Wile & Sons Inc., 1998.

R. Dugdale, The Jukes, New York: Putnam, 1910.

Robert K. Merton, Social theory and social structure, New York: Free Press, 1968.

Sasan W. Brenner, Cybercrime: re-thingjing crime control strategies, Crime Online, Willan Publishing, 2007.

Stephen I. Rancourtt, Hacking, Theft, and Corporate Negligence: Making the Case for Mandatory Encryption of Personal Information, 18 Tex. Wesleyan L. Rev. 183 2011-2012.

William H. Sheldon, Emil M. Harti, and Eugene McDermott, Varieties of Delinquent Youth, New York: Harper, 1949.

5. 인터넷 웹 사이트

개인정보분쟁조정위원회 홈페이지(http://kopico.or.kr/data/after/index.jsp, 검색일 2024.
　　06.12)

국가사이버안전센터 홈페이지(http://service1.nis.go.kr/, 검색일 2024.01.13)

국가사이버안보센터 홈페이지(https://www.ncsc.go.kr:4018/PageLink.do, 검색일 2024.
　　01.16)

금융감독원 보이스피싱지킴이 홈페이지 (http://phishing-keeper.fss.or.kr/, 검색일 2024.02.
　　03)

경찰청 사이버안전국 홈페이지(http://cyberbureau.police.go.kr, 검색일 2024.01.13)

나라장터 홈페이지(www.g2b.go.kr, 검색일 2024.08.02)

매일경제, 시사경제 용어(https://www.mk.co.kr/dic, 검색일 2024.08.12)

미국 법무부 산하 사법통계국 홈페이지(http://www.bjs.gov/, 검색일 2024.01.12)

방송통신심의위원회 홈페이지(www.kocsc.or.kr, 검색일 2024.08.03)

사이버경찰청 홈페이지(www.police.go.kr, 검색일 2024.08.05)

사이버신고시스템 홈페이지(https://ecrm.police.go.kr/minwon/main, 검색일 2024.01.18)

사이버안전지킴이 홈페이지(https://www.police.go.kr/www/security/cyber.jsp, 검색일
　　2024.01.18)

사이버경찰청 사이버테러대응센터 홈페이지(www.police.go.kr, 검색일 2024.03.05)

유엔마약통제프로그램 홈페이지(www.unodc.org, 검색일 2024.01.12)

위키백과 사전(https://en.wikipedia.org/wiki/SQL, 검색일 2024.08.12)

인터넷침해대응센터 홈페이지(www.krcert.or.kr, 검색일 2024.01.16)

정보통신산업진흥원 홈페이지(http://www.nipa.kr, 검색일 2024.01.10)

한국언론진흥재단(http://www.kpf.or.kr, 검색일 2024.08.07)

한국인터넷진흥원(KISA) 보호나라 홈페이지(www.kisa.or.kr, 검색일 2024.01.14)

한국인터넷진흥원 KISA 보호나라&KrCERT/CC (www.boho.or.kr, 검색일 2024.08.02)

한국소프트웨어저작권협회 홈페이지(www.spc.or.kr, 검색일 2024.08.02)

한국정보화화진흥원 홈페이지(http://www.nia.or.kr/, 검색일 2024.01.14)

한국정보통신자격협회 홈페이지(http://www.icqa.or.kr, 검색일 2024.01.07)

Internet News, CMGI@Ventures Re-Launches Aureate Media as Radiate(https://
　　www.internetnews.com, 검색일 2024.08.12)

6. 법률 및 기타 자료

개인정보보호법 시행령[시행 2012.3.30] [대통령령 제23169호, 2011.9.29, 제정]

국가사이버안전관리규정[시행 2013.5.24.] [대통령훈령 제310호, 2013.5.24., 일부개정]

국가정보원법[시행 2024. 1. 1.] [법률 제17646호, 2020. 12. 15., 전부개정]

경찰청 홈페이지 보도자료, 2011. 3. 15(www.police.go.kr; 검색일 2024.04.05)

대구지방경찰청 보도자료, 2010. 10. 18(대구지방경찰청 사이버수사대)

대부업 등의 등록 및 금융이용자 보호에 관한 법률(약칭: 대부업법)[시행 2023. 9. 14.] [법률 제19700호, 2023. 9. 14., 타법개정]

물류정책기본법[시행 2024. 7. 10.] [법률 제19986호, 2024. 1. 9., 타법개정]

방문판매 등에 관한 법률(약칭: 방문판매법)[시행 2023. 7. 11.] [법률 제19531호, 2023. 7. 11., 일부개정]

사이버안보 업무규정[시행 2024. 3. 5.] [대통령령 제34287호, 2024. 3. 5., 일부개정]

사행행위 등 규제 및 처벌 특례법(약칭: 사행행위규제법)[시행 2021. 1. 1.] [법률 제17689호, 2020. 12. 22., 타법개정]

성폭력범죄의 처벌 등에 관한 특례법(약칭: 성폭력처벌법)[시행 2024. 1. 25.] [법률 제19743호, 2023. 10. 24., 타법개정]

아동·청소년의 성보호에 관한 법률(약칭: 청소년성보호법)[시행 2014.9.29.] [법률 제12361호, 2014.1.28., 타법개정]

연합뉴스, 2005. 2. 23

저작권법[시행 2024. 2. 9.] [법률 제19597호, 2023. 8. 8., 일부개정]

전자금융거래법[시행 2015.4.16.] [법률 제12837호, 2014.10.15., 일부개정]

전기통신금융사기 피해 방지 및 피해금 환급에 관한 특별법(약칭: 통신사기피해환급법)[시행 2024. 8. 28.] [법률 제20368호, 2024. 2. 27., 일부개정]

전자상거래 등에서의 소비자보호에 관한 법률[시행 2013.11.29.] [법률 제11841호, 2013.5.28., 일부개정]

전자서명법[시행 2022. 10. 20.] [법률 제18479호, 2021. 10. 19., 일부개정]

전자문서 및 전자거래 기본법(약칭: 전자문서법)[시행 2022. 10. 20.] [법률 제18478호, 2021. 10. 19., 일부개정]

전자상거래 등에서의 소비자보호에 관한 법률(약칭: 전자상거래법)[시행 2024. 3. 22.] [법률 제19255호, 2023. 3. 21., 일부개정]

정보통신부, 스파이웨어 기준(2005. 8. 30 제정, 2007. 12. 23 개정)

정보통신망 이용촉진 및 정보보호 등에 관한 법률(약칭: 정보통신망법)[시행 2024. 8. 14.]
    [법률 제20260호, 2024. 2. 13., 일부개정]

주민등록법[시행 2015.1.22.] [법률 제12844호, 2014.11.19., 타법개정]

중소기업기본법[시행 2014.4.15.] [법률 제12240호, 2014.1.14., 일부개정]

청소년 보호법[시행 2024. 3. 26.] [법률 제20423호, 2024. 3. 26., 타법개정]

청소년 보호법 시행령[시행 2024. 3. 29.] [대통령령 제34373호, 2024. 3. 29., 일부개정]
    [별표 2]청소년유해매체물의 심의 기준(제9조 관련)

컴퓨터프로그램보호법[시행2009.7.23] [법률 제9625호, 2009.4.22, 타법폐지]

표준 개인정보보호지침[시행 2024. 1. 4.] [개인정보보호위원회고시 제2024-1호, 2024. 1.
    4., 일부개정]

형법 [시행 2014.12.30.] [법률 제12898호, 2014.12.30., 일부개정]

저자 소개

최종술(崔宗述, Choi, jong sool, E-mail: cjs2634@deu.ac.kr)

- 현, 동의대학교 인문사회과학대학 경찰행정학과 교수
- 부산대학교(행정학 학사 · 석사)
- 동국대학교 대학원 경찰행정학과 졸업(법학 박사, 경찰학전공)
- 2013년 2월 22일 대통령 표창장 수상(지방분권 공로)
- 2016년 10월 21일 경찰청장 감사장(경찰의 날 기념)
- 현, (KCI 등록) 한국지방자치경찰학회 회장(2021~)
- 현, 부산지방검찰청 시민검찰위원회 위원(2021~)
- 전, 부산지방노동위원회 공익위원(조정부분)(2020~2023)
- 전, 부산지방경찰청 인권위원회 위원장(2018~2019)
- 전, (대통령소속) 지방분권촉진위원회 실무위원(2008~2013)
- 전, (대통령소속) 지방자치발전위원회 실무위원(2014~2016)
- 전, 미국 John Jay College of Criminal Justice(in New York City), Visiting Scholarship (2007~2008)
- 전, 미국 Univerty of West Georgia, Visiting Scholarship(2017~2018)

사이버범죄론

초판발행	2024년 9월 27일
지은이	최종술
펴낸이	안종만·안상준
편 집	박세연
기획/마케팅	박부하
표지디자인	BEN STORY
제 작	고철민·김원표
펴낸곳	(주) **박영사**
	서울특별시 금천구 가산디지털2로 53, 210호(가산동, 한라시그마밸리)
	등록 1959.3.11. 제300-1959-1호(倫)
전 화	02)733-6771
f a x	02)736-4818
e-mail	pys@pybook.co.kr
homepage	www.pybook.co.kr
ISBN	979-11-303-2132-5　93350

* 파본은 구입하신 곳에서 교환해 드립니다. 본서의 무단복제행위를 금합니다.

정 가	16,000원